全国医药中等职业技术学校教材

医药市场营销

全国医药职业技术教育研究会　组织编写
杨文章　主编　　杨　悦　主审

化学工业出版社
现代生物技术与医药科技出版中心
·北京·

本书是全国医药中等职业技术学校教材，由全国医药职业技术教育研究会组织编写。本书根据《全国医药中等职业技术教育专业教学计划》编写而成，主要介绍了医药市场营销的理论、方法和相关法规等内容。本书注重技能培训，突出医药营销职业的技能特点；注重趣味案例教学，力求寓乐于学；以帮助读者树立正确的市场营销观念，并提高医药营销人员的营销分析能力和营销技能。

本书可供医药中等学校相关专业使用，也可作为医药经营企业职工培训和相关人员参考。

图书在版编目(CIP)数据

医药市场营销/杨文章主编．—北京：化学工业出版社，2006.7（2024.8重印）
全国医药中等职业技术学校教材
ISBN 978-7-5025-9134-2

Ⅰ.医… Ⅱ.杨… Ⅲ.①药品-市场营销学-专业学校-教材②医疗器械-市场营销学-专业学校-教材
Ⅳ.F724.73

中国版本图书馆 CIP 数据核字（2006）第 084916 号

责任编辑：陈燕杰　余晓捷　孙小芳　　　　文字编辑：张　娟
责任校对：周梦华　　　　　　　　　　　　装帧设计：关　飞

出版发行：化学工业出版社　现代生物技术与医药科技出版中心
　　　　　（北京市东城区青年湖南街 13 号　邮政编码 100011）
印　　装：北京盛通数码印刷有限公司
787mm×1092mm　1/16　印张 11½　字数 272 千字　2024 年 8 月北京第 1 版第 17 次印刷

购书咨询：010-64518888　　　　　　　　　　　售后服务：010-64518899
网　　址：http://www.cip.com.cn
凡购买本书，如有缺损质量问题，本社销售中心负责调换。

定　　价：30.00 元　　　　　　　　　　　　　　　　　　　版权所有　违者必究

《医药市场营销》编审人员

主　　编　杨文章（山东中药技术学院）
主　　审　杨　悦（沈阳药科大学）
副 主 编　王冬丽（上海市医药学校）
编写人员　（按姓氏笔画排序）
　　　　　王冬丽（上海市医药学校）
　　　　　刘　杰（山东中药技术学院）
　　　　　刘晓竹（广州市医药中专学校）
　　　　　杨文章（山东中药技术学院）
　　　　　张　瑜（山东中药技术学院）
　　　　　郭朝社（河南省医药学校）

全国医药职业技术教育研究会委员名单

会　　长　　苏怀德　国家食品药品监督管理局
副会长　　（按姓氏笔画排序）
　　　　　　王书林　成都中医药大学峨眉学院
　　　　　　严　振　广东化工制药职业技术学院
　　　　　　陆国民　上海市医药学校
　　　　　　周晓明　山西生物应用职业技术学院
　　　　　　缪立德　湖北省医药学校
委　　员　　（按姓氏笔画排序）
　　　　　　马孔琛　沈阳药科大学高等职业技术学院
　　　　　　王吉东　江苏省徐州医药高等职业学校
　　　　　　王自勇　浙江医药高等专科学校
　　　　　　左淑芬　河南中医学院药学高职部
　　　　　　白　钢　苏州市医药职工中等专业学校
　　　　　　刘效昌　广州市医药中等专业学校
　　　　　　闫丽霞　天津生物工程职业技术学院
　　　　　　阳　欢　江西中医学院大专部
　　　　　　李元富　山东中药技术学院
　　　　　　张希斌　黑龙江省医药职工中等专业学校
　　　　　　林锦兴　山东省医药学校
　　　　　　罗以密　上海医药职工大学
　　　　　　钱家骏　北京市中医药学校
　　　　　　黄跃进　江苏省连云港中医药高等职业技术学校
　　　　　　黄庶亮　福建食品药品职业技术学院
　　　　　　黄新启　江西中医学院高等职业技术学院
　　　　　　彭　敏　重庆市医药技工学校
　　　　　　彭　毅　长沙市医药中等专业学校
　　　　　　谭骁彧　湖南生物机电职业技术学院药学部
秘书长　　（按姓氏笔画排序）
　　　　　　刘　佳　成都中医药大学峨眉学院
　　　　　　谢淑俊　北京市高新职业技术学院

全国医药中等职业技术教育教材
建设委员会委员名单

主　任　委　员　苏怀德　国家食品药品监督管理局
常务副主任委员　王书林　成都中医药大学峨眉学院
副 主 任 委 员（按姓氏笔画排序）
　　　　　　　　李松涛　山东中药技术学院
　　　　　　　　陆国民　上海市医药学校
　　　　　　　　林锦兴　山东省医药学校
　　　　　　　　缪立德　湖北省医药学校
顾　　　　问（按姓氏笔画排序）
　　　　　　　　齐宗韶　广州市医药中等专业学校
　　　　　　　　路振山　天津市药科中等专业学校
委　　　　员（按姓氏笔画排序）
　　　　　　　　王质明　江苏省徐州医药中等专业学校
　　　　　　　　王建新　河南省医药学校
　　　　　　　　石　磊　江西省医药学校
　　　　　　　　冯维希　江苏省连云港中药学校
　　　　　　　　刘　佳　四川省医药学校
　　　　　　　　刘效昌　广州市医药中等专业学校
　　　　　　　　闫丽霞　天津市药科中等专业学校
　　　　　　　　李光锋　湖南省医药中等专业学校
　　　　　　　　彭　敏　重庆市医药技工学校
　　　　　　　　董建慧　杭州市高级技工学校
　　　　　　　　潘　雪　北京市医药器械学校
秘　　　　书（按姓氏笔画排序）
　　　　　　　　王建萍　上海市医药学校
　　　　　　　　冯志平　四川省医药学校
　　　　　　　　张　莉　北京市医药器械学校

前　言

半个世纪以来，我国中等医药职业技术教育一直按中等专业教育（简称为中专）和中等技术教育（简称为中技）分别进行。自20世纪90年代起，国家教育部倡导同一层次的同类教育求同存异。因此，全国医药中等职业技术教育教材建设委员会在原各自教材建设委员会的基础上合并组建，并在全国医药职业技术教育研究会的组织领导下，专门负责医药中职教材建设工作。

鉴于几十年来全国医药中等职业技术教育一直未形成自身的规范化教材，原国家医药管理局科技教育司应各医药院校的要求，履行其指导全国药学教育、为全国药学教育服务的职责，于20世纪80年代中期开始出面组织各校联合编写中职教材。先后组织出版了全国医药中等职业技术教育系列教材60余种，基本上满足了各校对医药中职教材的需求。

为进一步推动全国教育管理体制和教学改革，使人才培养更加适应社会主义建设之需，自20世纪90年代末，中央提倡大力发展职业技术教育，包括中等职业技术教育。据此，自2000年起，全国医药职业技术教育研究会组织开展了教学改革交流研讨活动。教材建设更是其中的重要活动内容之一。

几年来，在全国医药职业技术教育研究会的组织协调下，各医药职业技术院校认真学习有关方针政策，齐心协力，已取得丰硕成果。各校一致认为，中等职业技术教育应定位于培养拥护党的基本路线，适应生产、管理、服务第一线需要的德、智、体、美各方面全面发展的技术应用型人才。专业设置必须紧密结合地方经济和社会发展需要，根据市场对各类人才的需求和学校的办学条件，有针对性地调整和设置专业。在课程体系和教学内容方面则要突出职业技术特点，注意实践技能的培养，加强针对性和实用性，基础知识和基本理论以必需够用为度，以讲清概念，强化应用为教学重点。各校先后学习了《中华人民共和国职业分类大典》及医药行业工人技术等级标准等有关职业分类、岗位群及岗位要求的具体规定，并且组织师生深入实际，广泛调研市场的需求和有关职业岗位群对各类从业人员素质、技能、知识等方面的基本要求，针对特定的职业岗位群，设立专业，确定人才培养规格和素质、技能、知识结构，建立技术考核标准、课程标准和课程体系，最后具体编制为专业教学计划以开展教学活动。教材是教学活动中必须使用的基本材料，也是各校办学的必需材料。因此研究会首先组织各学校按国家专业设置要求制订专业教学计划、技术考核标准和课程标准。在完成专业教学计划、技术考核标准和课程标准的制订后，以此作为依据，及时开展了医药中职教材建设的研讨和有组织的编写活动。由于专业教学计划、技术考核标准和课程标准都是从现实职业岗位群的实际需要中归纳出来的，因而研究会组织的教材编写活动就形成了以下特点。

1. 教材内容的范围和深度与相应职业岗位群的要求紧密挂钩，以收录现行适用、成熟规范的现代技术和管理知识为主。因此其实践性、应用性较强，突破了传统教材以理论知识为主的局限，突出了职业技能特点。

2. 教材编写人员尽量以产学结合的方式选聘，使其各展所长、互相学习，从而有效地克服了内容脱离实际工作的弊端。

3. 实行主审制，每种教材均邀请精通该专业业务的专家担任主审，以确保业务内容正确无误。

4. 按模块化组织教材体系，各教材之间相互衔接较好，且具有一定的可裁减性和可拼接性。一个专业的全套教材既可以圆满地完成专业教学任务，又可以根据不同的培养目标和地区特点，或市场需求变化供相近专业选用，甚至适应不同层次教学之需。

本套教材主要是针对医药中职教育而组织编写的，它既适用于医药中专、医药技校、职工中专等不同类型教学之需，同时因为中等职业教育主要培养技术操作型人才，所以本套教材也适合于同类岗位群的在职员工培训之用。

现已编写出版的各种医药中职教材虽然由于种种主客观因素的限制仍留有诸多遗憾，上述特点在各种教材中体现的程度也参差不齐，但与传统学科型教材相比毕竟前进了一步。紧扣社会职业需求，以实用技术为主，产学结合，这是医药教材编写上的重大转变。今后的任务是在使用中加以检验，听取各方面的意见及时修订并继续开发新教材以促进其与时俱进、臻于完善。

愿使用本系列教材的每位教师、学生、读者收获丰硕！愿全国医药事业不断发展！

全国医药职业技术教育研究会
2005 年 6 月

编 写 说 明

本书是在全国医药职业技术教育研究会的领导组织下，根据《全国医药中等职业技术教育专业教学计划》编写而成。本书适用于全国医药中等职业技术学校相关专业选用，也可作为医药职工培训、自学和有关人员的参考书。

本书主要介绍了医药市场营销基本理论；医药产品策略（价格策略、促销策略、营销渠道策略）；医药市场调查、预测和营销决策；国际市场营销和药事法规等内容。

本书注重技能培训，突出职业特点。按照基础知识和基本理论够用为度的原则，加大技能培养的力度，每章均有思考题和实训；并且注重趣味教学，力求寓乐于学。每章前都以营销案例为引子；本书注重博取众长，追求新颖、科学，并参阅和吸收了国内外许多专著的新观点。

全书共11章，杨文章任主编，杨悦任主审，王冬丽任副主编。其中，杨文章编写第一章、第三章、第八章；张瑜编写第二章；刘晓竹编写第四章、第六章；王冬丽编写第五章、第七章、第十一章；郭朝社编写第九章、第十章。主编负责对全书进行初审和总纂。

本书得到了全国医药职业技术教育研究会会长苏怀德、广州市医药中专学校原校长齐宗韶、天津医药教育中心原校长路振山的支持指导，并提出了宝贵意见。同时，还得到了十几所兄弟学校领导的大力支持和编写老师的鼎力合作，在此表示衷心的感谢。

由于时间仓促和编写水平所限，书中不足之处在所难免，竭诚欢迎广大读者提出宝贵意见。

编 者

2006 年 6 月

目　　录

第一章　医药市场营销概论 … 1
第一节　医药市场营销的意义和发展 … 1
一、医药市场营销的概念 … 1
二、学习医药市场营销的意义 … 2
三、医药市场营销观念的发展 … 4
第二节　医药市场营销的研究内容和方法 … 6
一、医药市场营销的研究对象和内容 … 6
二、医药市场营销的方法 … 8
思考题 … 10

第二章　医药市场细分化与目标市场选择 … 12
第一节　医药市场细分化概述 … 12
一、医药市场细分化的概念与理论基础 … 12
二、医药市场细分化的作用与要求 … 13
三、医药市场细分化的标准与程序 … 15
第二节　医药产品目标市场选择 … 17
一、医药产品目标市场概述 … 17
二、医药产品目标市场的策略 … 18
思考题 … 20

第三章　医药市场营销环境分析 … 22
第一节　医药市场营销环境分析的重要性 … 22
一、医药市场营销环境的含义 … 22
二、医药市场营销环境分析的意义 … 23
第二节　医药市场营销环境分析的内容 … 24
一、影响医药市场营销环境的因素 … 24
二、我国医药市场的发展趋势与对策 … 30
思考题 … 32

第四章　医药产品策略 … 33
第一节　医药产品及产品组合策略 … 33
一、医药产品的整体概念与医药产品组合 … 33
二、医药产品组合策略 … 35
第二节　医药产品寿命周期策略 … 35
一、医药产品寿命周期的概念 … 35
二、医药产品寿命周期各阶段的特点 … 37
三、医药产品寿命周期各阶段的营销策略 … 38

第三节　医药产品的开发策略 ·· 39
　　　一、新医药产品的概念和种类 ·· 39
　　　二、开发新医药产品的意义和方向 ·· 40
　　　三、开发新医药产品的要求和程序 ·· 41
　　　四、新医药产品的开发方式 ··· 42
　　第四节　医药产品的商标和包装策略 ·· 43
　　　一、医药产品的商标策略 ·· 43
　　　二、医药产品的包装策略 ·· 45
　　思考题 ··· 47

第五章　医药产品价格策略 ··· 49
　　第一节　医药产品价格的构成及影响因素 ··· 49
　　　一、医药产品价格的概念与构成要素 ·· 49
　　　二、影响医药产品价格的因素 ·· 50
　　　三、政府对医药产品价格管理的内容 ·· 53
　　第二节　医药产品定价目标与定价策略 ··· 54
　　　一、医药产品定价目标 ··· 54
　　　二、医药产品定价策略 ··· 55
　　第三节　医药产品定价方法 ··· 57
　　　一、政府定价 ·· 57
　　　二、企业定价 ·· 58
　　　三、药品价格体系及药品差价 ·· 61
　　思考题 ··· 62

第六章　医药产品促销策略 ··· 65
　　第一节　医药产品促销的概念和作用 ·· 65
　　　一、医药产品促销的概念 ·· 65
　　　二、医药产品促销的作用 ·· 66
　　第二节　医药产品促销组合策略 ··· 67
　　　一、促销组合的含义与影响因素 ··· 67
　　　二、医药产品促销的两种基本策略 ·· 69
　　第三节　几种常用的医药产品促销方式 ··· 71
　　　一、人员推销与广告促销 ·· 71
　　　二、营业推广与公共关系 ·· 74
　　思考题 ··· 77

第七章　医药产品营销渠道策略 ··· 79
　　第一节　医药产品营销渠道的概念和类型 ··· 79
　　　一、医药产品营销渠道的概念 ·· 79
　　　二、医药产品营销渠道的类型 ·· 80
　　第二节　医药产品营销的中间商 ··· 82
　　　一、医药产品营销中间商的概念和作用 ··· 82
　　　二、医药产品营销中间商的类型 ··· 83

  三、选择医药产品中间商的条件 …………………………………………… 84
 第三节　医药产品营销渠道策略的应用 ……………………………………… 85
  一、影响医药产品营销渠道选择的因素 ……………………………………… 85
  二、医药产品营销渠道的基本策略 …………………………………………… 86
 思考题 ………………………………………………………………………………… 88

第八章　医药市场调查 …………………………………………………………… 90
 第一节　医药市场调查的概念和意义 ………………………………………… 90
  一、医药市场调查的概念 ……………………………………………………… 90
  二、医药市场调查的意义 ……………………………………………………… 91
 第二节　医药市场调查的内容与分类 ………………………………………… 92
  一、医药市场调查的内容 ……………………………………………………… 92
  二、医药市场调查的分类 ……………………………………………………… 94
 第三节　医药市场调查的步骤与方法 ………………………………………… 96
  一、医药市场调查的步骤 ……………………………………………………… 96
  二、医药市场调查的方法 ……………………………………………………… 98
 思考题 ……………………………………………………………………………… 100

第九章　医药市场预测 …………………………………………………………… 101
 第一节　医药市场预测的意义和特点 ……………………………………… 101
  一、医药市场预测的概念与意义 …………………………………………… 101
  二、医药市场预测的特点 …………………………………………………… 102
 第二节　医药市场预测的内容和分类 ……………………………………… 103
  一、医药市场预测的内容 …………………………………………………… 103
  二、医药市场预测的分类 …………………………………………………… 104
 第三节　医药市场预测的步骤和方法 ……………………………………… 106
  一、医药市场预测的步骤 …………………………………………………… 106
  二、医药市场预测的方法 …………………………………………………… 107
 思考题 ……………………………………………………………………………… 112

第十章　医药市场营销决策 ……………………………………………………… 113
 第一节　医药市场营销决策的概念和意义 ………………………………… 113
  一、医药市场营销决策的概念与特点 ……………………………………… 113
  二、医药市场营销决策的意义 ……………………………………………… 115
 第二节　医药市场营销决策的原则和程序 ………………………………… 115
  一、医药市场营销决策的原则 ……………………………………………… 115
  二、医药市场营销决策的程序 ……………………………………………… 116
 第三节　医药市场营销决策的方法 ………………………………………… 118
  一、医药市场营销定性的决策方法 ………………………………………… 119
  二、医药市场营销定量的决策方法 ………………………………………… 119
 思考题 ……………………………………………………………………………… 123

第十一章　国际医药市场营销 …………………………………………………… 125
 第一节　国际医药市场营销的特点与意义 ………………………………… 125
  一、国际医药市场营销的概念与特点 ……………………………………… 125

二、学习国际医药市场营销的意义 …………………………………………… 128
　第二节　国际医药市场营销环境的分析 ………………………………………… 129
　　一、国际医药市场营销环境调研 ………………………………………………… 129
　　二、国际医药产品目标选择 ……………………………………………………… 134
　第三节　进入国际医药市场的营销策略与方法 ………………………………… 134
　　一、进入国际医药市场的营销策略 ……………………………………………… 135
　　二、进入国际医药市场的方式 …………………………………………………… 137
　思考题 ………………………………………………………………………………… 141
附录 ………………………………………………………………………………… 142
参考文献 …………………………………………………………………………… 169

第一章 医药市场营销概论

【案例】 有一个公司招聘营销员，由于公司待遇较好，所以有很多人应聘。经理为了选拔营销高手，就出了一个题目：让他们把梳子推销给和尚。很多人都说这不可能，和尚连头发都没有，怎么可能向他们推销梳子呢？于是，很多人就放弃了这个应聘机会。但是，有A、B、C 3个人愿意试试。过了几天，他们回来了。

A卖了1把梳子。他对经理说："我看到一个小和尚，头上有很多头皮屑，很痒，在那里用手抓。我就劝他说抓痒要用梳子抓，于是我就卖出去了一把。"

B卖了10把梳子。他对经理说："我去了一座名山，找到了庙主，我对庙主说，如果上山拜佛的人，先用梳子把被风吹乱了的头发梳理一下再拜佛，表示对佛的尊敬。于是，我建议在每个佛像前摆一把梳子，礼拜者来了梳完头再拜佛，庙主接受了我的建议，因此，我卖了10把梳子。"

C的梳子供不应求。他告诉经理，他到了一个颇具盛名、香火极旺的佛教圣地，求神拜佛者络绎不绝。他对主持说："凡来进香拜佛者，多有一颗虔诚之心，庙主应有所回赠，以做纪念，保佑其平安吉祥，万事如意，鼓励其多做善事。我有一批木梳，你的书法超群，若先刻上'菩萨保佑、平安吉祥、万事如意'等字样，然后便可做赠品。"主持大喜，立即买下1000把木梳，并请他住了几天，共同出席了首次赠送木梳的仪式。得到"菩萨保佑、平安吉祥、万事如意"梳子的施主与香客非常高兴。于是，一传十，十传百，朝圣者更多，香火也更旺，庙主收入丰厚。这还不算，主持希望再多买一些不同档次的梳子，以便分层次地赠给各类型的施主与香客。

点评：A、B、C代表3种类型的营销人员。A善于观察，因势利导，以情感人，满足现实需求；B善于动脑，长于事理，循序渐进，引导潜在需求；C善于研究心理，锲而不舍，用知识和智慧创造出新的消费。

众所周知，梳子是梳理头发之用，而和尚已削发为僧，不用梳子，把梳子卖给和尚确实不可思议，甚至听起来有些荒诞离奇。然而，大多数人认为不可能的事情，终究变成了现实，这才是真正的营销高手。

第一节 医药市场营销的意义和发展

医药市场营销是一门综合学科。学会在市场经济中运用市场营销理论制定市场营销策略，策划营销方案，指导营销实践，拓宽营销领域，扩大市场份额，提高经济效益，是每个营销人员必须面对的现实和努力追求的目标，需要不断总结、完善和提高。特别是在加入世界贸易组织的今天，借鉴国内外的营销经验，做好企业产品的营销运作，提高其在国内外市场上的占有率，是每个营销人员乃至企业经营管理者义不容辞的责任和长期艰巨的任务。

一、医药市场营销的概念

医药市场营销，是指专门研究医药市场营销规律、营销策略与营销技巧的应用学科。医药市场是指专门从事医药产品交换的场所（包括药品市场、医疗器械市场、保健品市场等）。医药产品是指专门用于预防、治疗、诊断疾病，有目的地调节人的生理机能的特殊产品。所谓营销规律，是指市场经济的基本规律，如供求状况影响价格的规律。一般来说，供过于求，价格下降，供不应求，价格上涨。所谓营销策略，是指根据营销目标，遵循营销规律对营销活动进行的策划和谋略。所谓营销技巧，是指对营销策略巧妙运用的技能。

社会主义市场经济体制的建立把我国的医药企业推向了市场，使之成为市场经济活动的主体。面对国内外市场的风云变幻，企业要想抓住机遇，迎接挑战，就必须系统地研究市场营销活动的客观规律，借鉴一些发达国家在市场经济条件下开展经营活动的实践经验，并根据我国的实际情况，采取科学有效的营销策略，以达到趋利避害的目的。

医药市场营销同其他学科一样，既是一定社会经济条件下的产物，又要求它为一定的社会经济发展服务。我国汉代的桑弘羊在《盐铁论》中已开始触及市场经营中的一些重要理论问题，并提出了"以虚荡实"、"异物内流"、"利不外泄"的策略思想，但在当时的自然经济条件下，还不可能对市场问题进行较为系统的研究。

新中国成立后，国民经济高速发展，但由于实行高度集中的计划管理，市场供求矛盾不甚突出，商品销售也未形成买方市场，因而没有产生研究市场营销的客观经济条件和必要性。

党的十一届三中全会以后，在经济体制上进行了一系列的改革，提出了我国社会主义经济是有计划的商品经济，实行计划经济与市场调节相结合的方针，尤其是党的十四大报告明确提出"市场经济不等于资本主义，市场经济不是社会主义和资本主义的本质区别"这一论断，使我国在计划与市场关系问题上的认识有了新的重大突破，研究市场经济问题的客观条件已经形成。

进入21世纪后，我国市场经济飞速发展，加入世界贸易组织后，扩大了对外贸易，使人们越来越感到国内市场竞争与国际市场竞争的差异。因此，用市场营销理论来指导医药企业的营销活动，帮助企业树立新的营销理念，总结医药企业成功的营销案例，交流医药企业的营销经验，传播最新营销知识，是企业生存和发展的关键。这就要求我们对国内外市场进行深入的研究和分析，建立一套完整的市场营销理论，制定相应的市场营销策略，转变观念，满足消费，开拓市场，在激烈的市场竞争中主动迎接各种挑战。

二、学习医药市场营销的意义

医药市场营销是一门以市场营销活动为主线的应用学科。它对提高营销管理人员的业务水平、提高企业的经济效益和促进社会主义市场经济的发展，具有十分重要的意义。

① 学习医药市场营销是我国市场经济的客观需要。党的十一届三中全会以后，尤其是十五大、十六大以来，我国在改革开放的现代化建设中取得了巨大成就。随着我国经济体制改革的逐步深化，医药经济也有了很大的发展，在国民经济和人民生活中的作用和地位越来越重要。目前，企业已成为自主经营、自负盈亏的商品生产者和经营者，原来条块分割、封闭的市场向竞争开放的市场转变。党的十四大报告明确指出："转换国有企业的经营机制，把企业推向市场，增加它们的活力，提高它们的素质，这是建设社会主义市场经济体制的中心环节。"为继续推动医药经济的发展，国家采取了多种措施，完善医药市场体系，为企业参与平等竞争创造了良好的外部环境，且进一步对医药产品价格管理进行了改革。政府主要管作价办法，绝大多数医药产品具体价格的确定是自下而上地由企业自主提出，报有关部门

批准即可。除麻醉药等少数特殊品种外，政府不再向企业下达医药产品流通计划。企业根据市场需求的变化自行调整产品结构，逐步成为市场的主体。要想不断开拓医药企业市场，加快其发展，就必须学习、研究医药市场营销的理论知识，不断探索现代经营模式、经营方法，为建立我国医药市场经济做贡献。

② 学习医药市场营销是适应医药市场经济的迫切需要。医药市场经济的建立和完善，不可避免地要涉及新旧机制的转换和衔接问题，这就要求我们学习和研究医药市场营销理论，以适应新体制的需要。长期以来，我国医药行业实行的是计划经济，这种计划经济比其他行业的计划性更强。计划经济下的医药产品经营采取的是分配、调拨、统购、包销等一套统管方式，政府部门对企业实行全面管理，企业依赖政府，没有自主权，缺乏活力，制约了生产力的发展。以建立社会主义市场经济体制为目标的改革，给医药企业注入了活力，但也带来了巨大的压力和严峻的考验，使医药企业开始面临市场的挑战。对外，使我国医药产品融入世界医药市场，在世界经济全球化的发展趋势下，积极参与国际竞争，同时向国际惯例和世界贸易组织有关规则靠拢；对内，以市场为导向，坚持公开、公平、公正的竞争原则，在品种、质量、价格、服务方面积极参与竞争，满足人民群众日益增长的健康需求。这就从客观上要求医药企业不能观望等待，必须掌握营销理论，争取主动。在医药产品市场的价格体系方面，虽然国家进行某些宏观调控，但也必须适应社会主义市场经济体制的要求，强化市场需求在价格形成中的作用，即强化由市场决定价格的作用，规范医药产品的定价原则和定价方法，增强医药产品价格的社会监督作用。为了适应社会主义市场经济的需要，则要加快医药流通体制改革，建立"调控有力、管理科学、统一开放、竞争有序"的医药流通新体制，积极推进医药流通模式的改革，推进代理配送制、零售连锁，积极利用现代信息电子网络技术，发展医药电子商务，提高效率，降低医药产品流通费用。这就要求医药企业要树立和加强与社会主义市场经济相适应的质量意识、服务意识、竞争意识和职业道德观念，具备医药市场营销知识，掌握医药市场营销活动规律，懂得医药市场的经营策略，使企业在竞争中立于不败之地。

③ 学习医药市场营销是提高医药企业经济效益的根本需要。在当前市场经济的大潮中，医药企业要想提高其管理水平和经济效益，必须学习市场营销。

第一，社会主义市场经济体制的建立要求医药企业的经营管理思想应从原来产品经济的封闭型向市场经济的开放型转变，坚持以市场为导向、经营为重点、效益为中心、管理为根本的原则。只有学好市场营销理论，才能确立正确的经营思想，树立现代医药经营观念，积极主动、有的放矢地搞好医药企业经营管理。

第二，市场经济的发展要求医药企业的领导人员由原来的单纯行政管理型向既懂管理又懂经营的专业型转变。不懂市场、不懂经营的领导不可能管理好企业，只有懂得医药市场营销理论，才能做出正确的决策，引导医药企业在市场经济中发展。

第三，医药企业的经营管理必须按照医药市场经济的要求进行，其经营管理策略和方法必须以医药市场营销理论为依据。医药市场营销预测是搞好医药企业经营管理的前提条件，是医药企业营销决策的依据。了解、掌握医药市场信息，进行医药市场调查，有利于医药企业做出正确的决策和实行有效的管理，减少企业经营的盲目性，适应医药市场环境的变化。学习市场营销学，掌握医药市场营销的策略和方法，结合企业的实际情况，选择并运用最佳的营销策略和方法，使企业的经营管理在把消费者的需求作为企业最高经营目标的基础上科学、有序地运行，在管理上出效益。

第四，加强医药市场营销活动是在医药市场经济条件下提高医药企业经济效益的关键。在市场经济中，医药企业只有竞争才能生存、才能创造经济效益，而医药市场的竞争主要是靠市场营销活动。通过学习市场营销学知识，可以掌握医药市场营销理论、策略和方法，从而可以更有效地开展、加强医药市场营销活动，使医药生产、流通和消费实现高度的统一，达到医药市场营销的目的，即满足用户的需求，提高企业的经济效益，实现企业的利润目标。

三、医药市场营销观念的发展

医药市场营销观念，即企业的市场营销指导思想，是企业经营活动的一种导向。市场营销观念的核心是如何正确处理企业、顾客和社会三者的利益关系。市场营销观念的正确与否直接关系到企业的兴衰成败，它是随着社会生产力和商品经济的发展及市场环境的演变而逐步形成的一种新的组织企业经营活动的营销思想。其发展过程可概括为3个阶段：以生产为中心的生产观念；以销售为中心的销售观念；以消费者为中心的现代市场营销观念。

1. 生产观念

生产观念也叫生产导向，这种观念的实质是：我生产什么，顾客就来购买什么。例如，20世纪初，不管感冒患者症状如何，只能是药厂生产什么感冒药，患者就用什么感冒药。其适应条件是：产品供不应求的卖方市场。这是一种在社会生产力水平较低的情况下，社会需求大于社会供给的一种以生产为中心的观念。

在人类历史长河中，人类有意识地研究和动用市场营销观念至今只有一个多世纪的时间。在此之前，由于人们还处在一家一户一个生产单位的小农经济阶段，生产力水平较低，市场经济极不发达，商品意识十分薄弱，很多商品供不应求。当时摆在生产企业面前的中心问题是努力扩大生产、增加产量。只要有足够的产品并配以相应的品质和价格，企业不需花费多大力气，就能获得满意的销售数量和销售利润。市场营销观念难以形成。随着18世纪产业革命的兴起，社会生产力水平大大提高，于是便产生了以生产为中心的营销思想，即生产观念。在西方国家，这种观念是在19世纪与20世纪交替的约50年左右的时间内推行的。在这个时间里，社会没有什么过剩产品，市场商品的花色、品种、规格不多，消费者的需求变化不大，市场上的总趋势为卖方市场。企业的主要精力是组织其所有的资源，利用新技术，集中一切力量提高生产力，加强企业生产管理，降低成本，提高产量，以获取最大的利润。因此，企业的工作重心一是增建新厂，二是提高工人的工作效率，对已标准化的部分实行计件工资及发放超产奖金等。又如，19世纪后期产业界大批巨型公司的出现以及产业队伍的迅速增加，更说明生产观念占主导地位。从这一时期的著名人物泰勒及其从事的事业和取得的成就也可以说明生产是中心。泰勒无论是在密特维尔钢铁公司还是在伯利恒钢铁公司的实验，甚至他的代表作《科学管理原理》，都是围绕各种资料的利用、生产效率的提高、费用的降低和利润的最大化而展开的。所以，这一时期的市场营销观念是：消费者欢迎那些可以买得到和能买得起的商品。因此，企业生产的产品只要商品质量过得去，价格适中，产品一生产出来，就能很快销完，并能获得比较理想的利润。这时的企业不必发愁产品的销售问题，而只关心生产，生产的越多越好。

在我国，由于封建桎梏的长期束缚，生产力发展一度极其缓慢。从1840年鸦片战争开始到中华人民共和国成立前，中国都是半封建、半殖民地社会。这个时期是中国的企业从封建手工业的生产方式逐步向资本主义大工业的生产方式转变的时期。其生产特点是在上海、天津、武汉等大城市建立一些生产纺织品、盐碱、火柴等生活日用品的工业。但是，这些工业对于中国这样一个人口大国来讲，实在是杯水车薪，且未打破我国小农经济的基本格局。直到中华人民共和国成立后的"一五"时期之后，随着我国工业的迅速发展，以生产为中心的市场营销观念才逐步形成。但由于很长一段时期，"左"的错误思想在我国社会主义建设中居于主导地位，使国家经济发展缓慢，不讲经济效益，轻视商品流通，市场机制不能正常运行，整个市场供应紧张。在这种特殊情况下，大多数企业均以生产观念为指导，经营管理可以概括为简单的"三靠"、"三不问"、"三脱节"，即任务靠国家下达、材料靠国家调拨、产品靠国家统购，不问需求、不问经营、不问企业经济效益，供需脱节、产销脱节、生产与效益脱节，是典型的生产型企业。

2. 销售观念

随着社会生产力水平的不断提高，规模生产发展迅速，社会产品供应量增加，各企业生产的总量常常超过社会需求总量，由卖方市场转向买方市场。这时，企业不是担心能否大量生产产品，而是担心生产出来的产品能否全部销售出去，于是以销售为中心的销售观念应运而生。例如，有的医药企业只是盲目跟风，加大了促销的力度，但没有真正考虑消费者的满足度。销售观念的适应条件是产品供过于求的买方市场。

在西方，一般认为销售观念的推行是在 20 世纪 20 年代到 40 年代。尽管这时的市场基本上还是卖方市场，但是有的企业为了招徕顾客，开始重视运用推销术和广告促销，大肆兜售产品，以压倒竞争者。例如，1930 年前后，皮尔斯堡面粉公司发现推销其产品的中间商有的已开始从其他厂家进货。公司为了寻求可靠的中间商，扩大销售，逐步从生产观念转向销售观念。公司经营的口号改变为"本公司旨在推销面粉"，并且第一次在公司内部设立了商情调研部门，并派出大量推销人员，从事推销业务。再如，20 世纪 30 年代美国汽车商推销汽车，当时汽车供过于求，每当顾客一出现，推销员便热情接待，竭尽全力，以促使交易达成。

在我国，销售观念大约是在建国初期至第一个五年计划期间形成的。在 3 年恢复时期，社会主义国营经济和旧中国遗留下来的私营经济共存，国家在发展国营经济和合作经济的同时，采取打击投机商人，稳定物价的方针，使生产迅速恢复和发展，市场商品逐渐增加。进入"一五"时期，兴建了 156 项重点工程，开始了大规模的社会主义经济建设。这一时期，城乡市场活跃而稳定，商品供应日益丰富，干部职工的收入开始实行工资制，人民生活比较简朴，消费需求变化不大，致使有些商品显得相对过剩。所以，工商企业大多数是以商品推销为中心，采取赊销、折扣等方式扩大销售，以此减少积压，获得较高的利润。不过，这一时期的销售观念和资本主义的销售观念有所不同。前者是以公有制为基础的经济，采取销售观念是为了争取盈利、扩大销售。后者是以盈利为中心的、很少考虑消费者利益的销售观念。

销售观念不同于生产观念。销售观念认为：消费者不会因自身的需求与愿望来主动地购买商品，而是经由推销的刺激才诱使其采取购买行为；对企业现存的产品必须努力进行推销，否则就不能增加销售量和利润。因而，企业特别重视产品的推广与广告活动，以期获得充分的销售量和利润。这种观念的不足之处是：只注重现有产品的推销以及通过促销手段诱导其购买，而忽视顾客对商品的满意程度及购买商品后的满足度，仅把商品推销出去就认为万事大吉。这就不可避免地会失去顾客，最终也将失去市场。

3. 市场营销观念

市场营销观念是一种与生产观念截然不同的、在销售观念的基础上发生飞跃的现代观念。这种观念的实质是以市场需求为中心，千方百计地研究消费者的需求，服务于顾客，竭力追求"市场需要什么，我就生产什么，市场需要多少，我就生产多少"，并使其满意，通过争取消费者来扩大销售，获取利润。例如，"白加黑"感冒药，就是根据感冒患者的不同需要，生产不同配方的医药产品。白天的上班族，尤其是司机、学生用"白片"不瞌睡，晚上需要休息用"黑片"睡得香。

市场营销观念的形成是在第二次世界大战结束后，世界主要工业国都摆脱了战争的沉重负担，社会生产力迅速发展，科学技术不断突破，社会产品不断增加，出现了供过于求的买方市场，而且消费者购买商品时的选择性越来越高。在这样的市场环境下，企业只有努力从商品的数量、质量、花色品种、规格以及商品的价格、售后服务多方面去适合消费者的消费需求，才能赢得顾客。有些企业甚至将"顾客就是上帝"作为自己的营销宗旨。市场营销观念也被称为"营销导向"、"市场导向"或"顾客导向"等。企业考虑问题的顺序由过去的"资源——产品——市场——顾客"变成了"顾客——市场——产品——资源"，即重视顾客需求与市场调研。以顾客为中心，顾客需要什么产品，企业就应当生产、销售和开发什么产品，并充分、有效地利用现有资源和力量，在满足顾客需求的基础上不断扩大市场销售，长久地获取较为丰厚的利润。

在我国，市场营销观念是在近几十年内，随着市场经济的不断深化和改革开放的逐渐推行而发展起来的。就医药行业来讲，也是随着医药经济事业的发展而兴起的。目前，我国医药行业，其市场营销观念已基本形成，将医药市场营销理论运用于生产经营活动已取得显著成效。

第二节 医药市场营销的研究内容和方法

一、医药市场营销的研究对象和内容

1. 医药市场营销的研究对象

每一门学科都有自己独特的研究对象，研究对象关系着该学科的研究方向和基本内容。医药市场营销是一门综合性的企业经营管理应用科学，它是站在医药企业的角度，着重研究在买方市场的条件下，以消费者需求为中心的市场营销活动过程、营销规律以及营销策略。研究的目的是为了探索医药企业在竞争激烈并不断变化的市场竞争环境中，如何了解和满足目标顾客的需要，如何识别、分析、选择和利用市场机会，在整体的买方市场条件下，找出自己产品的卖方市场的优势，增加产品的竞争力，并在满足消费需求的同时取得利润，实现企业目标，求得生存和发展。由此可见，医药市场营销的研究对象是以市场需求为导向的市场营销关系、市场营销规律和市场营销策略的概括和总结。医药市场营销的研究对象具有以下3个特点。

① 医药产品市场营销注重研究买方市场条件下的消费需求。在卖方市场转向买方市场后，生产经营企业由市场的支配地位转变为被支配地位，企业市场营销活动的重点不再是如何生产更多的产品，也不是如何把已经生产出来的产品推销出去，而是把消费者的需求作为企业一切营销活动的中心。通过调查、分析消费者的需求，在整体的供过于求的买方市场

中，找出某些尚未满足的消费需求，并采取适当的市场营销手段影响消费需求，在满足消费需求的同时，实现企业的利润目标。

② 医药市场营销注重研究市场营销活动过程中的客观规律。在社会化大生产的条件下，在日趋复杂的市场经济中，虽然各企业的市场营销活动千差万别，但是所有企业的市场营销活动又有着共同的规律。把人们在长期的市场营销活动中积累起来的丰富经验和带有规律性的管理方法进行科学的研究和推广，对发展市场经济、搞好企业市场营销活动有重要的作用。

③ 医药市场营销注重市场营销策略的应用。市场营销策略是在总结和概括市场营销活动过程中，带有规律性、普遍性意义的原理和概念的运用。市场营销的研究，不能仅局限于对理论、技术的研究，更重要的是用科学、灵活的策略和方法指导实践。只有在正确剖析市场营销环境、探索市场营销关系规律的基础上，及时制定适当的策略和方法并付诸实施，才能在错综复杂、不断变化的市场营销活动中，占领市场、开拓市场，满足消费者的需求，实现企业的经营目标。

2. 医药市场营销的研究内容

医药市场营销的研究内容，不只局限于医药流通领域里的营销研究，而是向上延伸到生产领域，即在生产开始之前，就要了解市场需求信息，设计符合消费者需要的药物。同时，还要向下延伸到消费领域，即研究如何搞好上市后的评价、收集患者反馈的信息。因此，医药市场营销的研究内容概括地说，是从分析消费者需求的生产领域开始，经过流通领域，到满足消费者需求的消费领域为止，形成周而复始的循环过程。医药市场营销的研究内容主要包括以下几个组成部分。

（1）营销环境研究　任何企业的营销活动都是在复杂多变的营销环境中进行的，它受到各种外部环境因素的影响和制约。因此，医药市场营销研究营销环境的目的，就是使企业趋利避害，不失时机地抓住市场营销机会，正确地选择目标市场，并依此制定出企业的经营计划和营销战略。

（2）用户需求研究　用户需求研究是市场营销研究的重要内容。通过用户需求的研究，可以把握消费者的购买动机和购买行为，发现消费者尚未满足的需求，采取适当的目标市场策略，满足目标消费者的需求。

（3）产品研究　产品是消费者的购买对象。企业是通过出售适销对路的产品来满足消费者需求的。医药市场营销对产品的研究，就是从市场营销的角度出发，在市场调查的基础上，根据消费者的需求，确定企业提供的产品，即包括产品的质量、规格、品牌、包装、服务等因素，也包括对产品的开发、生产及产品市场生命周期等方面的研究。

（4）价格研究　商品价格是商品价值的货币表现。在市场营销活动中，商品价格是一个敏感因素。在竞争激烈的市场上，产品定价是否恰当关系到企业营销活动的成败。市场营销学对价格的研究，就是根据产品成本和供求关系等因素，合理确定定价原则、方法和策略，定出适当、合理的价格，达到价格刺激消费、价格促进营销的目的。

（5）促销研究　促销就是通过人员或非人员促销手段，向消费者宣传和劝说，达到促进商品销售的目的。医药市场营销对促销的研究，就是通过对产品、用户、市场、企业等各方面的综合分析，选择有效的手段和方法，促使用户购买产品，增加企业的销售量，从而提高企业的经济效益。

（6）分销渠道研究　企业生产的医药产品，绝大多数要经过若干环节或不同渠道的转移,才能从生产领域,经过流通领域,最后到达消费领域。市场营销学对分销渠道的研究,能够帮助企业选择切实可行的分销渠道,从而实现商品在从生产领域到消费领域转移的过程中,做到路程最短、环节最少、费用最省、时间最快。分销渠道的研究主要包括营销渠道结构的比较、中间商的选择、分销渠道策略的确定以及分析影响分销渠道的因素等内容。

此外,由于我国加入世贸组织和对外开放的发展,国际市场对我国经济的发展日益重要,因此,对国际医药市场的研究就成为医药市场营销的重要组成部分。

二、医药市场营销的方法

医药市场营销方法与医药市场营销的研究对象和研究内容有着直接的联系。不同的研究对象与内容有不同的营销方法,概括起来,主要有以下几种。

1. 整合营销法

整合营销,就是通过对各种营销策略的系统化整合,再根据营销环境的动态变化,使买卖双方在交换过程中各自实现预期目标的营销方法。

整合营销作为一种营销方法,其根本出发点就是满足顾客需求。当前,顾客需求日益分散化、复杂化、个性化和多变化,在理性消费的基础上渗透了越来越多的情感因素,单靠产品质量、式样规格、服务态度等因素已无法满足顾客需求。顾客在交换中寻求的是一种综合价值的实现,这种综合价值对顾客来说就是"满足度"。所谓满足度,就是顾客购买产品后的综合满足程度。一个得到高度满足的顾客,会很长时间保持对企业的忠诚度,当企业推出新产品时,会称赞和宣传企业及其产品,降低价格敏感性并积极购买,忽视其他竞争品牌及其广告宣传,甚至会向企业提供产品或服务改进的建议等。因此,整合营销为企业指明了营销方向。

在现代化企业管理中,整合的过程就是要使企业各部门之间的互相配合打破部门间的间隔,杜绝内耗,使企业的经营活动围绕一个宗旨来进行,而不是围绕部门或职能来进行,使分力变成合力,从而大大增加企业的综合竞争能力。然而,在当今医药企业中,包括营销部门在内的各职能部门,活动日益专门化,从而导致资源的内部竞争。而且,各职能部门之间的独立性也往往使目标不一致,其结果是既降低了企业绩效,又影响了企业竞争力,最终违背了专门化的初衷。为了改变这种状况,把管理中的整分合原理运用到营销过程中,从而产生了整合营销法。

2. 网络营销法

网络营销,就是企业在充分研究网络顾客需求的基础上,利用网络技术来实现企业营销目标的电子商务方法。

自1999年之后,中国电子商务开始迅速发展,其标志是诞生了一批电子商务网站。从理论上说,电子商务代表了最先进的商务模式,节省了大量的手工劳动和经营费用,尤其在订单管理、库存管理、顾客关系管理等方面,电子商务的优势非常显著。但是,有了这些基本的商业流程电子化系统,还必须加强高水平的管理。这是因为电子商务还没有真正实现人性化。电子商务与传统商业的重要区别,就是企业与用户联系的场所不是实体商场,而是网站界面,网站是由后台技术支撑的,一旦出现技术故障,电子商务就无从谈起。此外,在电子商务活动中,往往需要用户注册。根据不同的需要,要求用户提供的信息也有所不同,最简单的可能只需要一个电子邮件地址,而在一些零售网站则要求填写详细的通信地址、电话、电子邮件等联系信息,甚至要求用户填写身份证号码。正是这种对个人信息的要求,在一定程度上影响了电子商务的发展，最终使交易无法完成。网络营销与传统营销相比有如下几个特点。

① 网络营销是一种以消费者为导向、强调个性化的营销方式。网络营销的最大特点在于以消费者为主导。消费者可根据自己的个性特点和需求在全球范围内找寻满足品，通过进入感兴趣的企业网址或虚拟商店，消费者可获取产品的相关信息，使购物更显个性。此外，随着计算机辅助设计、人工智能等技术的进步，现代企业将具备以较低成本进行多品种、小批量生产的能力。这为个性网络营销奠定了基础。

② 网络营销具有极强的互动性，是实现全程营销的理想工具。企业实行全程营销，必须由产品的设计阶段就开始充分考虑消费者的需求和意愿。但是，在实际操作中很难做到，而在网络环境下将有所改观。网络营销这种双向互动的沟通方式提高了消费者的参与性和积极性。

③ 网络营销能满足价格重视型消费者的需求。网络营销能为企业节省巨额的促销和流通费用，使产品成本和价格的降低成为可能。消费者则可在全球范围内找寻最优惠的价格，甚至可绕过中间商，直接向生产者订货，从而能以更低的价格实现购买。

由于网络营销是在用一种特殊的渠道销售产品，从目前来讲，并不是所有产品都能在网上销售，并且还应注意以下问题：①网络安全问题，如个人资料的保密、交易双方身份的确认等；②税收问题，如税收管辖权无法确定、检查稽查难度大等；③法律问题，如网上合同、消费者权益的法律保护等；④具体操作问题，如送货、结算、售后服务等；⑤传统观念的冲突问题，如无法真实了解商品、缺少逛街购物的乐趣等。

3. 关系营销法

关系营销，是指企业通过与消费者、供应商、政府机构及其他各界建立和发展良好的公众关系，实现企业营销目标的一种营销方法。

关系营销的特点，具体表现在以下几方面。

(1) 信誉第一、客户至上　对于任何一个企业来说，信誉都是十分重要的。在产品越来越丰富、替代品越来越多、选择余地越来越大的时代，一个企业或一个产品，要想在市场上站稳脚跟，没有良好的信誉是很难实现的。因此，关系营销要求企业在营销过程中高度重视声誉与形象，把声誉与形象视作珍贵的无形财富，重视形象的投资、管理与塑造，将树立和维护良好的声誉与形象作为企业重要的战略目标。要实现这个目标，就要求企业充分认识到，没有顾客就不可能生存与发展，从而自觉地将顾客的意愿和利益作为营销决策和行动的依据，将了解顾客、顺应顾客、满足顾客、服务顾客作为重要而根本的营销理念。

(2) 双向沟通、信息共享　双向沟通是信息传递的科学模式。在这种模式下，企业可以充分了解市场、用户的具体要求，从而使自己的产品或服务更好地满足消费者的需要；市场、用户甚至社会可以清晰而具体地掌握企业的所作所为，从而对其施加各种影响或决定自己的消费行为。良好的信息传播通道，既可使企业增强产品或服务本身的市场竞争力，又能树立良好、鲜明的企业形象，使企业与用户之间产生相互信任、理解、支持与合作的融洽关系，进而反过来增加企业在市场上的综合竞争实力。

(3) 互利互惠、双赢合作　关系营销认为买卖双方的关系应该是在交往与合作的过程中共同获益、共同发展，将平等互利作为处理各种关系的行为准则，认为凡是有损于自己关系对象的行为最终必将损害自己，因此维护关系对象的利益也就是维护自身的长远利益。为此，应彻底改变过去那种为了各自的目标、眼前利益而相互排斥、对抗、斗争。在竞争激烈的社会环境里,只有互利互惠的关系才是最稳定、最可靠的关系。

(4) 统筹兼顾、综合协调　在现代社会中,企业与社会环境之间的关系越来越复杂,诸如政治的、经济的、行政的、法律的、道德的、文化的、个人的、团体的等外部力量对企业的目标与发展,均有着越来越强的影响和约束力。为此,企业只有开展各种社会活动,处理好各种关系,使之和谐化,并应付一些突发性事件,不给自身造成危害,才能最终实现企业的营销目标。

4. 绿色营销法

绿色营销,是指企业以环境保护观念为经营思想,以绿色文化为价值观念,以消费者的绿色消费为中心,力求满足消费者绿色消费需求的营销方法。

绿色医药产品,是以绿色标准对医药产品进行评估,特别注重对重金属、黄曲霉素、农药残留、微生物等世界公认的"四害"进行检验的医药产品。

全国药用植物及制剂绿色行业标准办公室(即"绿药办")对现有中药及相关药材进行了评估认证。现在全国大概有1/3的中药能够成为绿色医药产品,如上海生产的银杏叶胶囊、珍菊降压片、丹参片等,已率先获得我国"绿色医药产品"认证。

在世界经济高速发展的今天,环境污染已经成为世界各国关注的问题,它已影响到人们的生活质量和健康状况。随着各国政府对环境保护的重视和消费者保健意识的加强,环境保护活动蓬勃兴起,一场绿色革命的浪潮正席卷全球,绿色消费成为一种时尚和潮流。所谓绿色消费,是指消费者已经意识到环境恶化给生活质量及健康状况带来的不良影响,要求企业生产、销售对环境和人们影响最小的绿色产品,以减少对环境和消费者的危害。于是,绿色营销便应运而生。

我国的一些出口商品,由于没有取得欧盟的绿色标志认证,而难以进入欧盟市场。因此,在人们对环境问题高度重视的今天,绿色营销已成为企业现代营销的必然选择,绿色营销法已成为企业营销中的重要方法之一。

思 考 题

1. 医药市场营销的概念是什么?
2. 学习医药市场营销有何意义?
3. 医药市场营销的研究对象和内容有哪些?
4. 医药市场营销方法有哪些?
5. 案例分析讨论

一个毕业不久的小伙子去应聘"世界大全"销售公司的营销员。经理问他:"你以前做过营销员吗?"他回答说:"我以前只是学习过,但还没有机会做过。"经理喜欢他的真诚,并说:"你明天可以先来试用,等下班的时候,我来看一下。"

第二天一早,小伙子就到"世界大全"公司上班了,一天的时间过得真快,年轻人不知不觉忙到了快下班的时间了。经理真的来了,并问他说:"你今天做了几单买卖?"年轻人回答说:"1单。"经理又问:"你卖了多少钱?"年轻人回答说:"30万美元。"经理有点惊讶的问:"1单能卖30万美元?"年轻人回答道:"是这样的。有一位男士陪他妻子来买日用品,我看到他妻子不太高兴,就问他们周末干嘛不去钓鱼呢。听说钓鱼,他妻子立即兴奋起来。于是,我先卖给他们一个小号的鱼钩,然后是中号的鱼钩,最后是大号的鱼钩。接着,我又卖给他们小号的鱼线，然后是中号的鱼线，最后是大号的鱼线。然后，我问他们去哪儿钓鱼，他们说去海边。于是，我又建议他们买条船。我带他们到卖船的专区，卖给他们有两个发动机的船。他说他的大众牌汽车可能拖不动这么大的船。我又带他们去汽车销售区，卖给他们一辆丰田新款豪华型'巡洋舰'。"

　　经理听后几乎难以置信地说："一个仅陪他妻子来买日用品的顾客，你竟然能卖给他们这么多东西？谁不喜欢这样的营销员？"

　　虽然，这只是一个故事，但是，相信每一位经理都喜欢这样的营销员，每一个企业都需要这样的营销员。那么，如何成为这样一位营销员呢？这位营销员做了哪些研究？他运用了哪些营销方法？

第二章 医药市场细分化与目标市场选择

【案例】 人们一般都知道"万宝路"香烟,却很少知道生产"万宝路"香烟的菲利普·莫里斯公司。菲利普·莫里斯公司在1970年买下了美勒啤酒公司,运用了市场营销的策略,使美勒公司在啤酒行业排名由第七上升为第二。

1970年,美勒公司,在美国啤酒行业中排名第七,市场占有率仅为4%,市场地位十分严峻。被菲利普·莫里斯公司买下后,到了1983年,美勒公司在美国啤酒市场的占有率上升为21%,排名也由第七上升为第二。

菲利普·莫里斯公司能够奇迹般地挽救美勒公司,原因就在于菲利普·莫里斯公司在美勒公司运用了曾经使"万宝路"香烟获得成功的营销策略,也就是市场细分化策略。营销策略由研究顾客的需要与欲望入手,对市场进行细分以后,找到最好的细分市场,专门针对这个细分市场做广告和促销。

美勒公司的成功使啤酒业走出了一个误区,就是以前人们认为啤酒市场是同质市场,只需推出一种产品和包装,顾客就满足了。其实,并非如此。

美勒公司并入菲利普·莫里斯公司的第一个行动,是把原来的产品"高生"啤酒重新定位,起名为"啤酒中的香槟",吸引了很多不饮用啤酒的妇女和高收入者。调查后显示,30%的狂饮者消耗的啤酒量占啤酒销量的80%。因此,美勒公司在广告中展示了石油钻井成功以后两个人饮酒的镜头,然后又有年轻人在沙滩上冲刺以后狂饮的镜头,塑造了"精力充沛"的硬汉形象,从而占据了啤酒狂饮者的市场。

美勒公司并没有满足,它们继续寻找新的细分市场。怕身体发胖的妇女和年纪大的人认为,12盎司的罐装啤酒的分量太大,于是美勒公司开发出一种7盎司的罐装啤酒,结果人们竞相购买"小马力"啤酒,而且不用担心浪费。

点评:美勒公司成功的关键在于美勒公司有效地运用了市场细分化策略。

第一节 医药市场细分化概述

一、医药市场细分化的概念与理论基础

1. 医药市场细分化的概念

医药市场细分化,就是企业根据用户需求的差异性,把需求相同的用户划分为一个群体,从而把整个市场化分为若干个"分市场"或"子市场"的全部过程。细分后的任何一个分市场或子市场,都是一个具有相同或类似需求的消费者群,都可以被企业选择作为自己的目标市场。但任何市场的购买者都有不同的需要,对一个企业来说,不可能满足所有消费者的需求。因此,企业为了发挥优势和提高经济效益,必须将自己限定在一个适当的市场范围内,以便更好地满足目标市场的需要。

市场细分化的概念是20世纪50年代首先由美国市场学家温德尔·斯密斯提出来的。当

时美国的市场趋势已经是买方占据了统治地位，满足消费者越来越多样化的需求已经成为企业生产经营的出发点。为了满足不同消费者的需求，在激烈的市场竞争中获胜，就必须进行市场细分。这个概念的提出很快得到学术界的重视和企业界的广泛运用，目前已成为现代营销学的重要概念之一。

在市场经济条件下，任何一个企业都不可能满足所有消费者的所有需求，而只能根据部分消费者的部分需求，有针对性地选择细分市场，并针对目标顾客的特点开发优质的产品、提供周到的服务。这才是最有效的营销策略。企业能否正确选择目标市场，是制定企业市场营销战略的重要问题。市场细分化是企业选择目标市场的前提条件。

随着市场经济的发展，对市场细分化的要求也更加迫切。因为用户对产品的要求不尽相同，有的偏重于疗效，有的偏重于价格，甚至有的偏重于包装，也有的对疗效、价格、包装都有要求。在这种情况下，企业必须通过市场细分化，明确企业应为哪一类用户服务，满足他们哪一种需要，从而选择出对自己最为有利的目标市场。

2. 医药市场细分化的理论基础

市场细分化是以消费者需求"异质性"为理论依据的。从理论上说，消费需求具有异质性特征，甚至可以说每个消费者的需求都是不相同的。根据这一原理，可以将市场分为同质市场和异质市场。同质市场，是指某种医药的消费者对医药的需求和对企业市场营销策略的反应有一定程度的一致性。在同质市场上，不同的竞争者向市场提供的医药和采用的营销策略大致相同。但是，只有少数医药市场属于同质市场。大多数医药市场，消费者向企业提供的医药的各种特性和企业市场营销策略的要求各不相同，这种市场就是异质市场。在异质市场上，对同类医药的某种特性的需求偏好差异不大的消费者群就构成了该类医药市场的一个子市场。企业可以根据消费者对该类医药的不同需求偏好，向不同的消费者群提供不同的医药并进行适当的市场营销组合，通过满足异质的消费来扩大销售，实现企业的营销目标。医药市场细分化的理论基础如下。

① 各细分化市场之间可能存在着彼此矛盾或排斥的现象。由于各个细分化市场是按不同的细分变数划分的，各个子市场的消费者群在需求上存在着明显的差异，甚至可能存在着相互矛盾或排斥的现象。企业不可能同时满足彼此矛盾或排斥的子市场的需求，只能对彼此矛盾或排斥的子市场双方中的某一方做出选择。

② 企业不可能有足够的资源去满足所有的细分市场。即使各细分化市场之间不存在彼此矛盾或排斥的现象，也不一定都能作为企业的目标市场，还要受企业资源条件的制约，而企业的资源条件是有限的。因此，企业只能量力而行，从各细分化市场中选择出最适合发挥企业资源优势的子市场作为企业的目标市场。

③ 并非所有的细分市场对本企业都有吸引力。就企业的外部条件看，各个细分化市场在需求潜力、发展远景、获利状况各个方面，对企业的吸引力并非相等。因此，企业只能根据自己的实际情况，对多种吸引力进行权衡，本着两利比较取其重、两弊比较取其轻的原则，选择对企业最有吸引力、最易获利的子市场作为自己的目标市场。

二、医药市场细分化的作用与要求

1. 医药市场细分化的作用

市场细分化作为一种普遍适用的管理原理，具有广泛的应用价值。它不仅是选择目标市场的基础，为企业目标市场的选择提供科学依据，而且对于避免企业人力、物力、财力的浪费,更好地满足消费者的需要,全面实现企业的总体目标和提高企业的经济效益,都具有重要作用,概括来说主要有以下几个方面。

① 有利于企业发现和开拓新市场,占领新的目标市场。通过市场细分,可以从整体的买方市场中,找到尚未得到满足或充分满足的消费市场,针对机会,制定最佳营销策略,去开拓和占领新的目标市场。这一作用,对于中小企业尤为明显。一般来说,中小企业的资源能力较薄弱,在整体市场或细分化市场上,一般竞争不过实力雄厚的大企业。但是,市场细分化可以帮助小企业发现消费者的某些未满足的需求,从而找到自己力所能及的市场机会,然后"见缝插针"、"拾遗补缺",推出适当的医药产品,采用适当的市场营销组合,这样就可以使小企业开发出的市场能够在日益激烈的市场竞争中求得生存和发展。

② 有利于企业扬长避短,发挥优势,增强企业竞争力。任何一个企业在激烈的市场竞争中都不可能占据全部优势,而竞争力不足的企业也总有自己的长处。因此,市场细分有利于企业依据自己的长处有针对性地选择目标市场,发挥优势,扬长避短,增强企业竞争力。这一作用,对于大中小企业均有体现。对大企业来说,可以凭借自己的经济实力,抓住有利市场,独占市场鳌头;对中小企业来说,技术力量较弱,资金和资源有限,与大企业相比,往往缺乏竞争实力。但是,中小企业只要认真地研究市场细分化策略,就完全有可能在复杂的市场竞争中发现某些特定的市场。满足这一部分用户的特定需要,就能出奇制胜。

③ 有利于企业分析市场情况,调整营销目标,提高企业的应变能力。企业通过细分市场,可以深入了解每一个细分市场的需求情况和购买潜力以及同行者的情况。这样,企业可以把各个细分市场的外部环境与自己的生产技术条件结合起来,进行反复的权衡比较,选择自己最有利的市场,以便集中力量,有效地利用人力、物力、财力等各项资源,从而取得最好的经济效益。特别是一些竞争能力弱的小企业,由于竞争实力差,资源有限,无力在整体市场上与大企业竞争。但是,如果选择了有利的细分市场,集中使用有限的人力、物力、财力资源,就可能在局部市场上扬长避短,取得相对优势。经过市场细分后,企业对市场的需求有了更具体、深入的认识,能更迅速、准确地进行市场信息反馈,一旦市场变化,也能及时调整营销战略,提高企业的应变能力。

④ 有利于企业掌握市场变化趋势,更好地满足消费者需求。市场细分可以增强企业对市场调查的迫切性,准确地预测各类消费者需求的变化情况,挖掘潜在需要。这样,企业不仅可以针对消费者现实的需要,以需定产,而且可以根据潜在需要发展新医药,开拓新市场,满足消费者不断变化的新需要。

2. 医药市场细分化的要求

为了使市场细分化能够符合实际情况,更好地为选择目标市场提供有价值的依据,对市场的细分提出如下基本要求。

(1) 实用要求　从市场营销的观点来看,市场细分化标准选择得是否恰当、细分化市场是否实用有效是企业能否正确选择目标市场的关键。因此,市场细分化的实用性要求注意2种倾向。一是市场细分化标准不宜过细。过细的标准,会使市场容量有限,致使营销成本过大,导致利润降低,甚至会赔本。二是市场细分范围不宜过大。范围过大,往往细分后的市场仍然不具体、不准确,不利于企业选择目标市场。究竟选择什么样的细分标准,要因地、因时、因市场、因企业而制宜,做到"针对需求,切实可行"。

(2) 动态要求　不同时间、不同企业、不同市场、不同医药,市场细分化的标准是不同的。随着时间的推移和市场的变化,消费者购买医药产品所追求的利益会发生变化,如果仍采用相同的标准就不可能真正地区分消费需求,也就不能正确地区分市场。因此,市场细分时,绝不能静止地、孤立地用一成不变的细分标准,应经常加以研究与调整,使市场细分建立在动态观念上,注意灵活性,使细分化标准有新意。只有这样,才能使细分后的市场符合客观实际,为企业选择目标市场提供可靠的依据。

(3) 组合要求　对企业来说,一个理想的目标市场是用一系列的组合因素来确定的,因为消费者的需求往往不是一个因素所影响的,而是多因素综合影响的结果。若单独使用任何一种,都很难为企业找到理想的目标市场。这就需要把各种标准、各种因素组合起来统筹考虑,考虑的因素越多,市场划分就越细,也就越容易找到本企业的目标市场。但这绝不是说采用的标准越多越好,而应是既能找到目标市场,又使目标市场具有相当潜力的恰当组合。

(4) 盈利要求　企业选定的细分市场的规模要足以使企业有利可图,而且要有相当的发展潜力。企业所选定的细分市场就是一个适合设计一套独立的市场营销组合的最小单位。但是,如果这个细分市场的规模过小,潜在的消费者人数和购买力就会很小,企业要在这样的细分市场上开展营销活动就会收不抵支,这样的细分市场对企业而言是没有意义的。

三、医药市场细分化的标准与程序

1. 医药市场细分化的标准

市场细分是根据一定的标准来进行的。市场细分的标准是指构成消费者需求差异的各种因素。由于这些因素的变动会引起市场细分的变动,因而这些因素也就成为市场细分的变数。市场细分的标准或变数是市场细分的依据。市场细分是没有严格统一标准的,不同的企业、不同的环境、不同的医药,需要用不同的细分标准。一般,常用的市场细分标准如表 2-1 所示。

表 2-1　常用的市场细分标准

细分标准	具 体 因 素	细分标准	具 体 因 素
地理细分	国界、地区、政区、城市、农村、地形、气候	心理细分	购买习惯、生活方式、个人性格
人口细分	人口、年龄、性别、职业、收入、教育、民族	行为细分	购买动机、购买频率、营销反应

(1) 按地理因素细分市场　由于不同区域的自然条件、社会条件等因素不同,消费者在消费习惯、购买行为上有明显的差别。因此,地理因素常被人们作为一条细分市场的标准。应用地理因素划分市场,比较简单明了,容易掌握。但由于同一地理位置的消费者消费需求的差异仍然很大,所以在细分市场时,还要考虑其他因素。

按照地理因素细分市场,一般可从国界、地区、政区、城市、农村、地形、气候等因素划分,如表 2-2 所示。

表 2-2　按地理因素细分市场

地理因素	细 分 变 数	地理因素	细 分 变 数
国界	国内、国际(具体分不同国家)	农村	近郊、远郊、边远地区
地区	某国东部、西部、南部、北部	地形	平原、高原、山地、盆地、丘陵
政区	省、市、地、县等所属地区	气候	热带、亚热带、温带、寒带
城市	大城市、中等城市、小城市		

(2) 按人口因素细分市场　人口是构成市场最主要的因素,不仅人口因素与产品销售有着必然的因果关系,而且人口变数比其他变数更具有可衡量性,所以人口标准一直是细分市

场的重要依据。

按照人口因素细分市场,就是从人口数、年龄、性别、职业、收入、教育、民族等方面来细分市场,如表2-3所示。

表 2-3 按人口因素细分市场

人口因素	细 分 变 数	人口因素	细 分 变 数
人口数	一个国家或地区的人口数	收入	高收入、中等收入、低收入
年龄	儿童、青少年、成年人、老年人	教育	小学、中学、大学
性别	男、女	民族	主要民族、少数民族
职业	学生、干部、工人、农民		

(3) 按心理因素细分市场 心理标准比较复杂,往往难以准确把握。很多消费者,在收入水平以及所处地理环境相同的条件下,却有着截然不同的消费习惯与特点,这就是消费者心理因素在起作用。因而,心理因素也是细分市场的一个重要标准。心理因素包括消费者购买动机、购买习惯、生活方式、个人性格、追求利益等。例如,按照购买动机,可以将消费者划分为不同的类型,有的消费者属于经济实惠型,这种类型的消费者,对医药产品的要求是疗效好而且价格便宜;有的消费者属于显示型,购买医药产品是为了炫耀;还有的消费者属于时髦型,购买医药产品主要考虑剂型、包装是否新颖时髦等。按心理因素细分市场如表2-4所示。

表 2-4 按心理因素细分市场

心理因素	细 分 变 数	心理因素	细 分 变 数
购买动机	经济实惠型、显示型、时髦型	个人性格	内向型、外向型
购买习惯	经常购买、偶尔购买	追求利益	经济、便利、声望、新颖
生活方式	时尚新奇、艰苦朴素		

(4) 按行为因素细分市场 即是把消费者购买或使用某种医药产品的动机、购买频率、购买状态、营销敏感性等作为细分市场的依据。购买频率是指消费者对某种医药产品的购买和使用次数;购买状态是指消费者对医药的购买现状和态度;营销敏感性是指对医药产品的价格、厂牌、广告和服务等的信赖和敏感程度。能否用这些因素细分市场是企业能否选准目标市场的关键。按行为因素细分市场,如表2-5所示。

表 2-5 按行为因素细分市场

行为因素	细 分 变 数	行为因素	细 分 变 数
购买动机	治疗、滋补、馈赠	购买状态	大量购买、批量购买、零星购买
购买频率	经常购买、按期购买、偶尔购买	营销敏感性	不受影响、轻微影响、反应强烈

总之,市场细分的标准是客观存在的,但究竟按哪些标准进行细分,没有固定不变的模式,要根据具体情况灵活运用,以求得最佳营销机会,获得最好的经济效益。

2. 医药市场细分化的程序

市场细分的程序因市场的类型不同而有所差异,通常分成以下几个步骤。

(1) 确定经营目标 经营目标的确定是在企业进行了大量深入细致的市场调查研究,分析了消费者的现实需求状况及其发展变化趋势的基础上做出的决策。确定经营目标,就是明确企业从事何种医药产品的生产经营或从事何种劳动服务。

(2) 确定细分标准　细分标准既是影响消费者群需求的因素，又是进行市场细分的依据。所以，细分标准的确定既要尽可能详尽地列出消费者的需求情况，又要根据企业实际需要而定。

(3) 进行市场细分　即是根据确定的市场细分标准和用户需求的具体内容，将整个市场划分为不同类型的子市场。

(4) 优化筛选市场　根据市场细分的要求，对所有细分的子市场进行分析研究，剔除不符合细分要求的细分市场。

(5) 命名细分市场　即是对符合细分要求的细分市场定名。对细分市场的定名，应采用形象化的方法，使细分市场的名称既简单又富有艺术性。

(6) 进行检查分析　即检查各个细分市场是否科学合理。根据抓住重点、求同存异的原则，对某些细分市场进一步合并或分解，以求进一步完善化。

(7) 选定目标市场　根据各细分市场的现实效益和发展前景，选出自己的目标市场。

总之，市场细分的程序是动态的，没有一成不变的模式。各企业在具体应用时，应从实际出发，在科学分析市场各种因素的基础上选用最恰当的步骤，细分出适合企业需要的目标市场。

第二节　医药产品目标市场选择

一、医药产品目标市场概述

目标市场选择与市场细分是有着密切联系的两个内容。市场细分是按不同的购买欲望和需求划分消费者群的过程；目标市场选择，则是根据自身条件和特点确定某一个或几个细分市场作为营销对象的过程。由此可见，市场细分是目标市场选择的前提和条件，目标市场选择则是市场细分的目的和归宿。

1. 医药产品目标市场的概念

医药产品目标市场是医药企业为满足现实或潜在的消费需求而开拓的特定市场。目标市场是在市场细分和确定企业机会的基础上形成的。企业通过市场细分，可以发现不同需求的消费者群，发现未得到满足的需求市场。在任何经济制度下，在任何市场上，都经常存在一些"未满足的需求"，这种"未满足的需求"就是市场机会。但是，并不是所有的市场机会都能够成为企业机会。一种市场机会能否成为企业机会，不仅取决于这种市场机会是否与该企业的任务和目标相一致，而且还取决于该企业是否具备利用这种市场机会的条件，取决于该企业在利用这种市场机会时能否具有比其他竞争者更大的优势。一般来说，只有与企业的任务、目标、资源条件相一致，并且比竞争者有更大优势的市场机会，才能成为企业机会。企业机会事实上是对满足市场上某一类消费者需求所作的选择。确定了企业机会，企业的目标市场也就基本上确定了。然而，不加选择地将所有消费者群和地区作为自己的目标市场，这样的企业也是有的。这种企业在市场为卖方市场的情况下尚能生存，若产品多了，市场转化为买方市场，顾客有了挑选的余地，这时企业就难以生存了。由此不难看出，目标市场的选择是有条件的。

2. 医药产品目标市场的选择条件

目标市场的选择是否得当，直接关系企业的营销成果。经过细分后的市场，可供企业选择的子市场较多，但并不是每一个子市场都能成为企业的目标市场，企业选择目标市场必须具备以下条件。

① 企业必须在目标市场上有足够的销售量。企业所选的目标市场一定要有足够的现实需求和相当的潜在需求，能够给企业带来利益，足以使企业有利可图。企业为了满足目标市场上的消费需求，必然要在商品劳务的设计、生产、销售、服务等方面进行投资。如果市场狭小，没有发展潜力，没有足够的购买力，就会影响企业的销售量和效益，难以保证合理的盈利水平。这样的细分市场就不值得选为目标市场。

② 企业必须有能力满足目标市场的需求。在整体市场上，企业有利可图的子市场可能有许多，但不一定都能成为企业的目标市场。企业选择的目标市场必须和企业所具有的能力与条件相适应，即企业的人力、物力、财力、技术和投资能力所能满足的子市场，才能成为企业的目标市场。

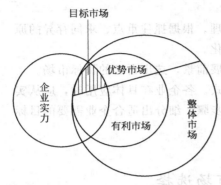

图 2-1 企业目标市场的确定

③ 企业必须在确定的目标市场上有竞争优势。所谓竞争优势，主要表现在3个方面：一是在目标市场上，没有或很少有竞争对手；二是在目标市场上开展营销活动时，虽有竞争但不激烈；三是在目标市场上，企业有足够的实力击败竞争对手。

④ 目标市场必须在一定时期内相对稳定。只有这样，才能有利于企业制定较长期的市场营销策略。如果目标市场变化过于频繁，会给企业带来很大的风险，这样的子市场一般是不宜选择的。

综上所述，企业目标市场的确定可用图 2-1 表示。

二、医药产品目标市场的策略

1. 影响医药产品目标市场的因素

企业在决定选择何种目标市场策略时，应全面考虑主客观条件和因素，进行全面衡量后做出选择。影响医药目标市场的因素主要有以下几个方面。

(1) 企业实力　若企业规模较大、技术力量和设备能力较强、资金雄厚、供应条件较好，可较多采用差异性市场策略或无差异性市场策略。反之，实力差、资源缺乏、供应条件不好的企业，则应采用集中性市场策略。

(2) 医药产品特点　即根据不同医药产品的特点与消费者对医药挑选程度的不同选择不同的策略。对于品质差别小的医药，消费需求差异往往不大，这类医药产品比较适用于无差异性市场策略；对于品种规格复杂，挑选性强的医药产品，则适合采用差异性市场策略或集中性市场策略。

(3) 市场特点　当消费市场上的顾客爱好相似，对市场营销刺激反应也大体相同时，企业可以采用无差异性市场策略。反之，如果各个消费者群的购买欲望偏好相差很大时，最好采取集中性市场策略或差异性市场策略。

(4) 医药产品寿命周期　医药产品所处的寿命周期不同，采用的市场策略也不同。当医药产品处于投入期或成长期时，通常采用无差异性市场策略去探测市场需求和潜在顾客；当医药产品进入成熟期或衰退期时，应采用差异性市场策略或集中性市场策略，以便开拓市场，扩大销售，延长成熟期。

（5）市场竞争状况　企业采用哪种目标市场策略，常常视竞争者的策略而定。一般来说，当竞争者已先采用无差异性市场策略时，本企业应采用差异性市场策略或集中性市场策略，否则难以占有一席之位。当竞争对手已先采用差异性市场策略或集中性市场策略时，情况比较复杂。首先，不能采用无差异性市场策略。其次，如果其本身有极强的实力，则可以采用对手的策略与对手竞争；如果本身实力不充足，企业应当通过更为有效的市场细分选择竞争对手忽视的目标市场，以获得理想的目标市场。

总之，只有综合考虑各方面的因素，扬长避短，发挥优势，才能把握时机，取得好的目标市场和经济利益。

2. 进入目标市场的策略

目标市场选定后，就要决定进入目标市场的策略。一般来说，可供企业选用的进入目标市场的策略有如下几种。

（1）无差异性市场策略　指企业基于整个市场上的消费者对某种医药产品的需求没有差异或差异性不大的认识，只向市场推出一种产品，运用一套市场营销组合，试图以此满足所有消费者的需求，为整个市场服务的策略。

采用这种策略有 2 种情况：一种是某种医药产品的需求本来就不存在差异，无须采取差异性营销策略；二是消费需求存在差异，但企业舍弃这些差异，只抓住各个细分市场中的共同需求，为之生产经营单一的品种，面向各个细分市场开展营销。

采用这种策略的优点是：①在每一个细分市场中所占的份额可能较小，但各个细分市场的份额总和可能较大；②品种线单一，生产批量大，可以不断提高工人的生产熟练程度，并宜于采用机械化、自动化生产，便于生产过程的管理和控制，可降低成本；③由于分销渠道简单、固定，可以简化企业医药的销售过程，降低流通费用；④可以相应地减少设计、调研、促销等费用支出。

采用这种策略的缺点是：①企业忽视消费需求上的差异，可能会失去一些很好的市场机会和企业机会；②在无差别市场需求尚未得到满足的情况下会引来众多的竞争者，以致竞争过度，不同程度地损害所有同类企业的利益；③企业过分依赖单一品种，会降低企业对市场的应变能力，有一定的市场风险性。

无差异性市场策略可用图 2-2 表示。

由图 2-2 可以看出，经市场细分后，有 a、b、c、d 4 个子市场，企业采用无差异性市场策略，舍弃各个子市场的差异性需求，选其共性需求（阴影部分），以形成本企业完整的目标市场。

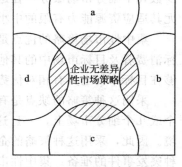

图 2-2　无差异性市场策略

（2）差异性市场策略　指企业以两个或两个以上的细分市场为目标市场，并根据各目标市场的需求差异分别生产经营不同的品种和采用不同的营销组合，以满足不同的目标市场需求的策略。

差异性市场策略，按覆盖市场的方式不同又分为以下 3 种：一是品种覆盖策略，是指企业以品种的系列化覆盖目标市场需求的多样化；二是流通覆盖策略，是指企业对流通各环节分别采取不同的营销手段，以适应流通环节的各种消费需要；三是消费覆盖策略，是指企业对各个目标消费者群提供尽可能详尽周到的营销服务，以满足各消费者群的个性需要。

差异性市场策略的优点是：①由于注意到各分市场消费者各种不同类型的需求，可以更好的满足消费需要，抓住本企业可以取得的市场机会，扩大销售；②由于选择的市场面比较广、批量比较小，具有很强的适应性，避免过分集中于某一细分市场而引起激烈竞争，给企业带来风险；③可以提高企业声誉，争取长期稳定的顾客，从多方面取得利润，增加利润总量。

采用这种策略的缺点是：①品种和市场营销策略的多样化，会造成企业成本的增加以及营销费用的上升；②生产经营过程的多样化，增加了管理控制的难度；③因强调品种特色，销售对广告的依赖性较大。

差异性市场策略可用图 2-3 表示。

由图 2-3 可以看出，针对细分市场 a、b、c、d 的不同特色（阴影部分），企业采用差异性市场策略，运用 a、b、c、d 不同的市场营销组合，以形成企业的目标市场。

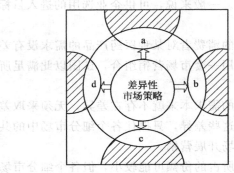
图 2-3　差异性市场策略

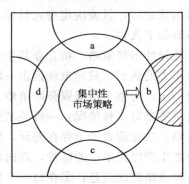
图 2-4　集中性市场策略

（3）集中性市场策略　指企业以一个或少数几个细分市场为目标市场，针对一部分特定消费者群的需求实行专业化生产和经营的策略。

采用集中性市场策略的企业，主要是考虑与其将企业有限的资源能力分散使用于众多的细分市场，在整个市场上获得一个较低的市场占有率，还不如集中企业全部力量为某一个或少数几个细分市场服务，在这个或这几个细分市场上获得一个较高的市场占有率。这种策略尤其适应资源能力有限的中小型企业。

集中性市场策略的优点是：①企业集中全部力量为一个或少数几个细分市场服务，对目标消费者及目标市场中的其他情况有较深的了解；②企业在市场营销等方面实行专业化，能够在目标市场上具有相对优势；③采用这种策略可以提高企业的投资效益率。

采用这种策略的缺点是有较大的风险性。由于企业将其全部力量都投放在范围较小的一个或几个细分市场上，一旦这个市场的情况突变，企业很可能承受不住这种压力而陷入困境。因此，采用这种策略的企业必须密切关注目标市场情况的细微变化，并预先做好应付各种突发事件的准备。集中性市场策略可用图 2-4 表示。

由图 2-4 可以看出，虽然企业面临的细分市场有 a、b、c、d，但企业根据自己的条件进行了慎重的权衡，采用集中性营销策略，选择其中适应企业条件的消费者群（阴影部分）作为自己的目标市场。

思 考 题

1. 医药市场细分化的概念是什么？
2. 医药市场细分化的理论基础是什么？

3. 医药市场细分化的作用有哪些？
4. 医药市场细分化的要求有哪些？
5. 医药市场细分化的标准是什么？
6. 医药市场细分化的步骤是什么？
7. 医药目标市场的概念是什么？
8. 选择医药产品目标市场的条件是什么？
9. 影响医药产品目标市场的因素有哪些？
10. 进入医药产品目标市场的策略有哪些？
11. 案例分析

　　海尔集团的研究人员发现夏天每次洗衣量少且洗得勤，传统的洗衣机利用率太低，于是推出小容量的"小小神童"洗衣机，大受市场欢迎。他们还发现有些地区的农民用洗衣机来洗地瓜，排水道容易堵塞，于是又开发出既能洗衣服，又能洗地瓜的"大地瓜"洗衣机，满足了这一细分市场的需求，迅速占领了当地的农村市场，受到农民的好评。海尔还对家用空调市场进行调研。他们发现随着住宅面积的不断增加，壁挂空调和柜机都已不能满足所有居室的降温，于是提出"家用中央空调"的概念，开发出新品，获得了良好的回报。请问海尔集团采取的是何种目标市场策略？为什么这种策略能取得成功？

第三章　医药市场营销环境分析

【案例】 2003年底韩国发现H_5N_1型禽流感病毒，2004年禽流感在亚洲蔓延，禽流感由鸡鸭传染给人已经超过百例，造成60多人死亡。目前，禽流感在全球有蔓延之势。如果禽流感反复发作，一旦病毒基因发生变异，就有可能变成人与人之间传播的新型流感，后果不堪设想，因而引起世界各国的广泛关注。世界卫生组织警告说，新型流感随时可能出现，有可能造成患者大量死亡。高致病性禽流感异常猖獗，罗马尼亚、土耳其、俄罗斯等国也先后出现禽鸟感染流感病例。欧盟委员会和欧洲食品安全局决定，禁止从罗马尼亚和土耳其等国进口禽类产品，暂停从克罗地亚进口活禽、野鸟和禽鸟羽毛等。受禽流感的影响，欧洲一些国家蛋类和禽类产品销售明显下降，并已经严重影响到人们的生命安全和生活状况。正当大家谈"禽"色变的时候，英国、意大利和挪威的流感专家，根据市场营销环境合作研制出了一种名为"RD-3"的H_7N_1型禽流感病毒疫苗，并由法国一家制药公司研制生产、投放市场使用，解决了燃眉之急，获得了很大的经济效益和社会效益。

点评：在市场经济条件下，企业的营销活动是在一定的外界环境下进行的。为了实现营销目标，企业必须认真分析和研究市场营销环境，并努力谋求企业内部条件和企业外部环境之间的动态平衡。因此，对一个医药企业来说，能不能对医药市场营销环境做出正确的分析，对企业生产和经营决策的成败至关重要。仅凭个人主观经验盲目地去经营，企业是难以生存和发展的。只有适应市场营销环境，才能利国利民，多方共赢。

第一节　医药市场营销环境分析的重要性

在市场经济条件下，由于竞争日趋激烈，企业必须首先对医药市场和营销环境做出科学的分析，然后根据消费者需求采取营销策略。

一、医药市场营销环境的含义

医药市场营销环境，是指影响医药企业营销活动的各种外界因素的集合。医药市场营销环境是一个不断发展和完善的概念。20世纪初，西方的企业仅将销售市场作为营销环境。20世纪30年代以后，企业又把有利害关系的竞争者看作环境因素。进入60年代以后，西方企业又把科学技术和社会文化等作为重要的环境因素。随着国家政府对医药经济管理的加强，70年代以来，西方企业开始重视对政治、法律环境的研究。这个对市场营销环境的研究不断扩大的过程，国外市场营销学称之为"企业的外界环境化"。

这里所说的外界因素，不是指所有外界因素，而是指那些对企业营销活动有较大影响的部分因素的集合，主要包括人口因素、经济因素、政治法律因素、竞争因素、社会文化因素等。这些因素都是企业不可控制的，但这并不意味着企业在市场营销环境面前无能为力，企业可以调整内部人、财、物以及产品、价格、渠道、促销等可控因素，适应外界环境的发展变化。医药市场营销环境如图3-1所示。

由图 3-1 可以看出，市场营销环境的诸因素从企业的角度来划分，可分为可控因素与不可控因素。不可控因素是指影响市场消费需求的企业本身无法加以控制的因素。宏观环境的所有内容是影响企业营销的最普遍的外在因素，对企业来说就是不可控因素。这些不可控因素，一方面给企业带来新的市场营销机会；另一方面也给企业造成威胁。企业必须充分重视市场营销环境的影响，及时地对市场营销环境进行分析和评价，通过调整可控因素，不失时机地抓住市场机会，避开环境威胁。只有这样，企业才能在激烈的市场竞争中，求生存、求发展。医药市场营销环境比较复杂，且具有确定与不确定、可控制与不可控制、机会和威胁同时并存等特点。

图 3-1 医药市场营销环境

这就要求医药企业的一切活动必须适应其内外环境的变化，才能具有生命力。企业市场营销和经营管理的实质，就是谋求和保持企业的外部环境、内部条件和企业目标三者之间的动态平衡。

二、医药市场营销环境分析的意义

随着医药市场竞争的加剧，医药企业的营销活动离不开对市场需求的科学分析和对市场信息变化的及时掌握。因此，医药企业要在激烈的市场竞争中取得好的营销效果，就必须对市场营销环境做出正确的分析，寻找企业的营销机会，避开环境威胁。所谓营销机会，是指企业能取得竞争优势和差别利益的市场机会。所谓环境威胁，就是营销环境中对企业营销不利的趋势。如果企业对这种趋势反应迟钝、消极被动、缺乏应变措施，就会面临被淘汰的危险。在医药市场营销环境中，机会和威胁并存。医药企业重视研究营销环境的变化，对克服威胁，避开风险，抓住机会，具有十分重要的意义。

① 医药市场营销环境分析是医药企业营销活动的基础。通过对医药市场营销环境的分析，可以了解国民经济的发展状况、消费水平和消费结构，可以了解市场特征、商品供求状况和供求结构，从而使企业掌握商品的流通规律，建立适宜促进商品流通的市场机制，有效地组织商品流通，实现生产经营目的，满足社会对消费的需要。医药企业的营销活动离不开社会、经济、技术等环境。社会生产力水平、医药科学技术的变化趋势、社会经济管理体制（如医药保险制度的改变和医药产品分类管理办法等）都会直接或间接地影响着医药企业的生产经营活动。医药企业必须认真调查与分析经营环境，抓住一切有利机会，避开可能的障碍，动态地适应社会经济变化的要求，及时调整市场营销战略与策略，使企业的生产经营活动与国家医药事业发展的要求相互协调、相互适应、相互促进，实现企业生存与发展的目标。

② 医药市场营销环境分析是医药企业趋利避害的保证。通过对市场营销环境的分析，可以搜集到比较完整、系统、真实、可靠的市场信息，并对信息资料作出合乎实际的全面分析，同时还可以了解竞争对手的竞争策略和营销手段，从而为企业确定切实可行的经营目标提供依据，并能有针对性地改进企业的营销策略，疏通销售渠道，选择促销手段，扬长避短，发挥优势，开拓目标市场，提高市场占有率，保证商品营销的顺利进行。医药企业市场营销环境的变化最终都会集中地反映在医药市场的需求与供给的关系上。只有认真分析并掌

握营销环境和医药市场供求、竞争状态的变化，才能发现和把握医药市场机会，选择正确的目标市场，生产经营适销对路的医药产品。

③ 医药市场营销环境分析，是医药企业采取各种策略的依据。通过对市场营销环境的分析，可以及时了解企业的经营状况和本企业商品销售中存在的问题，从而能够从经营各环节、经营的各要素、经营管理各层次进行调整，改进工作、改善经营管理、提高综合管理水平，从而提高企业的经济效益和社会效益。

总之，医药企业营销战略与策略的制定，离不开对营销环境进行详细而科学的分析。

综上所述，我们可以看到，医药企业的营销活动从本质上讲只能适应和服务于内外部环境的变化，唯有充分利用医药企业内外部条件优势，寻找和发现经营的机会，并通过正确的战略使内外环境和条件协调平衡，才能实现目标。企业与外部环境之间的相互依存关系来源于专业分工和协作的发展。医药企业就是在参与这种社会分工协作的过程中不断地扬长避短、发挥优势，从而得到生存和发展的。

第二节　医药市场营销环境分析的内容

一、影响医药市场营销环境的因素

在市场经济条件下，市场上的各个企业，其生产经营活动总要受到环境的制约和影响。适应市场营销环境的要求是企业生产经营取得成功的基本前提。市场营销环境的变化和发展能给企业创造市场机会和环境威胁，企业应善于利用新出现的市场机会及时调整市场营销策略，使其与市场营销环境的发展变化相适应，以求得生存和发展。影响医药市场营销环境的因素很多，主要有人口因素、经济因素、政治法律因素、竞争因素、社会文化因素等。

1. 人口因素

人口因素是影响市场营销环境的重要因素，人口环境是企业重要的宏观环境之一。哪里有人，哪里就会有衣、食、住、行、医等消费。人是市场的主体。人口的多少直接影响市场的潜在容量，人口越多，市场规模就越大。就医药行业来说，只要人类存在，就离不开医药。一般说来，在收入水平一定的条件下，人口总数的多少决定着医药市场容量的大小。但是，任何一个医药企业都不可能面向所有的人口市场。所以，除了分析一个国家或地区的人口总数外，还应分析年龄结构、性别结构、健康水平等因素，以便企业根据自己的特点和优势选择适应的目标市场。

(1) 人口总数　一个国家或地区人口总数的多少，是影响市场容量的一个重要因素。我国人口总数，1949 年为 5.42 亿，1982 年为 10.3 亿，到 2005 年已超过 13 亿。我国人口总数年平均增长率为 1.07%。由于人口的增加，人们的购买力也相应地或更快地得以提高，这意味着市场规模也在不断扩大，这无疑会给企业带来发展的机会。此外，如果人口增长速度快于经济的发展，人们的购买力不但不会增长，反而会下降，这无疑会给企业带来威胁。

世界人口也呈迅速增长的趋势。联合国人口司宣布，1987 年 7 月 11 日全世界人口总数为 50 亿，1990 年已突破了 53 亿，20 世纪末已超过 62 亿，2013 年将达到 70 亿，2050 年将达到 90 亿。

从国内外人口总数看，众多的人口及人口的进一步增长，给企业带来了市场机会，也带来了威胁。首先，人口数量是决定市场规模和潜力的一个基本要素，人口越多，如果购买力同时增加，那么市场也就越大。其次，人口的迅速增长促进了市场规模的扩大。但是，人口的迅速增长也会给企业营销带来不利的影响。例如，人口增长可能导致人均收入下降，限制经济发展，从而使购买力降低。

医药企业在研究市场营销环境时，首先要研究的就是医药市场规模。医药市场规模可以概括出下列公式：医药市场规模＝人口数×发病率×购买力。一个国家或地区总人口的多少是影响市场规模大小的最基本因素。由于医药产品的需求和一国人口的数量息息相关，因此按总人口数量可粗略推算出市场的规模。国际医药大公司看好中国市场并准备大举开发，其主要的原因就是被实行改革开放政策下的庞大的人口基数所吸引。超过13亿人口的大国，即使人均用药水平偏低，其市场潜力也是惊人的。2000年我国医药产品市场的消费额为188.24亿美元，据预测2010年将达到470亿美元。因此，我国医药市场已经成为对国际医药厂商具有巨大吸引力的目标市场。

（2）年龄结构 年龄结构系指儿童、青年、壮年和老年人口的比例。年龄结构不同，医药市场需求特点也不同，对医药保健用品也有着不同的消费需求。

2000年我国第5次全国人口普查反映出我国人口年龄结构发生了较大变化：0～14岁人口占总人口的比重为22.89％，比1990年人口普查下降了4.8个百分点；65岁及以上人口占总人口的比重为6.96％，比1990年人口普查上升1.39个百分点。这反映出，我国改革开放以来，随着社会经济的迅速发展，人民生活水平和医疗卫生保健事业的巨大改善，特别是人口生育水平的迅速下降，人口老龄化进程加快。随着医疗条件状况的不断改善以及人口老龄化问题日趋突出，医药市场潜力巨大。预计到2025年，我国老龄人口将达到1.82亿人，占人口数的12.06％，全国步入老龄社会。老年人口的增加，将使防治心血管疾病、糖尿病、抗癌药物和保健食品的需求增加，因而老年人医药产品市场有极大的潜力。另外，我国现有儿童3.5亿，每年全国儿童用药量占医药产品总销售额的20％，因而也是具有发展潜力的市场。

总之，年龄结构对市场营销具有广泛的意义。不同的年龄段意味着不同的收入、不同的家庭容量以及对商品的不同价值观念等。不同年龄的消费者，有着不同的需求和购买力。市场营销人员必须分析人口年龄结构，评估潜在市场以及市场对不同类型商品和服务的需求。

2. 经济因素

经济因素主要是指企业与外部环境的经济联系。医药市场营销研究的经济因素主要包括国民收入、个人收入以及消费观念。这些因素会对医药产品购买力产生影响，从而直接或间接地影响医药市场的营销活动。

（1）国民收入 指一个国家物质生产部门的劳动者在一定时期（通常为一年）内所创造的价值的总和。国民收入总额除以总人口数，即为人均国民收入，它大体上可以反映一个国家或地区的经济发展水平，是决定市场购买力水平高低的主要因素。对企业经营者来说，分析国民收入这一指标，对市场营销有重要意义。一般来说，人均国民收入高低决定着消费者的购买力水平和消费结构，也影响人们的购买动机。所以，企业应重视分析和研究国民收入的变化趋势及对市场营销活动的影响。

（2）个人收入 指个人从各种来源得到的经济收入之和，包括个人的工资、退休金、红利、租金、赠予等收入。个人收入总和除以人口总数就是每个人的平均收入。各地区个人收入总和，可以用来衡量当地消费市场的容量，而个人平均收入的多少，则能反映购买力水平的高低。

党的十六届五中全会以来,我国个人收入都有大幅度的增加,生活消费水平显著提高。因此,企业既要看到全国消费水平普遍提高,又要注意分析本企业所在地区或本企业产品所经销地区的收入状况,以便更有效地满足和适应当地消费者的需要。

(3) 消费观念　指受个人收入、社会保障等因素的影响,对消费结构产生影响的消费思想。消费结构是指各种消费支出占总支出的比例关系。消费结构既受个人收入、社会保障等因素的影响,也受年龄、职业、价值观念、消费观念、社会风尚、生活负担等因素的影响。

从我国的情况看,我国已进入小康阶段,2010年可进入中等收入国家行列。这说明我国的消费结构正在向高级化方向转化,对环保、保健、精神文化等的普遍追求将成为未来的消费趋势。尽管如此,我国目前的消费结构还不尽合理。其最突出的标志就是储蓄与信贷的变化对市场需求的影响。当人们对未来充满信心时,就会减少储蓄,扩大信贷规模,从而使需求规模扩大。相反,人们就会减少目前的开支,增加储蓄,社会购买力就要下降。例如,年轻人一般消费意识超前,敢于冒险,消费支出大多围绕学习、锻炼、旅游、时尚商品等方面,而老年人市场畅销的主要是防病治病、延年益寿的医药产品和保健食品等。

西方的经济学家常用恩格尔系数来分析消费结构。1875年恩格尔(1821～1896年,德国统计学家)在研究家庭支出构成时指出:当家庭收入增加时,多种消费的比例会相应增加,用于食物支出的比例将会下降,而用于服装、交通、保健、文娱、教育的支出比例将会上升。恩格尔系数的计算公式为

$$恩格尔系数 = \frac{食物支出变动的百分比}{收入变动的百分比}$$

恩格尔系数是衡量一个国家、地区、城市、家庭生活水平高低的重要参数。联合国划分富裕程度的标准是:恩格尔系数在60%以上的国家为饥寒;在50%～60%之间的为温饱;40%～50%之间的为小康;40%以下的为富裕。我国的恩格尔系数根据国家统计局调查资料显示,1995年约为54%,2005年约为45%,预计到2010年可下降到35%。

通过恩格尔系数可以得出这样一个结论:一个家庭收入越少,家庭收入中或家庭总支出中用来购买食物的支出所占的比例就越大;一个国家越穷,每个国民的平均收入中用来购买食物的费用所占比例就越大;随着家庭收入的增加,家庭收入中或家庭支出中用来购买食物的支出将会下降。西方经济学家后来证明,不仅是食物消费,在衣服、住房等生活必需品的消费上也存在着类似的规律。因此,对经济因素进行分析,有助于了解企业目标市场的需求特点,把握市场机会,确定市场营销策略。

3. 政治法律因素

政治法律因素是指国家的政策、法令及其调整变化对市场营销产生的影响。企业的营销活动是社会经济生活的组成部分。因此,国家每一项立法和政策都和企业有直接或间接的关系。有关经济的立法和政策,往往都是市场经营必须遵循的准则,非经济立法和政策,也会对企业营销活动产生这样或那样的影响。

(1) 政治形势　政治形势有国内、国际之分。国内政治形势是指在一定时期内,党和国家的各项方针、政策的实施和改变。这些方针、政策,既可以发展、促进某些企业的营销活动,也可以限制、取缔某些企业的营销活动,从而对企业的发展产生决定性的影响。国际政治形势是指企业营销所处的国家或地区的政局稳定状况。一个国家的政局稳定与否会给企业营销活动带来重大的影响。一个国家的政权频繁更替,尤其是通过暴力改变政局,会给企业投资和营销带来极大的风险。因此,社会是否安定对企业的市场营销影

响极大，特别是在对外营销活动中，一定要考虑东道国的政局变动和社会稳定情况可能造成的影响。

我国社会的长期安定是企业得以正常营销的有利条件，尤其是党的十六大以来，党和国家制定了一系列经济体制改革的方针、政策，使我国政治经济形势发生了深刻变化，市场经济得到了迅速发展，市场繁荣，企业成为相对独立的经济实体，这就为企业开展营销活动提供了良好的环境。

随着我国对外开放的进一步加强，国内市场与国际市场的联系日趋紧密，国际政治经济局势的变动不可避免地直接或间接地影响到国内市场。因此，企业在制定市场营销战略时，不仅要分析国内政治环境，还应研究和熟悉国际政治环境。特别是外向型企业，应将国际政治环境的研究作为企业开展市场营销活动的重要条件。研究和熟悉国际政治环境的目的，是在瞬息万变的国际政治形势变化中不断调整自己的战略与策略，积极发展国际间经济往来，从而确立和保持自己的优势地位。

（2）法律法规　医药行业的政策与法规是国家及有关部门为推动医药行业发展而制定的行为规范与准则。国家对市场的宏观调控，在很大程度上是通过各种立法形式进行的。例如，通过制定《药品管理法》加强了对药品的监督管理，保证了药品质量和药品疗效的提高，对保障人民用药安全、保证人民身体健康起到了巨大作用。通过制定《药品生产质量管理规范》（GMP），保证了药品生产质量的规范化。通过制定《药品经营质量管理规范》（GSP），保证了药品流通质量的规范化。通过制定《商标法》和《广告法》，打击了假冒商标和侵犯商标权的行为，遏制了欺骗性广告的散播。通过制定《合同法》，明确了签订合同的法人之间的权利和义务关系以及合同签订、履行、变更和解除的条件。通过制定《商标法》和《专利法》，国家对获得商标专用权的企业或有专利权的技术提供法律保护，企业不得使用别人的商标或专利技术。

与医药企业市场营销活动有关的法律法规很多，除了前面介绍的还有《中华人民共和国药品管理法》《药品管理法实施条例》、《医疗用毒性药品管理办法》、《放射性药品管理办法》、《野生药材资源保护管理条例》、《药品进口管理办法》、《医疗器械管理条例》、《药品行政保护条例》、《处方药与非处方药分类管理办法》、《中外合资经营企业法》、《对外贸易法》、《破产法》、《公司法》、《外资企业法》、《标准化法》、《税收征收管理法》、《银行法》、《反不正当竞争法》、《消费者权益保护法》、《劳动法》等。

这些法律和法规，一方面可以完善市场机制，起到促进经济发展的作用；另一方面可以约束企业的经济活动，使企业的市场营销活动符合社会公众的要求和法律的规范。因此，企业首先要贯彻执行党和国家的方针、政策。当国家在一定时期调整和改变某些政策时，企业要及时地调整自己的市场营销活动，特别要着重研究同自己营销活动有密切关系或直接关系的法规，以明确哪些营销活动是合法的、哪些营销活动是违法的，努力提高依法经营的主动性和自觉性，而且要善于依照法律规定来维护企业的正当权益。

4. 竞争因素

市场经济的最大特点就是竞争，竞争是市场经济的客观规律。优胜劣汰是市场竞争的必然结果。这是不可避免的，也是难以控制的。与其他宏观环境相比，竞争环境对企业市场营销活动的影响更为直接、复杂。竞争，既有企业的产品、技术、服务等有形竞争，也有经营理念、企业文化、企业形象等无形竞争；既有同行业企业间的直接竞争，也有跨行业的间接竞争；既有现实竞争，也有潜在竞争；既有国内市场的竞争，也有国际市场的竞争。因此，医药企业在竞争中要想取得胜利,必须熟悉竞争环境。只有提高认识、提高企业的综合竞争能力,才能辨别竞争优势与劣势,才能知己知彼,制定出有效的竞争策略,既可以对竞争者发动正当的攻击,也可做出最佳的防御。一个良好的市场竞争环境,对企业的健康发展是有利的,企业必须适应竞争环境,并在一定市场竞争环境中采取适宜的竞争策略,否则就难以生存和发展。

(1) 竞争目标分析　医药企业对竞争环境分析时,需要进行下列竞争目标分析:谁是我们的现实竞争者、谁是我们的潜在竞争者、他们的目标是什么、他们的策略是什么、他们的强势是什么、他们的薄弱环节是什么。

现实竞争者,是指医药行业内生产同类产品的企业。目前,我国大多数企业对竞争者的分析主要是对现实竞争者的分析。潜在竞争者,是指新建企业以及老企业转产后加入本行业的竞争者。潜在竞争者的加入,必然会加剧行业内部的竞争,包括争夺市场和争夺原料。因此,企业必须对潜在竞争者作出必要的应对和反应。

(2) 竞争策略分析　企业为了赢得竞争胜利,就必须研究自身在竞争中的地位,制定出适合企业自身的市场营销策略。

① 主导地位企业的策略。居于主导地位的企业,在市场竞争中,往往是其他企业攻击、效仿或躲避的重点。主导企业的薄弱环节时刻受到竞争对手的攻击。因此,主导企业在竞争环境中要达到增加市场份额的目的,就必须对竞争对手的竞争实力进行全面研究,不能满足现状,要积极采取措施,使市场占有率不断巩固和提高。

② 跟随地位企业的策略。在激烈的市场竞争中,企业为了避免两败俱伤,而采取跟随经营方式。跟随企业应在保持现有顾客和赢得新顾客的同时,向竞争性差、风险性小的市场出击。尽管其市场占有率微乎其微,但为了避免被打垮和吞并,常采取生产经营被主导企业忽视的产品。实践证明,这样的企业虽然市场占有率较低,但利润却较高,且在激烈的竞争环境中也能生存和发展。这就是角落企业在竞争环境中的策略。

(3) 竞争者优劣势分析　确认每一个竞争者的优势与劣势,应该搜集竞争者的一些重要资料,特别是销售额、市场占有率、利润率、投资报酬率、回款额、新投资计划等。此外,还需围绕竞争对手的企业文化、团队精神、营销队伍与人员素质等进行综合的分析,以找出竞争对手的优劣势。只有这样才能知己知彼、扬长避短,制定出百战不殆的竞争策略。

(4) 竞争形式分析　市场竞争一般有3种形式:一是行业竞争,即竞争者之间为了满足消费者的相同需求而采用不同产品进行竞争;二是产品竞争,即在同类产品中,用不同剂型、规格、适应证进行竞争;三是营销方式竞争,即产品和服务大体相同的企业在其他营销因素方面的竞争。

5. 社会文化因素

社会文化是指物质财富和精神财富的总和。企业的市场营销活动是处在一定社会文化环境中的经济活动。消费者是一定社会文化环境的消费者。由于消费者的社会文化环境不同,他们的语言、价值观念、审美观念、风俗习惯等都表现出明显的差异。这些差异都是企业值得研究的重要营销环境因素。

(1) 消费者的受教育程度　消费者受教育水平的高低不仅关系人们的整体素质,而且也影响消费者的价值观念和风俗习惯,直接影响人们的消费行为和消费结构。一般来说,受教育程度高的消费者对医药产品的内在质量和技术说明有较高的要求,而教育水平低的消费者则往往更注重实物外观和样品形象。医药产品是一种特殊商品,在其消费过程中,需要有一定的文化知识来支持。即使是 OTC 医药产品，也需要消费者具备相应的知识，做到对症下药、按说明服药，避免误服药品耽误治疗。因此，医药企业在制定产品营销策略时，应使产品的复杂程度、技术性能与目标消费者的受教育水平相适应。

语言文字是人类交流的工具，它是文化的核心组成部分之一。不同国家、不同民族往往都有自己独特的语言文字，即使同一国家，也可能有多种不同的语言文字。语言文字的不同对企业的营销活动有巨大的影响。由于一些企业其产品命名与产品销售地区的语言相悖，给企业造成巨大损失。例如，我国有一种叫"芳芳（fangfang）"的口红在国内很畅销，但出口到法国却无人问津，原因在于"fangfang"译为法语意思是"毒蛇的毒牙"。可见，语言文字的差异对企业营销活动的影响是非常大的。企业在开展市场营销时，应尽量了解市场国的文化背景，掌握与其语言文字的差异，这样才能使营销活动顺利进行。

（2）消费者的价值观念　从营销的角度来说，价值观念是人们对社会生活中各种事物的态度、评价和看法。消费者的价值观念会引导他们的消费观念，影响他们的购买决策。因此，营销人员在开展营销活动之前，应预先了解当地消费者的某些价值观念，如对生命的理解、对财富的态度、对新事物的看法等。这些不同的价值观念与不同的文化背景相结合，对消费者的消费需求和购买行为影响很大。例如，在西方一些发达国家，大多数人比较追求生活上的享受，借钱购物、超前消费是司空见惯的事情。在我国，勤俭节约是中华民族的传统美德，量入为出、攒钱购物则被更多的人所接受。因此，对于不同的价值观念，企业营销人员应采取不同的策略。

（3）消费者的风俗习惯　风俗习惯是人们在一定的社会物质条件下长期形成的生活方式的总称。它在饮食、服饰、居住、信仰、节日、人际关系等方面，都表现出独特的心理特征。不同的国家、不同的民族有不同的风俗习惯。它对消费者的消费模式、消费行为等具有重要的影响。不同的国家、民族对图案、颜色、数字、动植物等都有不同的喜好和不同的使用习惯。例如，英国忌用大象、山羊做商品装潢图案；中国、日本、美国等国家对熊猫特别喜爱，但一些阿拉伯人却对熊猫很反感；法国人特别厌恶墨绿色；港台商人忌送茉莉花和梅花，因为"茉莉"与"末利"同音，"梅"与"霉"同音；西方人忌讳13，日本人忌讳数字4等。因此，企业营销者应了解和注意不同国家、民族的消费习惯和爱好，要针对这些不同的爱好，以不同的产品设计、不同的包装及不同的商标和广告设计来满足当地的消费者，做到"入乡随俗"。这是企业做好市场营销的重要条件。如果不重视各个国家、各个民族之间文化和风俗习惯的差异，就可能造成难以挽回的损失。

（4）消费者的宗教信仰　不同的宗教信仰有不同的文化倾向和戒律，从而影响人们认识事物的方式、价值观念和消费行为。宗教信仰与企业的营销活动有密切的关系，特别是在一些信奉宗教的国家和地区，宗教信仰对市场营销的影响力更大。佛教、基督教和伊斯兰教为世界三大宗教，其分支教派更多。据统计，全世界信奉佛教的教徒有 28 亿人，信奉基督教的教徒有 10 多亿人，信奉伊斯兰教的教徒有 8 亿人。教徒信教不一样，信仰和禁忌也不一样。每种宗教均有其最喜爱和厌恶的色彩。例如，佛教信徒崇尚的是黄色，因为黄色是代表太阳的颜色，表示华丽和光辉。信仰佛教的地区，居民多以红色为吉庆色，以白色为丧事用色。伊斯兰教徒喜爱绿色，因为绿色为沙漠中肥沃的绿洲之色，象征吉祥和相爱，而视黄色为死亡的象征。基督教把蓝色看作是象征天国的颜色，也视为海洋之色。欧洲人把蓝色视为高贵身份的表示，所以蓝色被选为欧共体的代表色，许多公司的标志、产品目录、包装设计也都以蓝色为主色。这些信仰和禁忌限制了教徒的消费行为。某些国家和地区的宗教组织在教徒的购买决策中有重大影响。一种新产品出现，宗教组织有时会提出限制和禁止使用，认为该商品与该宗教信仰相冲突。相反，有的新产品出现，得到宗教组织的赞同和支持，它就会号召教徒购买、使用，起一种特殊的推广作用。因此，企业应充分了解不同地区、不同民族、不同消费者的宗教信仰，提供适合其要求的产品，制定适合其特点的营销策略。否则，会触犯宗教禁忌，失去市场。这说明了解和尊重消费者的宗教信仰，对企业营销活动具有重要意义。

二、我国医药市场的发展趋势与对策

在今后一定时期，我国的医药市场仍然是挑战与机遇并存的市场，主要表现在以下几个方面。

1. 医药产品需求持续增长

一个国家或地区总人口的多少是影响市场规模大小的最基本因素。由于药品的需求和一国人口的数量息息相关，因此按总人口数量可粗略推算出市场的规模。国际医药大公司看好中国市场并准备大举开发，主要原因就是被实行改革开放政策下的庞大的人口基数所吸引。13亿人口的大国，即使人均用药水平偏低，其市场潜力也是惊人的。2000年我国医药产品市场的消费额为188.24亿美元，据预测2010年将达到470亿美元。因此，我国医药市场已经成为对国际医药厂商具有巨大潜力的目标市场。

根据上述分析，为满足社会需求持续增长的需要，应认真研究应对策略。一是适应经济全球化，使国内医药市场与国际医药市场接轨，促进资源的优化配置，发挥中西药结合优势，加快开发新特药，主动迎接各种挑战。二是借鉴国际惯例，结合国情，加快医药市场经济体制改革步伐，根治假劣药，净化流通渠道，扩大国内、国际两个市场。三是进一步理顺医药管理体制，发挥医药集中统一管理优势。四是加强医药科技开发，改变以仿制为主，向以创新为主的创仿结合转化，立足国内，走向世界。五是培育大医药、大市场、大流通、高科技、高投入、高效益、集团化、现代化、国际化的市场经济竞争观念和机制。六是加快医药流通体制改革，健全医药市场机制，实行市场行为法制化，形成优胜劣汰的市场竞争机制和良好的医药市场流通秩序。这样，才能充分发挥我国医药优势和特色，更好地满足社会不断增长的医药需要。

2. 国内外竞争更加激烈

医药产业是国际公认的国际化产业，医药的生产经营活动逐步跨出国界。因此，我国医药行业将面临比其他产业更为激烈的国际竞争。药品出口是某些发达国家大型医药企业的重要销售途径，我国医药"三资"企业目前已达1500家左右，世界排名前25位的跨国制药公司，已有20家在我国建立了"三资"企业。以西安杨森、中美史克、上海施贵宝、大连辉瑞、苏州普强为代表的一批合资企业已颇具规模。其产品凭借先进的制剂技术及有效的营销策略很快占领了国内一定的药品市场，使合资药在整个药品销售结构中的比例逐渐上升，上海已达30%，广州和天津均为20%，在全国范围内，合资企业药品的平均市场占有率已达15%。随着跨国公司对我国制药工业投资的增加，合资药品在国内销售的市场占有率将会进一步扩大。这些企业资本雄厚、技术先进。在这些跨国制药公司中，有的年生产总值高达上百亿美元。

3. 加大对医药产品的监管力度

医药产品是人民群众防病治病、保证健康的特殊商品，是医疗卫生事业的物质基础。在社会主义市场经济中，医药产品既要作为一般商品流通，又要按照其特殊性采取特殊的管理办法。我国政府对医药管理非常重视，成立了国家药品食品监督管理局，颁布了《药品管理法》，加大了对药品的监管力度，促进了医药迅速发展。

随着市场经济的进一步深化，某些医药运行机制和医药法规已不适应市场经济的要求，导致医药市场混乱，给人民安全用药造成威胁和不便，社会各界反应强烈，引起国家政府的高度重视。国家药品监管部门会同有关部门组织全国性调研，借鉴国际现代医药管理惯例，结合国情，提出依法加强药品监督管理，经过扩大试点和医药高层研讨会论证，充分肯定了实行医药产品监督管理的可行性、必要性和迫切性。

国外对药品的研究、开发、生产、流通、管理、临床使用、假劣药品查处、医药管理体制及机构等方面，都采取了严格的管理办法。集中表现在国家立法、依法管理药品、建立必要的监管机构等方面。例如，在美国，有联邦贸易委员会、联邦药物委员会、环境保护局、消费者事务局等执法机构，日本有公正交易委员会。我国的市场管理机构比较多，主要有工商行政管理局、技术监督局、物价局、医药管理局、环境保护局、卫生防疫部门等机构，分别从各个方面对企业的营销活动进行监督和控制，在保护合法经营、取缔非法经营、保护正当交易和公平竞争、维护消费者利益、促进市场有序运行和经济健康发展方面发挥了重要作用。

进入21世纪以来，保护消费者运动已成为一支强大的社会力量，保护消费者权益已成为企业营销环境中的一个重要因素。企业在拟定其营销策略时，必须将这一因素考虑在内。各国都先后成立了消费者协会，颁布了《保护消费者基本法》，掀起了保护消费者权益的运动。联合国大会还专门通过了适用于所有会员国的《保护消费者准则》。

各种法律法规是企业从事营销活动必须遵守的准则，特别是从事跨国经营的企业，更要认真研究各国的法律法规，分析其对市场营销造成的影响，并学会用法律保护自己。

4. 强强联合成为必然趋势

为了增强我国医药企业在国内、国际市场上的竞争力，发挥大国优势的作用，鼓励优势企业强强联合，扩大企业对外竞争实力已成必然趋势。鼓励企业打破地区、行业、部门界线和所有制界线，组建规模化、规范化的有限责任公司或股份有限公司。优势企业兼并濒临破产的困难企业，虽然能够以强扶弱，但也容易使优势企业背上一定的包袱，搞不好会影响企业短期甚至长期的竞争力。而优势企业间的"强强联合"，不仅可以优势互补，减少重复投资，而且还能提高现有生产能力的利用率和技术开发的联合攻关能力，尤其可以增强企业的国际竞争能力，并且这样的联合会产生"1+1＞2"的效应。例如，在我国医药行业内有较大影响的两家企业——山东新华医药集团和鲁抗医药集团，实现了强强联合。"实现强强联合，共谋发展大业"是新华医药集团和鲁抗医药集团两大企业达成的共识。面对市场全球化的趋势和世界医药科技的发展，各自为战只能造成势单力薄的被动局面，而实现联合，将会形成"1+1＞2"的动力源，能更有力、更有效地参与国际医药市场的竞争。

新华医药集团是我国医药行业三强之一，主营化学合成药物，其解热镇痛类药物为全国之最。鲁抗医药集团也是我国医药行业十强之一，其青霉素系列产量居全国第三位，十几年来保持了较快的发展速度。这两家的联合，破除了"围墙"观念，把目光瞄向更广阔的国际市场，对建设品种比较齐全、结构较为合理、竞争力较强的跨地区、跨所有制、跨国经营的大型现代企业集团有深远的意义。

新华医药集团和鲁抗医药集团的强强联合，还体现了优势互补的特点。这两家的产品互不冲突,有医药品种互为补充的优势;两家分别建有国家级和省级技术开发中心,有共同进行产品创新的优势;两家的某些产品有产业链的关系,可形成优化资源配置,避免重复开发;两家的销售网络各具特色,有一体化经营的优势。新华医药集团和鲁抗医药集团的联合,会对我国医药行业的发展产生一定的影响。

从上面的分析中可以看出,我国众多的医药企业在为数不多的产品空间里寻求生存与发展,国内医药市场竞争异常激烈。因此,医药企业在宏观上要紧紧按照国家的整体部署及时调整经营战略,提高产品档次,扩大生产规模,增强抵御市场风浪的实力;在微观上,在进行具体市场营销活动时,应针对具体产品进行具体分析,认真研究对手在产品质量、价格、渠道、销售政策、广告宣传、营销战略等方面的优劣势,做到知己知彼。

5. 多方位发展大医药

在国际医药市场激烈竞争中,国外大型医药企业的发展都是与相关领域的产品结合发展的。欧美国家的大型医药企业集团,多与精细化工产品、石油化工产品结合发展。例如,瑞士的"山道士"医药产品占45.9%,化工产品占一半;德国的"赫斯特"医药产品占19.2%;美国的"礼莱"医药产品占71.3%;"雅培"医药产品占51.3%;"辉瑞"医药产品占50.5%;"强生"医药产品占29.7%。这反映了国际大型医药企业的综合发展趋势。

我国医药长期受专业化的影响,许多企业生产领域窄小,品种单一,效益低下,缺乏竞争能力。我国医药行业的出路在于:一是充分发挥中药、西药、中西药结合及行业综合优势,面向国内、国际两个市场,改进产品结构,大力开发优质高效新药及原料药、生化试剂、化学试剂;二是积极开发老年及婴幼儿的保健药品、保健食品、保健饮料、保健美容品、保健卫生器材;三是努力扩展相关领域,开发高新兽药、农药、食品保鲜剂及添加剂、饲料添加剂以及农药、染料、涂料等共同的中间体化工原料;四是加强协作攻关,大力开发高精尖医疗器械、生化仪器、制药装备。总之,要树立有中国特色社会主义制药大国的战略观点,多方位发展大医药,在竞争中独占鳌头。

思 考 题

1. 什么是医药市场营销环境?研究它有何意义?
2. 影响医药市场营销环境的因素有哪些?
3. 医药市场的发展趋势如何?
4. 案例分析

美国罐头大王亚默尔在报纸上看到一条简短的新闻,说墨西哥畜群中发现了病疫。有些专家怀疑是一种传染性很强的瘟疫。亚默尔立即联想到,毗邻墨西哥的美国加利福尼亚州、得克萨斯州是全国肉类供应基地,如果瘟疫传染至此,政府必定会禁止那里的牲畜及肉类进入其他地区,这样会造成全国肉类供应紧张,价格上涨。于是,亚默尔马上派他的家庭医生调查,并证实了此消息,然后果断决策,倾其所有,从加利福尼亚州、得克萨斯州采购活畜和牛肉,迅速运至东部地区,结果一次就赚了900万美元。结合上例,请你谈谈对市场营销环境的认识?

第四章 医药产品策略

【案例】 包装的故事

其一：榨菜，原产四川，大坛装运，获利甚微；上海人买之，改为中坛，获利见涨；香港人买之，小坛出售，获利倍之；日本人买之，破坛，切丝，装铝箔小袋，获利又倍之。后来，产地四川引进铝箔包装生产线，直接将榨菜切丝，小包装出售，原料未变，售价倍增。

其二：唐三彩，中华礼品。某日，某部长拜访香港某大学校长，送唐三彩一套，当面开启，抽出纸条若干，堆于桌上，又抽出纸条若干，堆于桌上，"彩"始露面，抚而视之，马尾断矣，主客皆尴尬。

点评：随着经济的发展，包装功能已不仅仅停留于保护商品、利于储存等方面，而成为促进销售、提高商品附加值的重要手段、策略。

第一节 医药产品及产品组合策略

医药产品策略，是医药市场营销活动中四大基本策略之一，在医药市场营销中占有极为重要的位置。本章将从医药产品组合、医药产品寿命周期、医药产品开发、医药产品的商标及包装等方面对医药产品策略进行阐述。

一、医药产品的整体概念与医药产品组合

1. 医药产品的整体概念

医药产品的整体概念，是指医药产品既有满足消费者某一需求的产品实质，又包括产品形式和产品延伸3个层次。

医药产品的整体概念是市场经济的产物，它要求医药产品既有能满足消费者某一需求的属性，又有为消费者提供某种连带利益和服务的属性。这是因为，市场营销学是从满足消费者需求出发来研究产品的，只具有实体或实质的产品是一种不完整的产品。这对满足消费者的需求是远远不够的。人们最初认为，医药产品是有一定形态和能满足某一用途的物质实体。这是传统和狭义的概念。从市场营销学的角度看，完整的产品概念不仅包括产品的实体，而且必须包括为消费者提供的便利和服务。

（1）产品实质 即产品核心，是指产品最基本的效用和功能。产品实质是消费者需求的基本内容，是产品的基本要素。例如，手表的计时功能，汽车的运输功能，医药产品的治疗、预防疾病及康复保健功能等。消费者购买某种产品，并不是为了占有或获得产品本身，而是为了获得能满足某种需要的效用或利益。企业营销人员在推销产品时，最重要的是向消费者说明产品的实质。

（2）产品形式 即产品形态，是产品外观的主要特征。它通常以剂型、品牌、式样、商标、包装、装潢等表现出来，是消费者识别和选择不同产品的依据，也是生产者将产品实质转给消费者的载体。产品的形式向人们展示的是产品实质的外部特征，能满足同类消费者的

不同要求。例如，销售治疗仪，不仅要满足消费者的实质需要，还要满足其式样各方面的需要，尤其是消费者个人购买，对包装、装潢也有很高的要求。同样，消费者购买医药产品，不但要求疗效显著、质量可靠、副作用小，而且对规格、剂型等也有不同的要求。

（3）产品延伸　即产品附加。它不是产品实体本身，实际上它是商品交换过程中消费者由购买商品得到的其他附加利益的总和。例如，质量保证、送货上门、售后服务、客户咨询等也是用户需求的，它能为消费者带来更多的利益和更大的满足。在市场竞争激烈的情况下，只有对产品提供更多的附加值，才能在竞争中取胜。综上所述，医药产品的整体概念如图 4-1 所示。

由图 4-1 可以看出，医药产品整体概念的 3 层含义是一个有机的整体。只有在 3 个层面都达到优质，才是优质产品。医药产品的整体概念是随着消费者和用户对产品需求的不断提高，而逐渐扩大的。医药产品的整体概念实际上是以顾客需求为中心的营销观念的具体反映。随着科学技术的进步，人们的消费需求日益提高，医药企业生产和销售医药产品必须重视消费者对医药产品的疗效、剂型、包装、服务等方面的需求，为顾客提供更多的附加利益，产品才有竞争力。在市场经济条件下，没有产品整体观念，企业在现代市场竞争中就难以生存和发展。

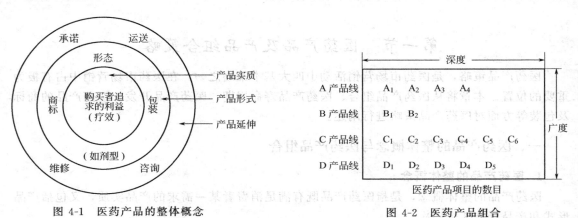

图 4-1　医药产品的整体概念　　　　　图 4-2　医药产品组合

2. 医药产品组合

（1）医药产品组合的概念　医药产品组合，是指医药企业生产销售医药产品时，各种不同产品、剂型、品种、规格等方面的范围和结构。不论是医药生产企业，还是医药商业企业，都生产或经营着许多医药产品，这些不同的医药产品，可分为若干不同的产品线，每条产品线又包括许多产品项目。医药产品线，是指虽不具有相同使用功能，但具有某种联系的产品大类，如中药类、西药类、医疗器械类等。医药产品项目，是指某一大类医药产品中不同规格、不同剂型的一组的产品，如中药类的丸、丹、膏、散，西药类的针剂、片剂等。

（2）医药产品组合的广度、深度、关联性　医药产品组合的广度，是指企业生产经营产品大类的总和，也就是产品线的多少。产品线越多，说明医药产品组合越广。医药产品组合的广度、深度、关联性之间的关系如图 4-2 所示。图 4-2 中，该企业有 4 条产品线。医药产品组合的深度，是指在同一条产品线中所包含的不同的规格或剂型产品的个数，即每条产品线上的产品项目数。产品线中包含的产品项目越多，产品组合越深。图 4-2 中，B 产品线包含了 2 个产品项目，D 产品线包含了 5 个产品项目。说明 D 产品线的产品组合比 B 产品线的产品组合深。医药产品组合的关联性，是指不同医药产品线之间或不同医药产品项目之间的某种联系。例如，医疗器械类中的显微镜与擦镜纸、CT机与X射线片等。

由图4-2可以看出，医药企业为了获得最大的销售额和利润，确定一个最佳的医药产品组合是十分重要的。医药企业寻找最佳医药产品组合一般有3条途径：一是改进现有医药产品线，向医药产品的深度发展；二是开辟新的医药产品线，向医药产品组合的广度发展；三是实行连带经营，向医药产品组合的关联性发展。

二、医药产品组合策略

医药市场是一个动态系统，供求状况经常变化。竞争者营销策略的改变、新竞争者的不断涌现，都会对医药企业的营销产生影响，对某些产品可能有利，对某些产品可能不利。因此，企业为了实现利润增长目标必须及时调整产品组合。根据实际情况的不同，可以选择以下策略。

1. 外延式医药产品组合策略

外延式医药产品组合策略，是指通过扩大医药产品组合的广度、增加医药产品组合的深度，来扩大经营范围。前者是指在原来的产品组合中增加产品线，后者是指在原有的医药产品线内增加新的医药产品项目。随着医药市场的国际化和竞争的进一步加剧，许多大型医药企业一般采用这一策略，充分利用现有的人力、物力、财力资源，分散风险，增强企业竞争能力，以求不断扩大市场占有率和市场份额。

2. 内涵式医药产品组合策略

内涵式医药产品组合策略，是指缩减医药产品的广度和深度，提高生产经营的医药产品的档次，实行相对集中经营。市场繁荣时，一般采用扩大产品组合策略，这样会为企业带来更多的盈利机会。在市场不景气或原料、能源供应紧张时，往往采用缩减产品组合策略。从产品组合中剔除那些获利很小甚至不获利的产品线或者产品项目，可以使企业集中资源发展获利多的产品线和产品项目，使总利润上升。

3. 调整式医药产品组合策略

调整式医药产品组合策略，是指改变原有医药产品的市场定位。通常有以下3种形式：一是向下延伸法。即把企业原来定位于高档市场的产品线向下延伸，在高档产品中增加中低档产品。该方式主要适用于企业利用高档名牌产品的声誉吸引购买力水平较低的顾客慕名购买此产品线中的中低档产品，以求扩大市场占有率的情况。二是向上延伸法。是指原来定位于低档产品市场的企业，在原有的产品线内增加中高档产品项目，使企业进入中高档产品市场。该方式主要适用于低档产品市场饱和，中高档产品市场具有较大的潜力和较高的利润，企业想重新进行产品线定位，通过向上延伸，增加中高档产品，扩大市场及销售，提升整条产品线形象的情况。三是双向延伸法。是指原来定位于中档产品市场的企业，在原有的产品线内同时增加高档产品和低档产品项目。该方式灵活性大，在一定条件下有利于加强企业市场地位，尤其适用于新兴行业中的企业巩固、加强其市场地位，扩大其市场阵容的情况。

第二节 医药产品寿命周期策略

一、医药产品寿命周期的概念

医药产品寿命周期，是指医药产品从试制成功投放市场开始，经过投入期、成长期、成熟期、衰退期，直到最后被淘汰退出市场为止的全部过程所经历的时间。一个完整的产品寿命周期如图 4-3 所示。

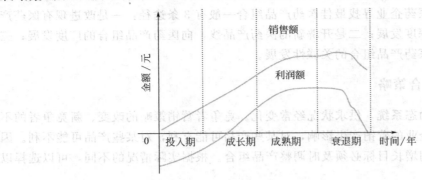

图 4-3 产品寿命周期曲线

医药产品在市场上并不是久销不衰的，都有一个或长或短的寿命周期，这种划分一般是以销售量和所获得的利润额来衡量的。对医药产品寿命周期的理解应把握以下几点。

① 医药产品的寿命周期不同于医药产品使用寿命和技术寿命。医药产品的寿命周期，是指医药产品的市场经济生命或称市场寿命周期。决定医药产品经济生命的因素是市场状况。医药产品的使用寿命，是指医药产品的自然使用时间，即指产品从生产出来，在使用过程中逐渐磨损，直至完全报废丧失其使用价值的时间。决定医药产品使用寿命的是产品本身的因素。医药产品技术寿命，是指从产品设计出来到由于采用新技术、新工艺、新材料出现新产品而导致被淘汰所经历的时间。决定医药产品技术寿命的因素是科学技术的发展状况。产品使用寿命的变化伴随着产品物质形态的磨损消耗。而产品的经济生命是无形的、抽象的。产品经济生命的结束，并不一定出现物质磨损，而只是一种"精神磨损"。因此，产品的寿命周期与产品的使用寿命并无必然的联系。有些产品使用寿命很短，但其市场经济生命却很长。相反，有些产品的使用寿命很长，但其市场经济生命却很短。产品技术寿命的长短主要受科技发展的制约，并对产品寿命周期产生重大影响，尽管产品使用寿命还在继续，但技术寿命已经结束。

② 医药产品寿命周期是指产品品种的寿命周期。这是针对某产品线的产品项目而言的，是某一产品项目的市场寿命，而不是指某条产品线。产品种类、品种、品牌的寿命周期是各不相同的。产品种类的寿命周期最长，有些产品种类受人口、经济等因素的影响，其周期变化无法预测，几乎可以无限期地延续下去。产品品牌的寿命周期很不规律，企业可以长期使用下去，也可以经常变化。产品品种的寿命周期具有典型性，发展变化过程有一定的规律可循。

③ 医药产品寿命周期只是一种理论上的描述。医药产品寿命周期曲线与正态分布曲线接近，这只是理论上的描述。事实上，产品在市场上受到各种因素的影响，各种不同产品或同一种产品的不同阶段，所经过的时间长短是不同的，而且还有许多产品没有按市场寿命周期的正常规律发展。在实践中，产品寿命周期曲线是多种多样的。例如，有的产品刚进入市场就"夭折"了；有的产品进入市场后几经波折，缓缓进入成长期；有的产品一经上市就急速成长，迅速打开销路；有的产品进入成熟期或衰退期，又再次出现多个成长期等。

④ 医药产品寿命周期的理想形态。医药产品寿命周期的理想形态应是：产品投入期短，企业开发市场成本较低；成长期发展迅速，新产品销售额和利润迅速增长，很快进入高峰，产品在进入市场不久就可获得最大的收入；成熟期长，能延长企业的获利时间和利润数额；

进入衰退期非常慢，企业的销售额和利润额缓慢下降，而不是突然跌落。

总之，医药产品寿命周期由于受各种因素的影响会产生各种变化，但总的形态基本上还是呈正态分布。同时，随着市场的竞争和科技的发展，多数医药产品的寿命周期都在不断地缩短。

二、医药产品寿命周期各阶段的特点

医药产品寿命周期的不同阶段具有不同的特点，医药营销应准确掌握这些特点，为正确采取市场营销策略提供依据。

1. 投入期

投入期是指医药产品试制成功后刚开始投入市场的试销阶段，又称试销期、介绍期或引进期。这个阶段的主要特点如下。

（1）销售量低　由于产品刚开始投放市场，许多消费者对产品不了解，只有少数顾客试用性购买，因而销售量低。

（2）生产量小　由于销售量低，只能小批量生产。

（3）成本高　由于生产批量小，广告费用和其他营销费用开支大，所以成本高。

（4）利润少　由于成本高、销售量低，所以一般利润较少，甚至出现亏损，产品价格也相对高一些。

（5）竞争者少　由于医药产品前途莫测，竞争者尚未加入。

2. 成长期

成长期是医药产品批量生产、打开销路、销售扩大，产品销售量和利润额迅速增长的阶段。由于在投入期通过宣传介绍，这一阶段消费者对产品已经了解、熟悉，许多消费者开始购买产品，产品销售量增长很快，产品销售进入了成长期阶段。其主要特征如下。

（1）销售量增加　由于医药产品被多数消费者接受，销售量迅速增加。

（2）生产量扩大　由于销售量迅速增加，医药产品进行大批量生产。

（3）成本降低　由于医药产品进行大批量生产，销售费用和成本下降。

（4）利润上升　由于成本下降，并且销售额增大，利润速度增长。

（5）竞争加剧　由于竞争者看到有利可图，相继加入，竞争日趋激烈。

3. 成熟期

成熟期是指医药产品在市场上已经有较高的市场占有率，销售量在市场已达到饱和的阶段，又称饱和期。这一阶段的主要特征如下。

（1）销售量最大　这一阶段销售量最大，市场趋于饱和程度，销售量呈相对稳定状态，增长速度放慢，销售增长率逐渐出现下降趋势。

（2）产量最大　由于销售量最大，产量达到最高点。

（3）成本最低　由于大批量生产、大批量销售、渠道确定，成本降至最低点。

（4）利润最高　由于成本下降，利润在成熟期达到最高点。

（5）竞争最激烈　由于医药产品开始出现过剩，市场竞争最为激烈。

4. 衰退期

衰退期是指医药产品已经老化或出现新的医药产品，销售量快速下降，产品逐渐被市场淘汰的阶段。这一阶段的主要特征如下。

（1）销售量下降　由于新医药产品已经问世，消费者购买力转移，销售量迅速下降。

(2) 生产萎缩 由于销售量下降，必须缩减生产规模。
(3) 成本上升 由于销售量低，而固定费用不变，因而成本上升。
(4) 利润下降 由于销售量下降，且成本上升，致使利润下降。
(5) 竞争淡化 由于竞争胜败已成定局，竞争者数量大大减少。

三、医药产品寿命周期各阶段的营销策略

分析医药产品寿命周期各阶段的特点，是为了有针对性地、正确地采取营销策略。从医药产品寿命周期各阶段的特点可以看出，成长期与成熟期是企业有利可图的阶段，而投入期与衰退期对企业有一定的风险性。因此，企业制定策略的总要求是：缩短投入期，使产品尽快为消费者所接受；延长成长期，使产品尽可能保持增长势头；维持成熟期，使产品尽量保持高销售额，增加利润收入；推迟衰退期，使产品尽量延缓被市场淘汰。

1. 投入期的策略

医药产品投入期的市场营销策略对企业和新产品市场的拓展极为重要，选择和运用得好坏往往决定着产品的前途。把价格高低和促销费用高低组合起来可以制定出4种不同的营销策略，如图4-4所示。

图4-4 投入期的营销策略

(1) 快速-夺取策略 简称"双高"策略。是指企业用费用较高的促销手段，迅速占领市场，同时把产品价格定得较高，树立高品位的产品形象，并能及早收回成本。这种策略适用于消费者愿出高价购买的产品，并且企业面临潜在竞争者的威胁，急需大造声势，先声夺人。

(2) 缓慢-夺取策略 简称"高低"策略。是指产品以高价格和低促销费用上市销售。这是最理想的策略。这种策略适用于市场规模有限、消费者相对稳定、产品知名度高、消费者愿出高价购买、竞争威胁小的情况。

(3) 快速-渗透策略 简称"低高"策略。是指用较低的价格和较高的促销费用推出新产品，以求迅速打入市场，争取尽可能大的市场份额。这种策略适用于市场规模大、消费者对商品价格十分敏感、竞争威胁大、企业通过大批量销售可以降低单位产品成本的情况。

(4) 缓慢-渗透策略 简称"双低"策略。是指企业以低价格、低促销费用推销产品。低促销费用可以降低成本，低价格是为了使消费者更易接受。这种策略适用于市场容量大、需求弹性大、能够薄利多销、产品知名度高、消费者熟悉该产品、竞争威胁大的情况。

总之，在投入期，企业经营的风险最大，但也是经营产品取得成功的重要基础阶段。策略重点在于加强广告宣传，及早唤起消费者注意，使其接受，并以价格、推销方式等策略吸引对新产品敏感的消费者群。销售企业可以考虑同生产者联营、展销，以调动产销双方的积极性，风险共担，利益均沾。

2. 成长期的策略

医药产品的成长期是发展的关键时期，应采取扩张性策略和渗透性策略，使医药产品迅速扩大市场占有率，并保持销售增长的好势头。具体策略如下。

(1) 产品策略 一方面提高产品质量和疗效，另一方面树立产品的形象，增强产品的竞争力。

(2) 价格策略 保持原价或略有降低，以保持产品声誉和吸引更多的购买者。此阶段不可轻易抬价，否则容易引起消费者的波动。

(3) 渠道策略　进一步开拓市场，寻找广泛的分销途径，适应销售量的增加，争取更多的消费者。

(4) 促销策略　广告促销的重点应从介绍产品转向宣传产品的特色，争取创立名牌效应，使消费者产生偏爱。

总之，在成长期，企业要努力拓宽自己的销售，不断开辟新市场，扩大市场占有率，形成自己的经营特色，尽可能延长成长期，使产品销量不断上升。

3. 成熟期的策略

这是企业获取利润的黄金阶段。这一阶段销量增多，投入相对减少。但这时市场竞争十分激烈，企业一方面要努力延长成熟期，另一方面要采取措施，确保市场占有率。

(1) 改革产品策略　主要内容为提高产品质量，改变产品的剂型；改进产品的性能；挖掘产品的新用途，从而达到稳住老客户、吸引新客户的目的。

(2) 改革市场策略　主要内容为：开辟新的细分市场，寻找新的顾客；争取竞争者的顾客；采用差异性策略开拓新市场。

(3) 改革营销组合策略　这是通过变换营销组合中的变量来刺激消费者的策略，如调整产品价格、改变售后服务、扩展销售网点、增加广告费投入和推销人员等。

总之，在成熟期，企业营销策略的中心是尽量延长成熟期，使企业现有的生产能力得到充分的发挥，推迟衰退期的到来，寻找、开发新的市场，使产品寿命周期再循环。

4. 衰退期的策略

在这一时期内，通过大幅度地降低促销费用有效地降低成本。这样，在短期内虽然销售有所下降，但由于成本下降，企业仍能保持一定的利润。

(1) 持续营销策略　由于众多竞争者纷纷退出市场，经营者减少，处于有利地位的企业可以暂不退出市场，保持产品特色，继续在原有市场上销售。

(2) 集中营销策略　企业简化产品线，缩小经营范围，把企业的人力、物力、财力集中起来生产最有利的产品，利用最有利的中间商，在最有利的细分市场销售，以取得尽可能大的经济效益。

(3) 榨取营销策略　企业应根据自己的经营状况作出判断、决策，在众人纷纷退出时坚持经营，使许多老产品老而不衰，衰而不绝，获得足够维持的消费市场。

综上所述，医药产品寿命周期各阶段的策略可以用 4 个字来概括，即投入期要"快"，成长期要"优"，成熟期要"改"，衰退期要"转"。

第三节　医药产品的开发策略

根据医药产品寿命周期理论，医药产品都有一个或长或短的寿命周期，是不可能久销不衰的。因此，积极开发新医药产品就成为一种企业不容忽视的营销策略。特别是在科学技术迅速发展、人们的需求日益提高的当代社会，产品的更新换代越来越快，产品寿命周期越来越短，企业开发新产品就显得越来越迫切。

一、新医药产品的概念和种类

1. 新医药产品的概念

根据《中华人民共和国药品管理法实施条例》，"新药"是指未曾在中国境内上市销售的药品。

严格地讲，从医药市场营销理论的角度，新医药产品是指我国未生产过的药品，或者已生产过的通过改变剂型、改变给药途径、增加新的适应证、制成复方制剂，使有效性、安全性明显提高的药品。

2. 新医药产品的种类

新医药产品根据其新的程度不同，可以分为以下 4 类。

（1）全新产品　指应用新原理、新技术、新工艺、新材料制成的市场上从未有过的新产品，如目前研制的禽流感疫苗。

（2）换代新产品　指在原有产品的基础上，部分采用新材料、新技术、新结构而制造出来的新产品。它与原有产品相比增添了新的功能，给消费者带来新的利益。例如，抗生素的第一代、第二代、第三代，使抗菌谱越来越广。

（3）改进新产品　指对原有产品的品质、规格、型号、剂型等作一定的改进所生产出来的新产品。例如，从黑白 B 超改进成彩色 B 超。

（4）仿制新产品　指企业仿照市场上已有产品生产的新产品，如不同厂家生产的感冒胶囊。

二、开发新医药产品的意义和方向

1. 开发新医药产品的意义

在科学技术飞速发展、产品寿命周期逐渐缩短的今天，开发新产品对企业的生存和发展至关重要。如果企业的产品几十年一贯制，企业就有被淘汰的危险。因此，开发新产品对现代企业有重要的意义。

① 开发新医药产品是企业生存和发展的需要。任何一种医药产品，经过市场销售的鼎盛时期之后会逐步走向衰退。当原有医药产品开始走向老化时，企业必须推出新医药产品来取而代之。否则，企业就会随着其产品的衰退一道走向衰亡。企业防止医药产品老化的关键就是不断创新。不断推出新医药产品，可以提高企业的信誉和市场地位，使企业能够生存和发展。

② 开发新医药产品是适应市场变化的需要。随着社会的发展和消费水平的提高，人们在产品品质、性能和使用方便等方面都会提出更高的要求。这些变化会给企业造成威胁。今天企业的医药产品适应市场需求，也许明天就难以适应市场需求，企业不得不淘汰那些不能适应消费需求的老产品。但是，消费需求的变化也给企业带来了机会。消费者新的需求是通过企业提供的新医药产品来满足的。需求的变化使企业得到了开发新产品的机会，促使企业不断创新，取得更大的利润。

③ 开发新医药产品是企业增强市场竞争力的需要。在现代的市场经营中，企业竞争能力体现在产品的竞争能力上。企业要想保住市场优势地位，就必须不断创新，不断开发新医药产品，满足市场不断更新、变化的需要。新医药产品是赢得顾客的一种有效办法，不仅可以提高企业的声誉和效益，而且可以使企业在竞争中取胜，立于不败之地。

2. 开发新医药产品的方向

根据市场发展趋势，新产品开发的方向有以下几个方面。

（1）多能化　即一种产品具有多种功能，能同时给消费者带来多种使用价值与利益。例如，感冒用感冒药，咳嗽用咳嗽药，感冒又咳嗽就用"克咳"牌感冒止咳糖浆。因为"克咳"牌感冒止咳糖浆，既有治感冒，又有治咳嗽的多种功能。

(2) 微型化 在产品基本性能不变甚至提高的条件下，重量要轻、体积要小。例如，"牛磺酸颗粒"重量轻（0.4g/袋）且体积小，小儿服用方便。

(3) 简易化 新产品应结构简单、使用方便。例如，如果在"一次性注射器"的基础上生产"无针头注射器"，将会减少病患者的痛苦。

(4) 多样化 即要求新产品多规格、多剂型，以满足消费者的不同需要。例如，青霉素注射剂，目前的规格有80万U和160万U，而成年人的输液剂量一般为800万U/每次。若能生产规格为800万U的品种，将会提高医疗效率且降低医务人员的劳动强度。

(5) 公益化 指新产品的生产与使用对环境没有污染，不产生公害。不要生产一方面治病，另一方面"致病"的产品。

(6) 健美化 要求新产品能给人们带来健美和舒适的享受，利于人们的健康。随着人们生活水平的提高和健美意识的增强，健美产品有着广阔的发展前景。

三、开发新医药产品的要求和程序

1. 开发新医药产品的要求

为了使新医药产品的开发获得成功，企业应符合以下基本要求。

(1) 市场容量要大 这是最基本的要求。企业在开发新医药产品前，必须在了解消费者现实需求和潜在需求的基础上充分掌握市场容量的大小。这也是新医药产品开发的先决条件。

(2) 符合国家政策 开发新医药产品必须遵循国家所颁布的产业政策以及各项技术经济政策，如能源政策、环保政策、土地管理政策、计量标准、卫生标准等。否则，辛苦开发的产品不能应用，徒劳无功，损失必然惨重。

(3) 产品性能要新 新医药产品与老产品相比必须有相对优势，在使用性能、内在质量、外观装潢等方面有所创新、有特色，做到"人无我有，人有我优，人优我新"。只有这样，新医药产品才能占有市场。

(4) 经济效益要高 企业开发新医药产品必须进行成本效益可行性分析。企业应根据自身的能力确定新医药产品的开发方向。一方面要符合市场需要，另一方面要发挥企业的优势，尽量挖掘原有生产能力，综合利用原材料，降低研制开发费用和生产成本，确保新医药产品开发的效益性。

2. 开发新医药产品的程序

开发新医药产品对医药企业来说需要承担很大的风险。为降低这种风险，企业必须按照一定的科学程序来开发新医药产品。企业开发新医药产品的程序一般包括如下步骤。

(1) 构想 即对拟开发的新医药产品进行构思和设想。这种设想既不能闭门造车，也不能漫无边际地臆想，而必须是对满足一种新需求而提出的构思和设想。要通过广泛的途径，寻求新产品构思和设计的方案。新产品的构想主要来源于以下几个方面。

① 顾客。现代市场营销观念认为，消费者的需求和欲望是开发新医药产品的起点和归宿，所以顾客的需求和欲望也是构思的主要来源之一。应通过各种方式进行调查和搜集。

② 科技人员与情报。一方面通过科技人员的发明创造构思新产品；另一方面，掌握科学技术的新发明、新技术，也可引发创新意念。

③ 竞争者。竞争者开发医药新产品的成败会给企业开发新医药产品以引导、启发和借鉴，从中找出新的突破点。

④ 营销人员。营销人员处于生产者和消费者之间，最了解消费者的需求，对市场信息了解及时，有时甚至由于竞争者的压力，也会产生新医药产品的构思。

⑤ 高层管理人员。高层管理人员清楚企业发展方向和所需的产品构想，他们对新医药产品开发的引导和支持有利于新医药产品的开发。

（2）筛选　设想开发的新医药产品项目很多，汇总各方面的构想，企业应根据自己的目标和资源状况进行评估筛选。剔除不具有发展前途的构想，对好的构想进行进一步开发。在筛选时要考虑两个方面的因素：一是外部因素，主要包括市场需求量、竞争状况、技术发展趋向、顾客特征等；二是内部因素，主要包括资金、技术水平、设备能力、管理水平、销售组织等。同时，还应避免两种失误：一是误舍，就是对某种设想的新医药产品的潜在价值估计不足，或怕风险太大而把有前途的产品设想舍弃；二是误用，就是把没有多大前途的产品构思保留下来，仓促投产，以致造成失败或损失。

（3）形成产品概念　新医药产品的构想经过筛选后，需要进一步发展成为更加具体、明确的产品概念，即对该产品的目标市场、产品特点、用途、价格、包装等都有具体的描述。

（4）综合分析　指对已形成的新医药产品概念进行全面分析。经过综合评估分析后，如果符合企业的开发目标，即可转入产品研制阶段；如果不符合企业的开发目标，则返回到形成概念阶段，重新形成新概念，直至评估出最理想的新医药产品概念。此阶段的分析内容主要包括以下几个方面。

① 目标市场分析。即分析新医药产品是为了满足哪些消费者的哪些需求而生产和设计的，与同类产品相比主要特点是什么。要对目标市场消费者及潜在消费者的数量、市场占有率等进行认真的定量分析。

② 成本效益分析。对企业投入的各种成本与获取的各种利益进行比较研究。

③ 使用者分析。分析研究新医药产品上市后可能的购买者，并估计产品发展各阶段使用者的大致分布和特点。

（5）新产品研制　即将综合分析后的抽象概念交研究设计部门，将其转化为具体新医药产品的阶段。这是一个很重要的步骤，它关系到新医药产品设想能否成为技术上可行、经济上合理、市场上接受的物质产品。其程序如下。

① 由技术人员按产品的完整概念进行设计，提供图纸和样本。

② 由生产部门进行试制。

③ 将试制出的样品进行技术评价。

（6）市场试销　试销是将试制成功的新医药产品小批量投放市场销售。这是对新医药产品进行的最有效、最可信赖的检验。试销的目的有3个方面：一是通过试销可以掌握消费者的消费习惯；二是通过试销可以收集有关的营销策略资料；三是通过试销可以发现新医药产品的不足，有利于改进新医药产品。

（7）新产品上市　新医药产品经过试销，从反馈的信息资料证明是成功的，企业就可以决定批量生产，将试制产品正式商品化，投入市场。这个阶段要做好售前、售后的各项工作。售前工作主要是组织好生产、选择好市场；售后工作主要是跟踪服务。

四、新医药产品的开发方式

企业应根据经济状况和开发能力来决定新医药产品的开发方式。一般有以下几种开发方式。

1. 技术引进

技术引进是指企业通过引进国内外先进技术、技术转让、购买专利等方式来开发新产品。这种方式能使企业的新医药产品迅速赶上国内外先进水平，提高产品技术含量，缩短差距，节约研制费用和时间，有助于新产品打开市场。引进的关键，首先是要引进先进技术，其次要努力消化、吸收、研制、开发出适合我国国情的、别具一格的新产品。技术引进的另外一种情况是直接把引进国外的先进技术和我国的研究成果嫁接起来，短时间内开发出新产品，占领国际和国内市场。

2. 独立研制

独立研制是指企业利用自己的技术力量和技术优势，独立进行新医药产品的全部研制。它一般适用于技术、经济力量雄厚的大型企业。这种开发方式能抢先占领市场、领导消费，使企业居于领先地位，有利于树立企业的良好形象，收到先声夺人的效果。国外许多著名的大企业都是依靠这种方式在竞争中取胜的。但是，这种方式费用高昂，失败率也较高。

3. 联合开发

联合开发是指企业与高等院校或科研机构利用各自在经济、技术、设备、人力等方面的优势互相协作联合开发新产品。这种方式能较快地研制开发出先进、优质的新产品，使科研成果很快地转化为商品。这种厂、院（校、所）的结合，适合我国目前大多数科研单位经费不足而大多数企业科技力量不足的实际情况。这种优化组合，有利于缩短新产品的开发周期。

第四节 医药产品的商标和包装策略

一、医药产品的商标策略

1. 商标与品牌的概念

（1）商标 指商品的标志，是企业使自己的产品与其他同类产品相区别而采用的特定标记。商标可以用图形、文字、字母、数字等来表示。

商标经过商标申请注册登记，经国家商标局批准，便成为注册商标。注册商标是一个重要的法律概念。它有两个特点：一是具有排他性，即商标经注册登记批准后，受法律保护，任何企业或个人仿制或假冒已经注册的商标，都是法律不允许的；二是具有专用性，一旦发现已经注册的商标被侵犯使用，可通过法律予以干涉。

（2）品牌 指用以识别产品或企业的某种特定标志，通常以某种名称、记号、图案或其他识别符号所组成，包括品牌名称和品牌标志。

品牌名称是指品牌中可以用语言称呼的部分，其基本功能是把不同产品或企业区别开来。例如，海尔牌冰箱、长虹牌彩电等。

品牌标志是指品牌中可以识别、认知，但不能用语言称呼的部分，其常常表现为某种符号、图案、颜色、字体或其他特殊设计。例如，大众牌汽车的标志是一个圆圈，内由3个V组成；李宁牌产品的标志是红钩带。

企业为其产品规定品牌名称、品牌标志，并向政府有关主管部门注册登记的一切业务活动称之为品牌化。一个好的品牌，有利于促进销售，甚至可以提高产品的附加值。

（3）商标与品牌的关系 商标与品牌是两个既有区别又有联系的概念。

① 注册商标是受法律保护的品牌或一个品牌的一部分，商标侧重于注册，取得商标专用权；品牌无须注册，一经注册，品牌就成为了商标，受法律保护。品牌和商标都是企业的无形资产。

② 商标侧重于标志，商标与商品紧密相联，不同商标代表不同商品，便于消费者辨认；品牌与企业相联，品牌侧重于名称，便于企业名称宣传。

2. 商标的作用

医药企业的医药产品采用商标，具有如下作用。

(1) 有利于提高产品质量　我国商标管理条例规定，注册商标要报送质量标准，凡不按注册商标质量标准生产产品，粗制滥造的，可由商标管理部门撤销商标或处以罚款。通过对商标的管理，可以起到保证医药产品质量的作用。由于消费者按牌认货，使生产者注重商标声誉，关心医药产品质量，从而有利于医药产品质量的提高。

(2) 有利于购方辨认商品　商标与商品紧密相关，商标体现商品的质量和特色，消费者可以根据商标选购所需商品。即使是商品密封包装，也不必启封查看商品，因为商标在消费者心中已建立了良好的信誉，他们可以凭着商标的商业信誉大胆购货。从这个意义上说，商标起到了有利于消费者选购商品的作用。

(3) 有利于供方宣传产品　商标是区别商品质量和品种的特定标志，它表明了商品的某种特性，便于企业进行广告宣传和推销、树立产品声誉、吸引顾客购买。所以，现代企业家认为，创立并发展名牌产品，使之驰名世界，是企业营销的重要目标。

(4) 有利于维护生产经营者的利益　商标一经注册，就受到法律保护，从而也就保护了企业的经济利益。尤其是享有声誉的商标，成为企业的无形资产不仅可以转让买卖，而且是企业获取利润、进行竞争的有力手段。

3. 商标的设计要求

(1) 独特性　商标是产品的标志，代表产品的特性、质量和企业的商誉，因而必须具有显著特征，以区别于其他企业的相似产品，这样才能引人注目，引起顾客兴趣。

(2) 简洁性　商标的文字、图形等应当简练概括，含义清楚，能准确表达出产品特色，使人易懂易记，令人见后过目不忘，留下深刻而美好的印象。

(3) 艺术性　商标要能反映产品的特色，使消费者通过商标认识企业的形象、风格。同时，商标设计还是一种艺术，应美观大方，构思新颖，给人以美的享受。造型美观、颇具匠心、寓意深刻的商标能给人留下深刻的印象，对顾客产生强烈的艺术感染力，从而引发购买欲望。

(4) 适应性　不同的国家、民族，其文化、喜恶、生活习惯、风俗及信仰不同。商标设计要充分考虑这些因素，要符合消费者心理，这样才能增强商品的吸引力。

(5) 合法性　商标设计要遵循商标法的有关规定。不能使用与中国或其他国家的国旗、国徽、军旗、勋章、红十字会等名称、图形相同或相近的商标；不能使用政治上有不良影响或不尊重民族风俗习惯的商标；不能使用与他人相同或相似的商标等。

4. 商标策略

正确地运用商标策略，可以取得出奇制胜的效果。商标策略主要有以下3种。

(1) 统一商标策略　指企业生产的所有产品均使用统一商标进入市场。这种策略的优点是：可以节省大量的广告费用，可以利用原有商标知名度来推销新产品。其缺点是：若有某一种产品质量不好，将会影响其他产品的销售，甚至整个企业的声誉。例如，三九集团统一商标为"999"。

（2）多种商标策略　指企业生产的不同产品，分别使用不同商标的策略。这种策略的优点是：个别产品失败不会影响其他产品，可以用不同的商标适应不同的市场。其缺点是：多种商标并存不利于管理；广告、设计、印制费用支出高。例如，西安杨森的"吗丁啉"、"达克宁"等。

（3）不采用商标策略　指根据商品的特点，不使用商标的策略。例如，对未经加工的原料产品、本身并不具有因制造者不同而形成不同质量特点的商品等不使用商标，以节省销售费用，如中药材。

二、医药产品的包装策略

1. 医药产品包装的概念

医药产品包装，是指在医药产品运输、储存、销售、使用时为保证其质量，选取适宜的包装容器或包装材料，采用一定的技术手段将产品包裹封闭并进行必要的装潢，印刷适当的标志的保护商品的措施。

2. 医药产品包装的作用

医药产品包装是医药产品实体的一个重要组成部分，它的基本作用是由医药产品的运输、储存、销售和使用的需要而产生的。从现代市场营销理念来看，对医药产品包装的作用又赋予了新的内容，即好的包装能给消费者带来特殊的好感，成为刺激消费者购买的一个十分重要的因素。因此，医药企业对医药产品的包装必须给予高度的重视。具体作用如下。

（1）保护产品、便于储运　这是医药产品包装的基本作用，医药产品从生产领域向消费领域转移的过程中，要经过运输、装卸、储存、销售等环节，良好的包装可以起到使产品在空间转移和时间转移过程中避免因震动碰撞、风吹日晒而受损，保证产品质量安全、数量完整。产品若没有包装则难以进行储存和运输，尤其是对于不少小产品、没有固定形状以及形状特殊的产品更是如此。

（2）美化产品、促进销售　消费者在选购产品时，首先看到的就是产品的包装。精美的包装会对消费者产生极大的吸引力。产品经过"包装打扮"，华丽高贵，能给人以美的享受。因此，精美的包装能够起到美化产品的作用。同时，一件好的包装本身就是一幅宣传广告，人们往往是根据包装来选购产品的，在自选商场更是如此。因此，包装被誉为"无声的推销员"，它默默地起着宣传产品、介绍产品、激发消费者购买欲望的作用。

（3）便于计量、方便使用　医药产品在运输、装卸、储存、销售等环节中，买卖双方要对产品进行计数、计量。合理的包装可以使产品顺利地通过这些环节。此外，合理的包装可以方便消费者的使用。

（4）提高身价、增加盈利　医药产品包装是产品实体的重要组成部分，优良精美的包装能提高产品的身价，消费者愿意付出较高的价格来购买，超出的价格往往远高于包装的附加成本。同时，由于包装的完善，产品损耗减少，从而使企业的盈利增加。

3. 对医药产品包装的基本要求

医药产品的包装不同于普通产品的包装，内包装和外包装都应符合标准化要求。其基本要求如下：

① 药品生产企业使用的直接接触药品的包装材料和容器必须符合药用要求和保障人体健康、安全的标准，并由药品监督管理部门在审批医药产品时一并审批。药品生产企业不得

使用未经批准的直接接触药品的包装材料和容器。对不合格的直接接触药品的包装材料和容器，由药品监督管理部门责令停止使用。直接接触药品的包装材料和容器的管理办法、产品目录和药用要求与标准，由国务院药品监督管理部门组织制定并公布。

② 药品外包装必须符合药品质量的要求，方便储存、运输和医疗使用。生产中药饮片，应当选用与药品性质相适应的包装材料和容器。包装不符合规定的中药饮片，不得销售。中药饮片包装必须印有或者贴有标签。中药饮片的标签必须注明品名、规格、产地、生产企业、产品批号、生产日期。实施批准文号管理的中药饮片还必须注明药品批准文号。发运中药材必须有包装。在每件包装上，必须注明品名、产地、日期、调出单位，并附有质量合格的标志。

③ 药品内包装必须按照规定印有或者贴有标签并附有说明书。标签或者说明书上必须注明药品的通用名称、成分、规格、生产企业、批准文号、产品批号、生产日期、有效期、适应证或者功能主治、用法、用量、禁忌、不良反应和注意事项。

④ 药品包装、标签、说明书必须依照《药品管理法》第五十四条和国务院药品监督管理部门的规定印制。药品商品名称应当符合国务院药品监督管理部门的规定。

⑤ 医疗机构配制制剂所使用的直接接触药品的包装材料和容器、制剂的标签和说明书应当符合《药品管理法》第六章的有关规定，并经省、自治区、直辖市人民政府药品监督管理部门批准。

⑥ 麻醉药品、精神药品、医疗用毒性药品、放射性药品、外用药品和非处方药的标签，必须印有规定的标志。

4. 对医药产品包装的具体要求

医药产品包装根据其在流通中的作用，可分为外包装和内包装两类，具体要求如下。

（1）对外包装的具体要求　外包装，即运输包装或称大包装、工业包装。它是以保护产品品质安全和数量完整为宗旨的包装。外包装要根据产品不同的性质和特点选用不同的包装材料和包装技术，以保证产品运输的安全。同时，要注意应用现代的包装方法，不断提高包装质量。另外，在选用包装材料时，要考虑采用体积小、重量轻、成本低、包装效果好的包装材料，以降低包装费用，提高包装质量。

（2）对内包装的具体要求　内包装也称商业包装、销售包装、小包装。它是以促进产品销售为主要宗旨的包装。它除了符合药品包装的基本要求外，还要求外形美观、方便使用，有别致的装饰，能吸引顾客，起到促进销售的作用。主要包括以下几个方面的内容。

① 形态。形态是指产品包装表面的几何特征。这要根据产品的种类和不同的消费对象来定。如果产品本身体积较小、价值较大，则可采用包装装潢精美、包装物较大的方式。例如，杭州胡庆余堂制药厂生产的人参精口服液，产品本身体积不大，而包装盒既大又精致，能提高产品的身价。出口商品的形态要符合海关、运输等单位的规定。

② 图案。图案可以表达产品的种类、品质、成分，起到介绍、宣传产品的作用。出口商品的图案要符合当地的风俗习惯。

③ 色彩。鲜艳夺目的色彩能吸引顾客的注意力。不同的国家、民族和地区对色彩有不同的偏爱，但也有禁忌。例如，穆斯林国家的人民多偏爱绿色，日本人却认为绿色是不祥之兆；泰国以黄色代表尊贵；巴西人以棕色为凶、丧之色；比利时人最忌蓝色。这些在商品出口时应予重视。

④ 商标。商标是企业产品质量和信誉的符号，设计包装时应把商标以醒目的形式印制

在包装物上。

⑤ 文字。包装上的文字是企业对消费者作说明用的，应简明扼要，表达方式、字体大小、印刷的位置要考虑顾客文化程度和视力所及，且与包装物的大小相配合。

5. 医药产品包装策略

正确地选用医药产品包装策略，可以有利地促进医药产品销售。常用的医药产品包装策略主要有以下几种。

（1）类似包装策略　指企业生产的各种医药产品，在包装上使用同一材料，采用相同的图案、颜色、标记和其他共有特征。它能使消费者一见到包装就很容易联想到是同一企业的医药产品，易于树立企业形象。这种策略的优点是：节省包装设计宣传费用；可以扩大企业产品的影响，促进各类产品的销售。其缺点是：只适用于质量水平相当的医药产品，质量性能悬殊大的医药产品不宜采用该策略，否则将影响高档优质医药产品的销路和声誉。例如，西安杨森的多种产品包装采用统一的色调。

（2）组合包装策略　指将企业生产的几种有关联的医药产品配套组合在同一包装物内，如"家庭备用"、"急救药箱"等。这种策略的优点是：给消费者提供方便，能够起到扩大销售量的作用。其缺点是：只能适合一些最基本的、有关联的药品使用。

（3）再使用包装策略　指包装容器内原有的医药产品用完之后，空的包装容器还可以用于其他用途的包装策略。例如，"止咳糖浆"容器，可当茶杯使用等。这种策略的优点是：有利于提高顾客的购买兴趣和增强医药产品的吸引力，可使包装容器发挥长久的广告宣传作用。这种策略的缺点是容易出现异型包装。

（4）附赠包装策略　即在商品包装物上或包装内附加赠送的奖券或实物的策略。这种策略使消费者感到有意外的收获，能引起消费者的购买兴趣，还能刺激消费者的重复购买，增加产品销售量。例如，冲剂药品包装袋内附赠药匙或量杯。

思　考　题

1. 怎样理解医药产品整体概念？
2. 什么是医药产品组合？医药产品组合策略有哪些？
3. 什么是医药产品寿命周期？医药产品寿命周期不同阶段的特点及策略是什么？
4. 何谓新医药产品？它有哪几类？
5. 开发新医药产品的程序是什么？
6. 医药产品的商标策略有哪些？
7. 医药产品的包装策略有哪些？
8. 案例分析

在国内的洗衣机市场整体呈现平淡、疲软时，海尔的"小小神童"洗衣机销售量增长却是一路领先。在其问世短短的一年零八个月内，产量便突破100万台，国内外普遍脱销。

"小小神童"的问世起源于一封"牢骚"信。一位上海女顾客给"海尔"写信，抱怨现有市场上的众多洗衣机千篇一律都是大容量的。而一般城市三口之家平时换下的衣服特别是在夏季每天就是那么几件，用这种大容量洗衣机洗，耗水、耗电、耗时；用手搓，时间和精力顾不上。这位顾客希望像海尔这样实力雄厚的企业能开发一种针对现代人洗衣频率高、易搬动、不占地方和节水、节电、节约时间的小洗衣机。这是一个难得的市场信息。这个信号通过海尔洗衣机"每日信息网"传到海尔决策人那里。海尔决策人敏锐地抓住了这一信息，并对市场进行了大量的调查研究，发现城市家庭普遍存在着对小型即时洗衣机的需求。在对洗衣机市场进行总体细分的基础上，他们认为这是洗衣机市场的一个空白点，是一个很有发展潜力的市场。为此，他们确定这种洗衣机的定位是小容量、即时洗、方便搬运、功能先进。

科研开发的课题确定后，总部抽调了一批在洗衣机开发方面有很深造诣的研究人员，投入了几千万元的开发费用，开始了对迷你型洗衣机的研制开发。4个月以后，海尔第一台开创洗衣新风尚的迷你型即时洗洗衣机便问世了。

问题："小小神童"洗衣机的成功，给企业进行新产品开发带来哪些启示？

第五章 医药产品价格策略

【案例】 据报道，江西的许多医药产品价格比周边省高，因为江西的销量远远低于湖南、湖北、浙江等省。因此，许多厂商在江西执行的价格通常比周边省高一些，以维持在江西的投入。

黄庆仁栈华氏大药房，是江西最大的医药零售连锁企业，在江西省内有867家直营连锁店，覆盖88个地市县，是国内最大的医药零售连锁企业，在价格方面也一直处在主导地位。

开心人药房，是南昌的另一家大型医药产品零售店。2002年7月中旬，南昌开心人药房的高层领导会聚井冈山，并于8月31日率先宣布，平均医药产品价格低于国家核定价大约45％。例如，先锋4号、先锋5号、先锋6号的价格分别是1.3元、2元和8.4元。其他多种医药产品亦有不同幅度的降价。由于降价，开心人药房连日来每天人流量平均在万人左右。

随后，黄庆仁栈华氏大药房，也迅速推出特价销售活动，5个销售地点围绕着开心人药房。此外，当地医院和其他医药产品零售商也纷纷开始降价。一场轰轰烈烈的价格战开始了。黄庆仁栈华氏大药房有关负责人说，零售终端只是医药流通过程的一个环节。医药产品价格虚高则从原料采购就开始逐渐产生了，这是一个系统形成的过程，并不能把药价高的包袱都推到零售企业的身上。而开心人的解释是，它之所以能低价出售，是因为削减了各个中间环节的费用，其做法使消费者得到了实惠，得到了消费者的认同和拥护。尽管如此，开心人毕竟势单力薄，能否坚持下去，难度显然非常大，因为它触及了各方的利益。如果医院和其他零售商给各厂商施加压力，尤其是各知名品牌的医药产品生产商不给开心人供货，它面临的货源问题就可想而知了。

点评：由此可见，医药产品价格策略的运用是一本不可不读的"经书"。

第一节 医药产品价格的构成及影响因素

我国的医药市场，国家实行宏观调控和市场调节相结合的管理制度。一方面，关系国计民生的医药产品由政府定价，生产经营企业必须严格执行。另一方面，绝大多数医药产品仍由生产经营企业根据市场供求关系自主定价。因此，掌握国家的药品价格政策，研究医药产品价格的形成与计算方法，就成为医药企业的重要策略之一。

一、医药产品价格的概念与构成要素

1. 医药产品价格的概念

医药产品价格是医药产品价值的货币表现。但是，医药产品价格并不是绝对地等于医药产品价值，而是在价值的基础上波动起伏。因为，医药产品价格除了主要受价值影响外，还受多方面因素影响。例如，供求关系对医药产品价格也有影响作用。当供大于求时，其价格就有可能低于其价值；当供不应求时，其价格就有可能大大高于其价值。

医药产品价格，从现代市场营销的角度看，是营销要素中最为敏感的因素。它不仅仅表

现在出厂价、批发价、零售价等数字上，事实上，一个完整的价格概念应该是一个综合了多方因素的价格体系。因此，人们常说价格是"企业利益的标签"、市场的"晴雨表"。价格只有对市场变化做出敏感的反应，才能适应市场经济的发展。一个合理的定价策略不仅要有利于促进销售、获取利润、补偿成本，还要在市场经济化的今天考虑到消费者、中间商、零售商等整个营销链条中各相关环节与个人的接受程度。

医药产品价格的重要性还体现在国家政府对药品价格的管理上。政府强制制定这一特殊领域的管理法规，并将大多数的药品和医药服务的价格纳入了特殊的渠道进行管理，这是非常必要的。因为医药产品的需求与普通消费品相比，有其特殊性。可以通过下面这个例子来说明其特殊性。2003年"非典"时期，体温计与口罩脱销，出现了私下高价求购的现象。政府主管部门为此专门下文规范价格。这说明，医药产品有别于其他产品，因为它直接影响到了人的生命安全。所以，对医药产品价格不能单纯以普通商品的规律来研究。但是，医药产品价格也包含了普通商品的价格规律。这就要求在医药产品价格研究中，不能依赖一种或几种因素，而是要从整体看。

2. 医药产品价格的构成要素

(1) 生产成本 指生产某一医药产品所发生的生产费用的总和。生产成本是医药产品价格构成诸要素中最基本、最主要的因素。一般来讲，生产成本的大小与该医药产品价格水平的高低成正比。因此，精确地核算生产成本是企业制定价格的重要依据。生产成本按照支出项目的不同，可表现为：研发成本，即支付在研究开发方面的各种费用，如产品开发费等；固定成本，即支付在各种固定生产要素上的费用，如厂房、机器设备、管理费用、利息等，这些费用在一定时期内与一定的生产能力范围内不随产量的变化而变化；变动成本，即支付在各种变动生产要素上的费用，如支付各种原材料、电力的费用，工人工资等，这种成本随着产量的变化而变化。

(2) 流通费用 指医药产品从生产领域到消费领域的转移过程中所发生的劳动耗费的货币表现。有时也包括运输操作耗费、各种促销费用、市场调研开支等。

(3) 国家税金 医药产品价格中的税金是生产者在生产过程中为社会创造的价值的货币表现。它是价格的构成要素之一，是国家财政收入的主要来源。

(4) 企业利润 医药产品价格中的利润是生产经营者收入与支出的差额。在医药产品价格中确定合理的利润，对促进生产发展、扩大医药产品流通、调节各方面的积极因素，都具有重要意义。

总之，构成医药产品价格的以上要素，是相互联系和相互制约的。在价格水平不变的情况下，生产成本和流通费用减少，利润必然增长。价格构成中各个要素的大小直接影响价格水平的高低。分析、研究价格构成中各要素的联系及其变化，对正确制定价格有十分重要的意义。

二、影响医药产品价格的因素

1. 医药产品价值

价值是价格形成的基础，价值的大小决定价格的高低。医药产品包含的价值量大，价格就高；价值量小，价格就低。当然，价格并不完全同价值相一致，往往是在价值附近上下波动。它时而高于医药产品价值，时而又低于医药产品价值，但是它始终以价值为中心上下浮动，与价值具有相对一致性。

价值是凝结在商品中的抽象的社会平均劳动，可分为物化劳动和活劳动。价值具有质的规定性和量的规定性。质的规定性是指使用价值，即物品能够满足人们某种需要的效用。量的规定性是指价值量的大小。生产成本是价值量大小的具体体现。一般来讲，生产成本的大小，与该医药产品价格水平的高低成正比。因此，精确地核算生产成本，是企业制定价格的前提。

拥有先进的生产技术和成本优势的企业总是可以向同行说"不"，因为降价对于任何企业来说都不轻松，它是一把双刃剑，搞不好会伤了自己，除非是那些在成本上有着绝对优势的企业。因此，在制定医药产品营销价格时，不能脱离医药产品的价值，应以医药产品的价值为依据，以确保医药产品在交换过程中，能够基本上体现等量劳动与等量劳动相交换，也就是符合等价交换的原则。

2. 市场供求状况

医药产品的价格与医药产品的供求有着密切的关系。市场上，医药产品的供求关系平衡是相对的、暂时的，供求关系的不平衡才是绝对的、经常的。医药产品供求关系不平衡有两种形式。一是医药产品供过于求。这时要达到供求平衡，就必须抑制供给，刺激需求，因此医药产品价格会下跌。二是医药产品供不应求。在这种情况下，要达到供求平衡，就必须扩大供给，减少需求，所以医药产品价格会上涨。由此可见，市场上医药产品的供求关系决定着医药产品价格的高低。这就要求企业在给医药产品制定价格时，必须测定医药产品的供求状况，并以此作为医药产品定价的依据。只有这样，企业的医药产品价格才会符合供求规律的要求，才能被市场和消费者所认可。

流行病发生会影响医药产品市场的供求状况。在正常情况下，进行医药产品储存的可能性是很小的。不同地区有其固有的常见病与多发病，该地区的发病率、居民的用药水平及消费习惯是可以掌握的。但是，在流行病发生的时候，由于人们心理恐慌而购买医药产品，会使医药产品市场的供求状况发生巨大变化，这时医药产品的价格会大幅度波动。

3. 竞争因素

在市场经济条件下，企业的经营始终处在激烈的竞争状态，竞争对企业的定价影响极大。在质量相似的同类医药产品中，企业的医药产品定价过高，就会失去消费者，减少企业的销量和盈利。如果是没有参与市场竞争的其他新医药产品，定价高带来的高利润，会吸引大量的竞争者涌入市场，形成过度竞争状态。企业如果定价过低，一方面会减少单位医药产品的利润，另一方面则会引起同行不满而遭到反击，引起价格战。因此，企业定价时，必须认真分析来自各方面的竞争，做到知己知彼。

企业可将竞争者的医药产品价格及医药产品情况作为自己定价的参照对象。如果自己的医药产品与竞争者的医药产品相似，那么价格也应相近；如果比竞争者的医药产品好些，则定价可以高于竞争者；如果比竞争者的医药产品差些，则价格应比竞争者医药产品价格低些。这样，才能保证企业在激烈的竞争中取得较好的营销效果。

在开放性市场上，几乎每种产品都有或多或少的竞争对手。研究竞争因素，首先必须认识竞争的激烈程度。一般来说，竞争越激烈，对价格的影响越大。竞争的强度主要取决于两个因素。一个是产品制作的难易。工艺复杂、不易仿制的产品，竞争较缓和。另一个是供求形势与竞争格局。如果全行业供给能力超过需求，卖主之间的竞争就会加剧。因此，企业定价时应参考主要竞争对手的价格。企业制定好价格后，也要关注竞争者的反应。例如，同类产品的定价采用跟随政策（即相同品质的产品比对手定价略低），那么对方会不会迅速降价或者大规模开展让利，企业应该做出何种对策。因此，产品的价格和企业的目标有着较大的关系。企业的产品投资是短线行为还是长久经营,是紧紧跟随领头者还是做行业垄断者,这些都会影响产品的价格策略。

4. 需求弹性

所谓需求弹性,是指因价格变动而引起需求量变动的比率。它能体现需求变动对价格变动的反应程度。不同医药产品的需求变动受价格变动影响的程度不同,即不同的医药产品,它们的需求弹性不同。一般情况下,价格上涨,需求减少;价格下降,需求增加。这是供求规律的客观反映。因为价格直接影响市场需求,所以企业制定的医药产品价格会影响企业医药产品的销售,从而影响企业营销目标的实现。所以,企业在给自己的医药产品定价时,必须测定医药产品市场需求的价格弹性。

需求弹性的大小可用需求弹性系数来表示,其计算公式为

$$需求弹性系数 = \frac{\frac{需求变动量}{原需求量} \times 100\%}{\frac{价格变动量}{原价格} \times 100\%}$$

由于价格与需求量成反方向变动,因而弹性系数是一个负数。为了说明问题,我们规定需求弹性系数只取决于它的绝对值,即只取正值。用 E 代表需求弹性系数。当 $E>1$ 时,即价格的变化所引起的需求量变动幅度大于价格的变动幅度,我们称之为需求弹性大;当 $E<1$ 时,即价格的变化所引起的需求量变动幅度小于价格的变动幅度,我们称之为需求弹性小;当 $E=1$ 时,即价格变化所引起的需求量变动幅度等于价格的变动幅度,我们称之为单一弹性。单一弹性在企业营销过程中极少出现。一般说来,企业在选择提高医药产品价格来增加盈利时,应该选择需求弹性小的医药产品。因为这种医药产品的需求变化受价格变动的影响较小,提价不会造成因需求量大幅度减少而引起企业销售量减少。以下几种情况,需求价格弹性较小:①市场没有代用药品或没有竞争者;②治疗必需药品;③购买者不在意价格高低的药品;④购买者购买习惯改变缓慢的药品。

企业在定价时应考虑需求弹性的大小。如果企业不管价格弹性如何,只想通过降低价格来影响销售额,则在遇到价格弹性不足的医药产品时便会产生相反的效果。价格需求弹性大的医药产品,价格手段较易奏效;缺乏弹性的医药产品,企业的价格手段影响较小。此外,就同一种医药产品而言,在不同的阶段,价格的需求弹性也会有差异。当价格较高,需求量较少时,往往富于弹性,此时,价格变化对需求量影响较大。当价格已降得很低,需求量很大时,价格的影响会变弱。因此,企业在医药产品销售的不同阶段,必须考虑采用不同的价格手段和策略。

5. 消费心理

医药产品价格是否适当是决定消费者是否购买的一个重要因素。消费者在选购自己所需要的医药产品时,通常要将药品价格同药品价值(消费者自己感受的价值)作比较。消费者只有在他们感到物有所值时才会决定购买。消费者对医药产品价格和价值的这种感受和评价,就是消费者消费心理的一种重要表现。作为企业定价依据的医药产品实际价值,和消费者个人所感受的价值往往不一致。因此,企业定价时不能仅仅考虑医药产品的价值和成本因素,还必须要考虑消费者的心理因素。在现实生活中,消费者心理有不同类型,如经济实惠的心理、追求名牌医药产品的心理、追求医药产品时尚和新颖的心理等。企业要想使消费者接受其定价,就必须分析消费者的不同心理,使医药产品价格符合其特点和变化。例如,在经济欠发达的地区,人们的消费心理偏重于对物美价廉、经济实惠的医药产品的追求,对价

格十分敏感；在经济发达地区，人们的消费心理则偏重于追求医药产品的疗效、品牌、档次、时尚、新颖，而对价格并不太在乎。只有认识到消费者心理对价格的重要影响作用，研究和掌握消费者的心理特征，才能制定出适当的医药产品价格。

三、政府对医药产品价格管理的内容

我国政府为加强药品的价格管理，深化药品价格改革，整顿药品市场的价格秩序，国家计委（现改组为国家发展和改革委员会）陆续颁布了《药品价格管理暂行办法》、《药品价格管理暂行办法的补充通知》、《关于完善药品价格政策，改进药品价格管理的通知》、《关于列入政府定价药品不再公布出厂价和批发价的通知》、《国家计委关于印发改革药品价格管理的意见的通知》等一系列文件，对药品价格管理做了系统、全面的规定。

1. 政府定价范围

政府对药品定价分中央和省两级管理，定价范围由定价目录确定。中央政府定价药品目录由国务院价格主管部门制定、修订；省级政府定价药品目录由省级价格主管部门制定、修订，报国务院价格主管部门备案。

（1）列入中央政府定价目录的药品范围

① 列入国家基本医疗保险药品目录中的甲类药品。

② 生产经营具有垄断性的药品。这类药品包括：a. 处在专利或行政保护期内的专利药品和一、二类新药；b. 按国家指令性计划生产供应的麻醉药品、视同麻醉药品管理的药品和一类精神药品；c. 按国家指令计划生产，由国家统一收购的避孕药具；d. 按国家指令计划生产供应的预防免疫药品。

（2）列入各地省级政府定价的药品范围　　主要是列入国家基本医疗保险药品目录中的乙类药品。

2. 政府定价细则

① 对国家基本医疗保险药品目录中的甲类药品和生产具有垄断性的专利药品及一、二类新药，由国家计委制定、公布零售价格，出厂价（或口岸价）和批发价由生产经营企业自主制定；对麻醉药品及一类精神药品，由国家计委制定、公布出厂价格（或口岸价格），批发价和零售价由各地省级物价主管部门按照中央制定的流通环节价格办法制定，报国家计委备案；对按国家指令计划生产供应，由国家统一收购的预防免疫药品和避孕药具，国家计委制定、公布出厂价（或口岸价）。

② 列入国家基本医疗保险药品目录中的甲类药品和生产具有垄断性的专利药品及一、二类新药，政府规定的零售价为最高限价。医疗单位和社会零售药店可以在不突破政府规定的零售价的前提下降价。生产中央政府定价药品的企业主动要求降低零售价的，在国家统一降价前，经产地省物价部门批准后，可以先行降低该企业药品的零售价格，并报国家计委备案。

按国家指令性计划生产供应的麻醉药品、一类精神药品和按国家指令性计划生产由政府统一收购的预防、免疫和避孕药具，政府定价一经确定后，各地各部门和药品生产经营企业（单位）必须严格执行。

③ 建立政府定价的药品定期调整价格的机制。对于市场供大于求的药品，要按照社会先进成本定价，以促进市场供求关系总量的平衡。对于生产企业实际出厂价与政府规定的零售价格之间差额较大的药品，要及时降低其零售价格。

不同企业生产的由政府定价的药品，在其产品有效性及安全性明显优于其他企业生产的同种药品或者治疗周期和治疗费用明显少于其他企业生产的同种药品时，可申请实行单独定价。需要单独定价的药品，由国家计委或省级价格主管部门聘请有关方面专家及时主持召开听证会，对药品价格进行公开审议，并根据评审意见制定药品价格。经科学检验、专家论证后，实行单独定价。

我国药品价格管理制度规定，将我国医药市场上的国产、进口化学药品及生物制品、中成药和中药饮片、中药材、医院制剂、计划生育药具等列入国家药品价格监管范围。在我国境内的有关行政管理部门、从事药品生产经营活动的企事业单位及其他组织和个人进行药品价格活动时，均须遵守药品价格管理的统一规定。

考虑到我国地域广阔、地区差异较大，我国药品价格实行统一领导、分级管理的原则，即药品价格管理政策、作价办法和中央管理的药品价格，由国务院价格主管部门统一制定；省级及省级以下价格主管部门要按照国家统一政策，对辖区内的药品价格进行管理、监督和检查。各业务主管部门在各自职责范围内协助价格主管部门管理药品价格。

第二节　医药产品定价目标与定价策略

一、医药产品定价目标

医药企业的定价目标必须和市场营销目标相一致。同时，医药企业的定价目标又是企业定价策略和定价方法的基础和依据。

1. 以利润为定价目标

以利润为定价目标，是指以预期利润或最大利润为定价目标。

预期利润，是指企业预计每年销售多少产品，按照什么价格销售，可能获取的利润额。预期利润率是预期利润占投资额或销售额的一定比率。以此为目标，定价是在产品生产成本的基础上，加入预期利润。追求预期利润，是医药企业经常采用的一种定价目标。在此目标下，企业应当慎重研究、分析与计算，使所定价格既能实现利润目标，又能为消费者所接受。

最大利润，是指最大限度的销售利润或投资利润。当医药企业的产品在市场上处于绝对有利地位（如拥有专利权）时，可实行高价政策，以获取超额利润。但最大利润并不是把价格定得越高越好。因为产品价格过高，会导致产品需求减少。因此，企业以最大利润为目标，是指以适当的价格获得企业长期稳定的最大利润。

2. 以提高市场占有率为定价目标

以提高市场占有率为定价目标，是一种十分重要的定价目标。因为，一个企业的市场占有率反映了该企业的经营状况和竞争能力，关系到企业产品在市场上的地位和兴衰。因此，以提高市场占有率为定价目标，更能显示企业的发展动态。市场占有率一般同利润具有正比关系。实现了市场占有率的目标，也就实现了相对应的利润目标。所以，以市场占有率为定价目标，对改进企业经营管理有促进作用。

3. 以应对与防止竞争为定价目标

这种目标是指企业在制定价格时，定价目标服从竞争的需要。一般来说，企业对竞争者的价格很敏感，在实际定价前，要对竞争者的价格进行细致地分析研究，然后对以下3种定价办法作出选择：低于竞争者的价格出售；与竞争者同等价格出售；高于竞争者的价格出售。企业在应对竞争中，采取什么样的价格出售产品主要取决于竞争者的条件。力量较弱的竞争者，应采取与竞争者相同的价格或略低于竞争者的价格出售产品；企业力量较强，又想扩大市场占有率时，应采取低于竞争者的价格出售产品；资力雄厚并拥有特殊技术，或产品品质优良，或能为消费者提供较多服务的企业，应采用高于竞争者的价格出售。

4. 以稳定价格为定价目标

这是医药企业从长远利益来考虑的定价目标。在市场竞争和供求关系比较正常的情况下，企业为了保护自己，避免不必要的价格竞争，从而稳固地占领市场，以便在稳定的价格中取得合理利润。

二、医药产品定价策略

医药产品定价策略，是指在制定价格和调整价格的过程中，企业为了达到经营目标而采取的定价策划和谋略。从市场营销学的角度来看，企业定价需要考虑多方面因素。它既是一门科学，也是一门艺术。定价策略是灵活多样的，不仅要考虑产品成本和市场供求，而且要考虑社会学、心理学等方面的因素。在国家政策允许的范围内，采取灵活的定价策略，以便取得最佳经济效益，实现企业的整体经营目标。

1. 新产品定价策略

（1）取脂定价策略　又称高价策略。在新产品刚上市时，把价格定得较高，尽可能在产品市场生命周期的初期赚取最大的利润。企业采取这种策略，目的在于利用新产品刚刚进入市场，没有竞争产品，消费者缺少同类产品的可比性，用高价来提高消费者对新产品的评价，提高产品的档次。例如，我国医药市场中，某些进口医药产品，就利用它们在中国的专有权，利用中国消费者对它们的新奇心理，采取了比国内同类产品高得多的价格，在中国市场上获取了高额利润。美国的杜邦公司、宝丽来公司常运用这种定价策略。取脂定价策略有一个最突出的优点，就是可以利用新产品没有竞争对手的特点，用高价在较短的时间里赚取大量利润，这些利润可以尽快收回投资，从而获得较高的投资报酬率。它的缺点是产品的高价会给新产品的市场开拓带来困难。同时，高价格带来的高利润也会诱发竞争，吸引竞争者快速进入市场。一旦形成竞争，新产品的价格必然下跌，企业的收益就会减少。

（2）渗透定价策略　又称低价策略。和取脂定价策略相反，它是将投入市场的产品价格定得尽可能的低，使产品迅速被顾客接受，以便迅速打开和扩大市场，在价格上取得竞争优势。例如，戴尔公司采用市场渗透定价法，通过低成本的直销渠道销售高质量的电脑产品，销售量直线上升，而此时通过零售店销售的IBM、康柏、苹果和其他竞争对手根本无法与其价格相比。该策略的优点是：企业能够利用产品价格优势，迅速打开市场销路，占领市场；较低的价格能排斥竞争者的介入，可以较长时间地占领市场。这种策略的缺点是：由于企业采用低价策略，实行"薄利多销"，所以需要较长时间才能收回投资，造成投资报酬率过低；由于产品价格较低，容易在消费者心目中造成低档产品的印象。有些产品大量积压的企业的折扣商店，也采用这种定价法。

2. 心理定价策略

由于零售企业是直接与消费者个人发生联系的商业机构，在定价时必须充分利用消费者的心理特征，恰当运用心理定价策略，对争取更多的消费者、扩大商品销售是有益的。

（1）尾数定价策略　很多医药产品零售企业在销售中发现一个有趣的现象，即消费者往往喜欢有尾数的价格。在经济活动中，有尾数的价格有以下好处。

① 在消费者看来,有尾数价格的商品比整数价格的商品便宜。例如,同一种保健品,标价 59.99 元比标价 60.00 元销得好。

② 在大多数消费者看来,有尾数的价格比较精确地反映了商品价值,定价也比较认真,给人以货真价实的感觉。

③ 尾数定价能符合某种生活习惯或心理习惯。我国一般尾数是取"9",表示长寿;香港定价尾数一般为"8",表示发财,以此象征吉利。

需要注意的是,保健品的定价策略主要取决于保健品本身的不同定位,定价前应请专业市场研究公司进行价格调研。如果产品定位在礼品市场,与其将价格定在 98 元,还不如定在 108 元。消费者送一百多块钱一盒的礼品跟送几十块钱的礼品是不一样的。在肯定很多保健品产品零售定价采用尾数定价策略的同时,也有些消费者喜欢价格尾数是整数的,尤其是购买高档保健品的消费者,由于商品价格高昂,尾数多少是不在乎的,主要是求得计算方便。因此,企业在定价时必须要考虑消费者的这些心理状况。

(2) 拆整为零定价策略 指将商品整体分成若干个小整体的定价策略。消费者有这样一种购买心理,在购买商品时往往是先买一些用用再说,用完了再决定买不买。尤其对一些新上市的商品,由于人们对其不了解,不太信任,此时这种购买心理表现得最为突出。因此,企业在定价时,要将商品的大包装改为小包装再进行定价,因为此时的小包装销售速度快。

(3) 声望定价策略 一般为具有较高声望的保健品企业所采用。若企业在消费者心目中已经树立了良好形象,则企业所出售的商品尽管有的在质量上与普通企业商品相差无几,但却能给消费者更多的心理满足。此外,名牌商品,由于名气大,虽然价高,但有些消费者还是会接受。因此,声望较高的企业可以为自己的商品制定较高的价格。这种声望高价既满足了消费者的心理要求,又为企业增加了利润。

3. 折扣定价策略

(1) 现金折扣 在赊销的情况下,卖方为鼓励买方提前付款按原价给予一定折扣。例如,"2/10,30"表示付款期为 30 天,如果客户在 10 天内付款给 2%折扣。这种方法可增加卖方收现能力,减少信用成本和呆账。

(2) 数量折扣 指按购买量的大小给予不同的折扣。量大,折扣多。其实质是将大量购买所节约费用的一部分返回给购买者。数量折扣分为下列两种。①累计折扣。即根据一定期间内购货总数计算的折扣。这种折扣有利于鼓励经营者(消费者)集中向一个企业多次进货,成为"长期客户"。②非累计折扣。又称一次性折扣,是根据一次购买数量计算的。这种折扣可鼓励经营者(消费者)一次性多购货。

(3) 差别折扣 经营季节性医药产品的企业,为了鼓励淡季购买,给予折扣,以减轻企业的仓储压力,加速资金周转,调节淡、旺季之间的销售不均衡。

(4) 复合折扣 企业在市场营销过程中,由于竞争加剧而采用多种折扣,同时给予某种医药产品或某一时期的销售折扣。

4. 其他定价策略

(1) 组合定价 当某种医药产品只是医药产品组合中的某一部分时,企业需制定一系列的价格,从而使整个医药产品组合取得整体的最大利润。采用本法的前提是,当企业生产的系列医药产品存在需求和成本的内在关联性时,为了充分利用这种内在关联性的积极效应,采用医药产品定价策略。具体步骤如下。第一,确定某种医药产品的最低价格,使其在医药产品中充当领袖价格,吸引消费者购买医药产品线中其他医药产品。第二,确定医药产品线中某种医药产品的最高价格，让它在医药产品线中充当品牌质量和收回投资的角色。第三，医药产品线中其他医药产品也分别依据其在医药产品线中的不同角色而制定不同的价格。

（2）分档分规格定价策略　在保健品市场上有许多产品既有系列性，又可以分档次。消费者也往往按档次和规格来选择保健品。保健品有高、中、低档之分，当然价格也不同，可以分档次分规格进行定价，实践中应依据不同的实际情况灵活应用。

第三节　医药产品定价方法

根据宏观调控和市场调节相结合的原则，我国药品价格目前实行政府定价和市场调节两种形式。

一、政府定价

我国实行政府定价的药品，仅限于列入国家基本医疗保险药品目录的药品及其他生产经营具有垄断性的少量特殊药品，包括国家计划生产供应的精神药品、麻醉药品、预防免疫药品、计划生育药品等。政府定价以外的其他药品实行市场调节价格，由经营者根据市场供求关系自行定价。政府定价主要通过确定合理的药品价格体系、生产企业的利润率和费用率、经营企业的药品进销差率和批零差率等环节来实现对医药产品价格的管理。

1. 政府对药品生产过程的价格控制

对于药品生产过程，国家主要通过对药品生产企业的利润率和销售费用率的控制来实现政府的宏观调控作用，以控制销售价格中的销售费用比重。国产药品的销售费用率和销售利润率，由国家根据各类药品创新程度的不同实行有差别的控制比率，以鼓励新药的研制与生产。

（1）药品生产企业销售费用的范围　按照《企业财务通则》、《企业会计准则》的有关规定，药品生产企业、经营企业药品销售费用的开支范围是：①推广促销费用，主要包括企业为推销药品发生的广告、宣传、技术推广等费用；②销售机构费用，主要包括销售人员工资、奖金和福利，销售人员的培训、管理、差旅等费用；③市场费用，主要包括市场调研、市场管理等费用；④医学费用，主要包括产品注册、临床试验等费用；⑤发运费用，主要包括运输、运输保险、仓储等费用。

（2）药品生产企业销售利润率和销售费用率的规定　药品生产企业销售利润率是指销售利润占销售价格的比例；销售费用率是指销售费用占销售价格的比例（表 5-1）。

表 5-1　国产药品最高销售费用率和最高销售利润率表

类别	最高销售费用率/%	最高销售利润率/%	类别	最高销售费用率/%	最高销售利润率/%
一类新药	30	45	四类新药	15	15
二类新药	20	25	五类新药	12	12
三类新药	18	18	普通药品	10	10

为促进企业技术进步，对 GMP 企业的药品其销售利润率在表中规定的相应类别药品销售利润率基础上适当扩大；对已超过新药保护期的急救、解毒、抗癌、麻醉、精神、计划生育、地方病防治等特殊药品和具有独特疗效的药品的销售利润率适当扩大；对我国合资或独资企业生产的原研制药品，在引进先进技术、销售价格低于同种进口药品的前提下，销售利润率适当放宽。出口药品销售利润率不受限制。

为促进企业技术进步,对下列3种情况的优质普通药品实行优质优价。①对GMP企业和非GMP企业生产的同一种药品,实行两种价格体系,即以两种生产条件下不同的社会平均成本为基础,按照规定的销售利润率分别制定出不同的出厂价格。其中,剂型规格相同的同一种药品,GMP药品与非GMP药品相比,针剂差价率不超过40%,其他剂型差价率不超过30%;已过发明国专利保护期的原研制药品与GMP企业生产的仿制药品相比,针剂差价率不超过35%,其他剂型差价率不超过30%。②对企业生产的政府定价药品其产品质量、安全性和临床疗效等明显优于其他企业同种药品的,根据定价权限,由国家发展和改革委员会或各地省级物价部门根据企业提出的申请,组织听证会公开审议后,实行单独定价,与其他企业生产的同种药品拉开差价。③对知名品牌的中成药与其他同种药品适当拉开差价。

2. 政府对药品流通领域的价格控制

药品流通环节包括批发企业和零售企业(单位)。批发零售价格的制定和调整要有利于促进药品合理流通、减少流通环节、降低流通费用,使经营者在弥补经营费用后能够获得合理利润。国家对药品流通环节主要是通过对药品流通企业规定其商业差率来控制。

药品批发价格(指批发企业向零售企业销售药品的价格),由出厂价格(或口岸价)和进销差率计算的进销差价构成。进销差率是从出厂价到批发价的差价率。

药品零售价格(指零售药店或医疗单位向消费者销售药品的价格),由批发价格和批零差率计算的批零差价构成。批零差率指从批发价到零售价的差价率。

为了促进药品流通企业提高效率,在制定价格时,对批发、零售环节的商业差率合并为流通差价率。为完善医疗机构的用药结构,药品流通差价率实行差别差价率。

以药品正常包装量的价格为基础确定的差别差价率见表5-2。

表 5-2 药品流通差别差价率(差价额)

按出厂(口岸)价顺加计算		按零售价倒扣计算	
含税出厂(口岸)价/元	流通差价率或差价额	零售价/元	流通差价率或差价额
0~5.00	50%	0~6.26	33%
5.01~6.25	2.50元	6.27~8.75	2.50元
6.26~10.00	40%	8.76~14.00	29%
10.01~12.50	4.00元	14.01~16.50	4.00元
12.51~50.00	32%	16.51~66.00	24%
50.01~57.14	16.00元	66.01~73.14	16.00元
57.15~100.00	28%	73.15~128.00	22%
100.01~112.00	28.00元	128.01~140.00	28.00元
112.01~500.00	25%	140.01~625.00	20%
500.01以上	15%+50.00元	625.01以上	13%+43.50元

二、企业定价

按照我国药品价格管理制度,除了由政府定价的部分药品外,大部分药品将由医药企业根据市场供求情况自行定价,而且企业定价药品范围将逐步扩大。因此,医药企业只有充分了解定价方法,并掌握国家相关的政策规定,合理地制定药品价格,才能促进企业营销工作的顺利进行。

1. 成本导向定价法

成本导向定价法是以医药产品的各种成本或投资额为依据,加上企业要达到的预期利润,从而制定出医药产品基本价格的方法。它有以下几种基本形式。

(1) 成本加成定价法　指以药品的单位成本为基础,加上预期利润,作为药品的销售价格。利润加成的高低应依医药产品的性质和特点而定。本法的优点是定价手续简便,同行各家企业如都采用此法,则销价相差不大,可缓和价格竞争,对买卖双方较为公平合理。其计算公式为

$$单位药品价格=\frac{总成本+预期利润}{产品产量}$$

例 5-1：某企业生产一种医药产品,固定总成本为 300000 元,单位变动成本为 10 元,预计企业医药产品产量为 10000 件,企业期望获取的利润率为 20%,求该医药产品的销售价格。

此医药产品定价过程如下。

固定总成本	300000(元)
变动总成本	10×10000＝100000(元)
总成本	400000(元)
预期利润	400000×20%＝80000(元)
总成本加预期利润	480000(元)

$$单位药品价格=\frac{480000}{10000}=48(元/件)$$

(2) 投资报酬率定价法　指根据企业的总成本和计划的总产量,加上按投资报酬率计算的投资报酬额,作为定价基础的定价方法。其计算公式为

$$单位药品价格=\frac{总成本+投资报酬}{产品产量}$$

例 5-2：某企业投资 250000 元生产经营一种新医药产品,其固定成本为 800000 元,单位变动成本为 45 元,预期投资报酬率为 15%。请计算,当销售量为 10000 件时,此种医药产品的售价是多少。

这种医药产品的定价过程如下。

固定成本	800000(元)
总变动成本	45×10000＝450000(元)
总成本	800000＋450000＝1250000(元)
投资报酬	250000×15%＝37500(元)
总产量	10000(件)

$$单位药品价格=\frac{1250000+37500}{10000}=128.75(元/件)$$

只有企业把医药产品的价格定为 128.75 元/件时,才能获得预计的投资报酬。

企业采用投资报酬率定价法,便于企业对价格的控制,能够保证企业获取预期的利润。但这种方法不宜在激烈的竞争条件下采用,因为激烈的竞争必然会迫使企业降低医药产品价格,这样企业的预期利润就无法实现了。

2. 竞争导向定价法

竞争导向定价法,就是企业以竞争者的同类医药产品的价格为依据,充分考虑自己医药产品的竞争能力,选择有利于在市场竞争中获胜的价格的定价方法。它有以下几种主要形式。

(1) 投标定价法　指采用招标的方式,由竞争者投标出价竞争,以最有利于招标方的价格成交的一种定价方法。它的一般过程是：由买方公开招标,卖方竞争投标,密封递价,买

方按物美价廉的原则择优选取,到期当众开标,中标者与买方签约成交。

采用这种定价方法,企业的递价水平十分重要。递价水平高于竞争者的递价,就会失去中标机会;递价水平低于竞争者的递价,就会增加中标机会。但这并不是说递价越低越好,它有一个界限,即企业的递价不能低于边际成本,否则企业就得不到适当收益。因此,企业在投标前要计算其预期利润(以中标率和利润率来计算),然后根据最高预期利润来选择递价。某企业预期利润递价见表5-3。

表 5-3 某企业预期利润递价

企业递价/元	企业利润/元	中标率/%	预期利润/元
100000	1000	60	1000×60%=600
120000	3000	30	3000×30%=900
130000	8000	10	8000×10%=800
150000	10000	2	10000×2%=200

由表5-3可以看出,企业的最高预期利润为900元,即企业递价时,应选择120000元。

(2) 跟随定价法　即随行就市定价法,是指以本行业实力最雄厚、市场占有率最大的企业的医药产品价格为基础制定本企业医药产品价格的一种方法。由于市场主导企业实力雄厚,其他企业无力和它们竞争,因此只能使自己的医药产品价格与之相适应。这样,在同行业中,所有企业的医药产品价格基本一致,这使企业间的竞争降到了较低限度,使大家可以和平共处。同时,由于这个价格又是大家都可以接受的,因此也可能保证每个企业都能获得适当的收益。所以,跟随定价法成为一种应用普遍的定价方法,尤其是一些中小企业更乐于采用这种方法。

(3) 倾销定价法　指企业为了控制市场,以低于市场价格的价格向市场抛售产品,借低价赶走竞争对手而占领市场的定价方法。这是实力雄厚的大企业在竞争中常用的一种方法。医药产品价格在市场竞争中起着十分重要的作用。同种产品,价格低,就会吸引消费者前来购买;价格高,就会无人问津。一些具有雄厚实力的大企业为了巩固自己的竞争优势地位,扩大市场占有率,就会以低于市场平均价格的价格,甚至是低于医药产品成本的价格把自己的医药产品拿到市场上与其他企业竞争。其他企业,尤其是一些实力薄弱的小企业,无力和大企业进行这种价格竞争,只得被迫退出市场。大企业的这种做法叫做倾销。它一旦占领了其他企业的市场,往往就会抬高医药产品价格来补偿倾销时低价销售的损失。这种定价会使市场处于一种不稳定状态,使中小企业处在不平等的竞争中。所以,倾销定价法在很多国家都是被严格限制使用的。

3. 需求导向定价法

需求导向定价法,就是依据买方对医药产品价值的感受和需求强度来定价,而不是依据卖方的成本定价。其主要形式有以下几种。

(1) 理解价值定价法　这是需求导向定价法中最常见的一种,是企业根据消费者对其医药产品价格的理解程度来制定自己医药产品价格的一种方法。消费者对医药产品价格的理解往往不是以成本为基础,因此,他们认可的医药产品价格并不是医药产品的实际价值。所以,企业可以利用自己有效的营销手段来提高消费者对自己医药产品价值的理解程度,使他们接受企业制定的医药产品价格。例如,市场上的某种感冒胶囊的价格大大高于同类医药产品,却仍被多数患者购买,就是因为消费者对这种医药产品的价格理解差异较大造成的。企业使用理解价值定价法制定医药产品价格,关键在于要对消费者的理解价值有准确的判断。定价过高或过低都会给企业经营带来不良影响。如果企业定价高于消费者对医药产品的理解价值,医药产品就会无人问津,给企业销售造成困难;如果企业定价低于消费者对医药产品的理解价值,则既降低了医药产品的身价,又减少了企业的收益。因此,企业必须做好定价前的调研工作。只有深入了解消费者心理、竞争产品情况等,才能根据消费者对医药产品的理解价值做出准确判断,制定出合适的价格。

(2) 比较定价法 指企业根据对医药产品价格需求弹性的研究和对市场环境的调查来决定价格的一种方法。产品的价格需求弹性不同,决定了其需求量对价格变化的反应程度不同。对于需求价格弹性小的医药产品,由于消费者需求对价格变化反应较小,则企业可通过适当提高医药产品价格来增加企业盈利。对需求价格弹性较大的医药产品,则可以采取适当降低医药产品价格来刺激、扩大消费者需求,从而扩大企业销售量,增加企业盈利。不管是提高医药产品价格的方法,还是降低医药产品价格的方法,企业都可以运用市场调查的方法来选择。一般做法是:企业把医药产品分别以高价和低价两种价格出售,然后比较它们的销量和利润,最后确定一种对企业最有利的价格。

例 5-3:某企业销售某医药产品,此医药产品成本为 20 元。将其售价定为 25 元时,月销量为 10000 件;将其售价定为 28 元时,月销量为 5000 件。请确定企业采用的价格。

企业采用低价时的利润 = (25−20)×10000 = 50000(元)
企业采用高价时的利润 = (28−20)×5000 = 40000(元)

通过试销比较,企业以每件 25 元的价格销售医药产品,虽然其价格较低,但可以增加销量,而且其利润也比定价每件 28 元时要多。因此,企业选择每件 25 元的价格较为合适。

三、药品价格体系及药品差价

1. 药品价格体系

医药产品从生产领域到达流通领域,最后进入消费领域。每经过一个环节就是一次买卖,就要有一个价格,这样就形成了出厂价、批发价、零售价等价格形式。

(1) 药品出厂价 指药品生产企业向批发企业销售药品时的药品价格,由药品生产成本加利润构成。药品出厂价是药品进入流通领域的第一道环节的价格,是制定药品批发价、零售价的基础。它既关系药品生产企业的经济利益,又决定了药品批发价、零售价的价格水平,还关系到药品经营单位、医疗单位和广大消费者的切身利益。因此,正确确定药品出厂价,对正确处理医药工商关系、促进生产发展、扩大药品流通和满足消费者需要都有重大意义。

(2) 药品批发价 指药品批发企业向零售药店或医疗单位销售时的药品价格,由购进成本(即药品进价)加上进销差价构成。它处于药品生产价格之后、零售价格之前,属于一种中间价格。它一头联系生产,一头联系零售。合理确定药品批发价格有助于稳定药品零售市场价格。

(3) 药品零售价 指零售药店或医疗单位向消费者销售时的药品价格,由购进成本加上批零差价构成。

2. 药品差价

(1) 药品差价 指药品由于购销环节的不同而形成的价格差额,具体包括进销差价、批零差价两种。药品差价有差价额和差价率两种形式。差价额是构成药品差价的两种价格之间的差额。差价率是差价额占计算基价的百分比。其一般计算公式为

$$差价率 = \frac{差价额}{计算基价} \times 100\%$$

计算基价可以是出厂价、批发价、零售价。如果用构成差价的两种价格中较低的价格作为计算基价,则其差价率称为加价率;如果用较高价格作为计算基价,其差价率称为折扣率或倒扣率。实际工作中前者一般简称为顺加,后者一般简称为倒扣。

(2) 药品进销差价 指药品批发商在同一时间、同一市场购进和销售同一种药品的购进价格和销售价格之间的差额,即药品出厂价和批发价之间的差额。药品进销差价主要由批发商在组织药品流通过程中的合理流通费用和一定的利润构成。其计算公式为

$$药品进销差价 = 药品批发价 - 药品出厂价$$

进销差价在实际工作中,主要有两个用途。

① 由药品出厂价计算批发价格。批发商根据国家规定的进销差率(这是一种顺加的差率,即进销差价占出厂价的百分比)制定批发价格。这种定价方式,批发价格随着出厂价格的变动而变动,一般称为顺加定价法。其计算公式为

$$进销差率 = \frac{进销差价}{出厂价格} \times 100\%$$

$$批发价格 = 出厂价格 \times (1 + 进销差率)$$

② 由批发价格倒算出厂价格。由批发商(或国家)制定出某种药品的批发价格,然后倒扣一定比例的销进差率(这是一种倒扣差率,即进销差价占批发价格的百分比)最终形成出厂价格。此时,出厂价格随着批发价格的变动而变动,一般称为销价倒推法。其计算公式为

$$销进差率 = \frac{进销差价}{批发价格} \times 100\%$$

$$出厂价格 = 批发价格 \times (1 - 销进差率)$$

(3) 药品批零差价 指药品批发价格与零售价格之间的差额。它是由零售商在经营药品的过程中形成的,包括零售商的流通费用、合理利润及税金。

批零差价量的大小可用批零差价额和批零差价率两种形式来表示。批零差价额即零售价和批发价之间的差额;批零差价率则是批零差价额占批发价的百分比,称为顺加批零差率,即通常所说的批零差率。在已知药品批发价格和国家规定批零差率的情况下,零售商可以确定其零售价格。其计算公式为

$$批零差价额 = 零售价格 - 批发价格$$

$$批零差率 = \frac{批零差价}{批发价格} \times 100\%$$

$$不含税零售价 = 批发价 \times (1 + 批零差率)$$

$$含税零售价 = 批发价 \times (1 + 批零差率) \times (1 + 增值税率)$$

思 考 题

1. 医药产品价格的概念是什么?
2. 医药产品价格的构成要素有哪些?
3. 影响医药产品定价的因素有哪些?

4. 什么是价格的需求弹性？企业在对产品定价时为什么要考虑价格的需求弹性？
5. 什么是取脂定价策略？这种价格策略适合在什么条件下使用？
6. 请谈谈折扣定价策略在营销中是如何运用的。
7. 案例分析

经销商打价格战，代理商该怎么办？

主持人××先生：

我是××药业公司驻××区域市场的销售代理。在这个市场，90％的经销商、药店与我有业务往来。但是，现在经销商之间、药店之间竞争激烈。A家从5月开业以来列出200个品种，做零利润销售，平进平出。B家纷纷效仿。我公司某品种也列在其中，结果影响到众多药店的零售价格。现在C家决定把我公司的某品种零售价卖得比A、B两家的零售价格还低。我面临的问题是：在这个市场，我给药店的代销供货价格是A、B两家现在的零售价格，给C家的还低于这一价格，如果"打"起来，代销药店不愿再卖我公司的某品种，我该怎么办？

此致

敬礼

××药业公司驻××区域市场的销售代理
××年××月××日

××药业公司驻××区域市场的销售代理：

从你简短的描述中可以看出，你在当地采取的是"区域多家代理制"以及匹配的多种价格体系。其特点是：多家同时代理，在价格上不可能进行垄断，只能靠拓展自身的销售网络，在产品配送、终端促销等方面加倍努力。但同时，多家批发商之间的竞争，往往又会出现压价倾销，从而导致市场价格混乱、区域间或区域内"窜货"等现象，最终使经销商无利可图，积极性受到挫伤，降低经销商与厂家的亲和力和对品牌的忠诚度。建议您可以从以下几个方面进行分析和解决。

第一，当年公司下达给你的目标中哪些是最重要的？公司在近期的产品和市场策略如何？例如，规定的计划销售额、当年的回款总额、提高市场占有率、提高产品知名度等。如果以提高产品知名度和市场占有率为首要目标，则短时期的低价销售可以视为一种促销手段。

第二，产品特点是否属于治疗必备药物？产品质量如何？已有品牌知名度如何？产品的价格水平、产品价格弹性如何？产品上市的时间（产品的生命周期情况）怎样？如果属于刚刚上市的有保健性质的产品，则可以利用这次低价销售作为提高知名度、挖掘潜在客户的手段。如果属于"长线"产品，应依赖于长期的、深入的宣传和服务，不宜用低价方式销售。

第三，几个经销商的特点和此次促销活动的范围、时间长短等。例如，经销商的销售能力、辐射能力和范围、价格控制能力、各个经销商销售额所占的份额等。如果A、B、C三家占的零售销售份额很大，则可考虑暂时牺牲小药店的利益（但以后需要通过其他促销方式来稳固这个层次的渠道），否则就必须采取坚决措施终止这种低价促销。

第四，你负责的产品被低价销售以后的可能后果有哪些？哪些是可以短期内容忍的，哪些是不能接受的？如果你希望立刻终止这种自己产品被低价销售的情况发生，不妨大胆地向经销商提出将你的产品从低价促销清单中清除,并陈述你的理由和低价销售以后对经销商的可能损失,向经销商动之以情、晓之以理。一定要表现出你是为了双方的长远利益。

上述建议如何付诸实施,需要根据产品特点和市场具体情况综合考虑,制定切实可行的方案,以便赢得商机。

主持人××回复
××年××月××日

问题:案例中是怎样的价格变动?代理商应如何应对?请你谈谈自己的看法。

第六章 医药产品促销策略

【案例】 中美史克从容面对康泰克"PPA事件"

2000年11月15日,国家药监局下发通知暂时禁用PPA。于是,在很多媒体上都可以醒目地看到PPA等于康泰克或者将两者相提并论的现象。人们相互转告,将康泰克纷纷扔进垃圾箱。

11月16日,中美史克公司接到天津市卫生局的暂停通知后,立即组成危机管理小组,并发布危机公关纲领:执行政府暂停令,暂停生产和销售含PPA的感冒药品;通知经销商和客户立即停止康泰克和康德的销售,取消相关合同;停止有关的广告宣传和市场推广活动。

11月17日,公司总经理紧急召开全体员工大会通报事情的来龙去脉,并表示公司停产停销不裁员的决心。同日,召集全国各地的销售经理速回天津总部,贯彻公司的危机公关方案。

11月18日,销售经理带着《给医院的信》、《给客户的信》回到本部,应急行动方案在各地按部就班地展开。同时,总部开设咨询热线,培训数十名专职接线员专门回复热线咨询。

11月20日,公司在北京召开新闻媒介恳谈会,公告立场和决心,即维护大众健康是公司自始至终的原则和宗旨。对媒介的不公正宣传不作过多追究,尽力争取媒介的正面宣传。对待颁布暂停令后竞争对手的大肆炒作和主动行为,公司保持了应有的冷静,既未反驳也没有说一句竞争对手的坏话。

一番努力后,中美史克公司在危机面前,管理、生产、销售等一切正常。

第一节 医药产品促销的概念和作用

一、医药产品促销的概念

医药产品促销,是指医药企业通过一定的方式,将医药产品的有关信息传递给消费者或用户,引起其注意和兴趣,激发其购买欲望,促使其采取购买行为,从而达到扩大销售目的的一系列活动。

医药产品促销有其特殊性。一方面,医药产品是特殊商品,使用价值极为特殊,关系人的生命健康,必须依法认真进行质量管理,保证其质量和使用安全有效性。另一方面,医药产品也具有一般商品的特点。因此,必须通过市场开发和产品促销,向经销商、医生及患者介绍产品的性能与疗效,引起他们的注意和兴趣,帮助他们认识产品能带给他们的利益,激发他们的购买欲望,为消费者最终采取购买行为提供依据。

在市场经济条件下,社会化的商品生产和流通决定了生产者、经营者与消费者之间客观上存在着信息的分离。这就要求企业将产品的性能、特征等信息,通过声音、文字、图像和实物等传递给消费者,增进他们对企业产品的了解。医药产品促销作为一种沟通活动,其实质就是传递信息。通过传递相关信息密切联系生产者、经营者和购买者,并使他们的认识趋于一致,不断完善产品的适销程度。

二、医药产品促销的作用

在医药市场竞争日趋激烈的情况下,医药企业如果只顾生产好的产品,忽视市场促销,消费者就不知道该产品,企业的效益也就无从谈起。因此,医药企业要想取得好的效益,一方面要注重产品质量,另一方面要通过促销策略,把自己的产品信息传递给消费者。只有这样,消费者的需求才能满足,企业的效益才能实现。在医药市场中,没有促销,企业就无法获得盈利。因此,医药企业的促销在其生产经营过程中起着十分重要的作用。具体来说,促销的作用表现在以下几个方面。

1. 传递信息,引导消费

市场交换活动是由买卖双方共同实现的。商品交换活动的顺利进行,要求买卖双方要相互沟通信息。卖方如果不了解买方的需求,就不可能生产和销售适销对路的产品;买方如果不了解卖方的供应信息,就不会有新的需求。企业的促销活动,就是买卖双方一种双向的信息沟通。企业通过自己的促销活动,可以使消费者知道企业生产经营什么产品、这些产品有什么特点、到什么地方可以购买到等,从而引起购买者的注意和兴趣,激发其购买欲望,引导其新的消费。企业要使自己的促销对购买者有较大的影响作用,真正起到"消费指南"的引导作用,还必须做到使自己的产品适销对路。要做到这一点,企业必须深入了解购买者的需求信息,并用这些信息指导自己的生产经营。因此,企业促销活动的信息传递作用并不是简单的单向信息传递,而是一种生产者、经销者和购买者的多向信息沟通,它加强了三者之间的联系,强化了商品流通中各环节的协作,加快了商品流通的速度。

2. 刺激需求,促进成交

消费者的需求具有可引导性。所谓可引导性,就是企业通过促销,可以激发、引导消费需求,使无需求变为有需求,使潜在需求变为现实需求,从而增加企业的销售成效。例如,一种新产品刚上市,由于消费者不知道它,或者不了解它的性能、用途、作用、特点,因此不会购买这种新产品。企业必须通过促销活动使消费者了解新产品,引起他们的兴趣,引导他们去购买,从而创造需求,打开产品销售的大门,增加企业的收益。当一种老产品的销售量下降时,企业也可以通过促销使这种产品的需求得到某种程度的恢复和提高,创造出新的需求。这样,也会保持和增加企业的收益。

3. 突出特点,稳定销售

在市场激烈竞争的条件下,各企业同类产品之间的差异极其细微,消费者往往不易察觉,这就造成了消费者选购产品的困难。这时,企业通过促销活动,突出宣传自己产品区别于竞争者产品的特点,即宣传自己的产品相对于竞争产品的优点,使消费者认识到本企业产品可以给他们带来的特殊利益,加深他们对企业产品的了解,使他们可以轻易地从众多竞争产品中挑选到本企业的产品。在激烈的市场竞争中,企业的销售量可能波动很大,这是市场地位不稳定的反映。企业可以通过促销活动促使更多的消费者形成对本企业及其产品的"偏爱",达到稳定销售的目的。

4. 塑造形象,提高声誉

消费者对形象好、声誉好的企业及其产品普遍抱有好感,愿意和喜欢购买这些企业的产品。对形象差、声誉差的企业及其产品,则退避三舍,不敢购买。这说明,企业形象好坏、声誉好坏,会直接影响企业的经济效益,对企业的经营有十分重要的影响。因此,塑造企业形象,提高企业声誉是企业一项重要工作。企业通过促销活动,尤其是对企业取得明显进步和突出成就的宣传，对企业名、特、优产品以及良好服务的宣传，就能够使消费者对企业及其产品产生好感并赢得他们的信任，提高企业及其产品的形象和声誉，从而带动企业产品的销售，增加企业的经济效益。如果没有促销活动，就是企业取得了突出成就，生产出了优质产品，消费者也无法知道，也就无法树立企业形象，无法达到提高企业声誉的目的。

第二节 医药产品促销组合策略

一、促销组合的含义与影响因素

1. 促销组合的含义

所谓促销组合，是指企业为了实现营销目标，取得最佳的促销效果，有目的、有计划地对各种不同促销方式的综合运用。这一概念的内涵包括：一是选择哪几种促销方式；二是如何组织这些促销方式使促销投入的效果最佳。

这里所指的不同促销方式，主要是指人员推销、广告促销、营业推广和公共关系等几种促销方式。上述几种促销方式可分为两大类：一类是人员推销，主要是由推销人员和营业人员通过宣传介绍产品特点表现出的促销行为；另一类是非人员促销，主要包括广告促销、营业推广和公共关系。这些不同的促销方式在企业的市场营销过程中所起的作用不同，各有特点，企业在制定促销组合策略时应对其特点加以考虑。促销组合是一个不可分割的整体。在企业营销过程中，由于多种因素的影响，使用单一的促销方式往往效果不佳。因此，企业必须把不同的促销方式有机地结合成一个整体，发挥整体综合促销作用。只有这样才能够完成企业的营销目标。各种促销方式的优缺点见表6-1。

表 6-1 促销方式优缺点比较

促销方式	优　点	缺　点
人员推销	直接沟通信息，反馈及时，可当面促成交易	占用人员多、费用高、接触面小、管理复杂
广告促销	传播面广，形象生动，节省人力	面对一般消费者，单向传递信息，针对性不强，难以立即成交
营业推广	吸引力大，激发购买欲望，可促成顾客当即购买	影响面窄，有局限性，有时会降低产品身价
公共关系	影响面广，可提高企业的知名度和声誉，有助于树立良好的企业形象	人力、费用花费较大，效果难以预测，不能直接引起购买行为

2. 影响医药产品促销组合的因素

企业在制定促销组合策略时，往往受到诸多因素的影响，这些因素企业必须认真加以考虑。影响企业促销组合的因素主要有以下几个方面。

（1）医药产品的促销目标　明确促销目标是制定促销预算、选择促销方式、设计促销组合的前提条件。医药企业促销的一般目标是在激烈的医药市场竞争中，通过促销活动对医药消费者进行引导和服务，帮助他们认识企业及其产品，从而影响他们的购买行为。但是，医药企业在某一时期进行的促销活动又有其特定的目标。这个特定目标必须服从于医药企业的营销总目标。没有明确的促销目标，企业的促销活动就失去了目的性，就会无的放矢，也就不会取得良好的促销效果。医药企业的主要促销目标有：一是支援企业推销员的推销工作，帮助他们打开市场；二是争取中间商的积极配合，吸引他们经销本企业的产品；三是加强对消费者的影响,强化他们对企业产品的注意和兴趣,实现对他们的销售。企业在特定时间的促销目标不同,其促销组合也就不同。

(2) 医药产品的性质　医药产品是与人的生命密切相关的一种特殊商品,因此对其质量要求十分严格。医药产品可分两大类:一类是医药消费品,如片剂、针剂等剂型医药产品,它们具有普通消费品的属性,又具有特殊商品的特征;另一类为医药生产资料产品,如医药生产设备以及各种医药原材料等。由于对这些产品的需求不同,购买者也不同,因此存在着不同的促销组合。一般来说,消费品市场具有人多面广的特点,采用人员推销来促销效果并不太好,所以消费品促销多以广告宣传为主。生产资料产品市场由于技术性较强,需要专业人员操作或必要的服务工作,所以多采用人员推销。至于营业推广和公共关系,无论是在消费品市场还是生产资料市场,都是企业促销组合的重要组成部分,居于同等重要的地位,如图 6-1 所示：

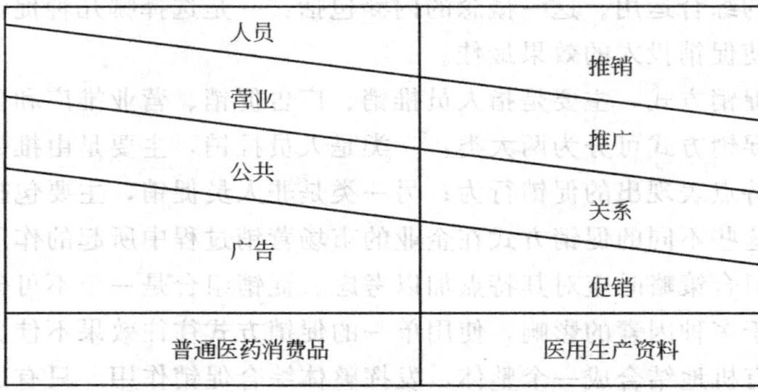

人员	推销
营业	推广
公共	关系
广告	促销
普通医药消费品	医用生产资料

图 6-1　医药产品的性质与促销组合

(3) 医药市场的特点　不同的医药企业,由于生产经营的产品不同、购买者不同,因此它们所开拓的医药市场也有不同的特点。企业必须根据市场的不同特点制定相应的促销组合。例如,有的医药企业,市场范围较小,产品较为单一,就应以人员推销为主,其他促销方式为辅,这样就可以使销售工作见效快,而且可节省大量的广告费用;有的医药企业,市场范围较大,有些甚至遍及全国乃至世界,难以采用人员推销,则企业的促销组合只能以广告为主,其他促销方式为辅,这样才能取得较好的促销效果,实现促销的目标。

(4) 医药竞争对手　在当前竞争激烈的医药市场中,医药企业在制定自己的促销组合策略时必须要考虑竞争对手的促销策略以及双方的实力情况,并据此制定出能够应付竞争的促销策略。如果企业和竞争对手相比实力占优,就可以采取和竞争对手完全相同的促销策略,与其针锋相对,从正面和对手竞争,靠实力压倒对方;如果企业实力不如竞争对手,则可以采用与其不同的促销策略,从侧面与其竞争,以自己的优势去压倒对方的劣势,从而可以独辟蹊径,取得局部竞争优势,也可以在一定程度上达到自己的促销目的。

(5) 医药产品的寿命周期　医药产品所处的寿命周期阶段不同,促销组合也应不同,见表 6-2。

(6) 医药产品的促销费用　每种促销方式都各有优缺点,而且促销费用也有较大差异。因此,医药企业在制定促销组合策略时,必须要考虑各种促销方式的费用支出。例如,有些企业认为广告促销和人员推销效果好,则以这两种方式为基础制定促销组合策略。这两种促销方式有一个共同特点,那就是费用较高,如果企业实力较弱,无法保证广告促销和人员推

表 6-2　医药产品寿命周期与促销组合

产品寿命周期	促销目标重点	促销组合
投入期	使顾客认识了解医药产品，使中间商乐意经营	介绍性广告、人员推销、公共关系、营业推广
成长期	树立形象，激发兴趣，强化偏好	形象广告、公共关系
成熟期	应对竞争，保护市场份额，增加产品信誉度	形象广告与营业推广配合为主，人员推销为辅
衰退期	维持信任、偏爱，保持老顾客	适当的营业推广，辅以提醒性广告

销的费用支出的话，那么企业制定的促销策略就无法在实际工作中得到实施，也就无法取得预期的促销效果。因此，企业在制定促销组合策略时，应综合考虑，以求用尽可能少的促销费用，取得尽可能好的促销效果。

二、医药产品促销的两种基本策略

企业的促销组合多种多样，而其基本的促销策略可归纳为两种，即"推动"策略和"拉引"策略。

1. "推动"策略

所谓"推动"策略，就是医药企业运用人员推销和营业推广等促销方式，通过分销渠道将自己的医药产品推向市场的策略。医药生产企业用"推动"策略将产品推向医药批发企业；医药批发企业再把产品推销给医药零售企业或医疗机构；医药零售企业或医疗机构再把产品推荐给消费者。"推动"策略是一种普遍采用的促销策略。它有以下几种常用的方法。

（1）医药产品人员推销　这是医药生产企业经常采用的一种"推动"促销方式。这种促销方式可以使企业推销人员直接和客户见面，可以进行直接的业务洽谈，向客户介绍产品，回答客户提出的问题，消除客户的疑虑，从而促进销售的实现。这种方法的促销效果比较好。企业采用这种推销方法，推销人员担负着重要职责，起着重要作用。首先，推销人员需要掌握比较全面的市场信息，包括本企业产品的有关情况、竞争对手及其产品的情况、所推销产品的市场供求情况，并且拥有丰富的推销经验和知识。只有这样，才能有的放矢地开展推销工作。其次，推销人员必须找到客户，并在生产企业和客户之间进行信息的沟通。在竞争激烈的医药市场中，大多数产品都是处在买方市场条件下，客户不会主动地到医药生产企业求购。这就要求生产企业的推销人员在推销产品的过程中，不断地寻找适合自己企业的客户，并通过推销工作和这些客户建立一种稳定的关系，同时沟通双方的生产和需求信息。第三，推销人员在产品推销过程中，要通过自己的工作使客户对产品产生兴趣，增加他们对企业产品的需求，并对客户的购买提供必要的服务。企业采用人员走访推销，需要大量的经过专业培训的推销人员，企业为此需要增加大量的投入，从而增加了产品推销费用。对于这一点，企业在采取此种促销方式时必须加以考虑。

（2）医药产品网络推销　这是一种企业推销人员在销售网点等客户上门选购的推销方式。企业的销售网点一般都设置在人口较密集的地区，这样就可以方便顾客购买。销售网点可由生产企业设置，也可以由批发企业和零售企业设置。一般来说，企业采取设置网点"推动"销售主要有3种形式可供选择。一种是专营性销售网点。这种形式适合销售高质量、高价格的产品，如市场上的专卖店。由于专营性销售网点需求对象较少、销售量较小，因此不宜设置太多。第二种是选择性销售网点。这种网点适合销售价格较高、挑选性较强的产品。它一般设置在城市或闹市区，这样可以便于顾客挑选购买。选择性销售网点的数量一般比专营性网点多。第三种是密集性销售网点。它适合销售一些与常见病关系密切的备用医药产品，如医药市场中的非处方医药产品。这种销售网点的设置要便于消费者的购买。密集性销售网点一般规模较小、分布密集。

（3）通过售前、售中和售后服务推销　现代市场营销学中产品的整体概念告诉我们，产品的相关服务已成为产品不可分割的一个重要组成部分。企业要想"推动"产品的销售，就必须重视产品的服务工作。企业的产品服务主要包括售前服务、售中服务和售后服务。售前服务主要是通过宣传介绍使消费者认识和了解产品，对企业产品产生兴趣，激发他们的购买欲望。售中服务主要是在消费者购买过程中，协助他们选购产品，为他们解难答疑，热情接待，促进购买的尽快实现。售后服务主要是在用户购买产品后，送货上门，传授使用、维护知识，实行"三包"服务，让消费者购买产品后感到非常放心。企业的售前、售中和售后服务工作如果做好了，就会使消费者对企业及其产品产生信任感，争相购买企业的产品，从而达到"推动"产品销售之目的。

（4）通过举办产品技术讲座推销　企业在推销技术含量较高的产品，尤其是技术性很强的生产资料产品时，应经常由企业技术人员上门为客户举办技术讲座，向他们介绍产品的技术性能、效果和使用方法，促进他们对产品的认识，从而达到推销目的。现在有很多医药企业在开发出新医药产品或新的医疗设备产品时，经常邀请一些专家为这些新产品作技术讲座，效果很好。在举办讲座的同时，企业可以连带推销少量产品，使客户在使用中进一步认识产品，为其以后大批量购买产品创造条件。在目前高科技产品越来越多的情况下，这种推销方式起着越来越重要的作用。

2. "拉引"策略

所谓"拉引"策略，就是企业利用广告及其他促销宣传方式引导消费者对其产品产生兴趣，从而吸引他们购买的一种促销组合策略。即以最终消费者为主要促销对象，首先引起潜在购买者对产品的购买欲望，使消费者向零售商求购这种产品，从而使各环节的经销商或医疗机构知晓这种产品的市场需求并愿意经营该产品的策略。它的几种常见方式如下。

（1）通过广泛宣传刺激需求　这是"拉引"促销策略中最常用的一种方式。广告是企业向消费者或客户传递企业及产品信息的一种理想工具，对企业的促销工作起着十分重要的作用。首先，广告起着向消费者介绍产品的作用。当一种新产品刚刚上市时，企业广告的基本任务就是通过宣传让消费者知道这种产品已经上市，并对产品的有关情况进行介绍，如产品的性能、质量、价格，尤其是新产品相对老产品的优点等，以引起消费者的注意，继而使他们产生兴趣而采取购买行为。其次，广告还起着感化消费者的作用。在消费者购买产品的过程中，存在着各种疑虑，影响着他们的购买，我们称之为购买障碍。企业的广告宣传就是要通过各种宣传形式感化消费者，消除他们的疑虑，克服购买障碍，这样，企业就可以把消费者拉引过来，实现产品的销售。

（2）组织产品展销、订货会引导消费　产品展销会和订货会就是以产品实物吸引消费者或客户购买的一种促销方式，我们称之为会议销售。会议销售可以使客户在现场看到真实的产品，并可亲自判断产品质量的好坏以及产品是否符合自己的要求。如果客户认为产品在各方面都符合自己的要求，就可以和企业签订购销合同。会议销售主要适合于生产资料产品的促销以及消费品的大批量销售。因此，生产企业和批发企业较多地采用这种促销方式。

（3）通过代销、试销吸引销售　代销和试销主要是指商业企业代替生产企业销售。当企业的新产品刚投放市场或产品进入新市场时，由于销售结果很难预料，商业企业为了减少自己的风险，往往不愿贸然大量购买这种产品。为了打消商业企业的顾虑，激发他们进货的积极性，生产企业可以将产品委托给商业企业代销和试销。如果销售成功，利润由生产企业和商业企业按合同规定比例分摊；如果销售失败，损失则由生产企业独自承担。这种促销方式对商业企业有很大的吸引力，但对生产企业来说，具有较大的风险性。试销、代销成功，商业企业才能继续进货。如果一旦失败，产品就没有销路，就会失去市场。所以，通过代销、试销促进销售是有限度的，并不是任何情况下都可采用。

（4）通过创名牌、树信誉来促进销售 这种促销方式是企业"拉引"促销策略中最重要的，也是最有效的方式。无论什么样的企业，只要它的产品赢得了消费者的信任，就会吸引大量的消费者来购买。企业要想赢得消费者的信任，就必须生产优质的产品，实施优质的服务，并且始终如一，这样才能树立企业及其产品的良好形象，赢得消费者信任，吸引消费者购买，扩大企业的销售。对于那些无名无牌、质量低劣、服务不好、信誉不好的企业和产品，既不会拉来新的消费者，也不会把原来的消费者吸引住。

综上所述，"推动"策略是用特殊推销方法和各种手段，通过营销渠道把商品由生产者"推到"批发商，批发商再"推到"零售商或医疗机构，零售商或医疗机构再"推到"消费者。"拉引"策略则是把主要精力用在作广告和吸引消费者上，以引导和培养消费者的需求。以上两种策略可表示如下。

"推动"策略：生产企业──→批发商──→零售商或医疗机构──→消费者
"拉引"策略：生产企业←──批发商←──零售商或医疗机构←──消费者

总之，企业的"推动"策略和"拉引"策略，都应根据企业自身条件及市场实际情况灵活运用。在实际营销过程中，企业往往需要把两种基本促销策略结合起来综合运用，才会取得较好的营销效果。

第三节 几种常用的医药产品促销方式

一、人员推销与广告促销

1. 人员推销

人员推销，是指企业的推销人员通过面对面交谈的方式，直接向消费者或客户宣传、介绍产品，引起他们的兴趣，促成购买行为的一种促销活动。人员推销既是一种古老的、传统的促销方式，也是一种富有技巧性和效果较好的促销形式。因此，它在市场经济中仍占有相当重要的地位，并在现代市场营销中被广泛应用，尤其是在生产资料产品的销售中，人员推销更显出其重要作用。其主要缺点是，当市场广阔且分散时，推销成本较高，对推销人员的管理也较困难。

（1）人员推销的作用

① 双向沟通，信息反馈及时。企业的推销人员直接和消费者或用户接触，是一种典型的双向沟通方式。一方面推销人员要把本企业的产品信息传达给消费者或用户；另一方面，由于推销人员和消费者之间经常性的直接接触，使他们可以及时了解相关的市场信息，并向企业有关部门及决策者反馈，对企业改进产品的生产和经营起到积极的促进作用。因此，可以说，推销人员是企业与消费者沟通的一座桥梁。

② 交流感情，巩固营业关系。推销人员所从事的工作不仅是产品销售，同时他们还要做好产品的相关服务工作，并把二者有机地结合在一起。在这个过程中，推销人员和顾客之

间不仅进行商品交易，而且还进行感情交流。这对企业巩固与用户之间的关系、稳定产品销售是十分重要的。

③ 开拓市场，提高经济效益。企业的人员推销要巩固老顾客，更重要的是要不断吸引新客户、扩大新市场。企业的生存是建立在巩固老客户的基础上，而企业的发展则必须建立在不断寻求新客户、开拓新市场的基础上。这也恰恰是推销人员的一项重要工作。企业推销人员可以充分利用其对市场信息反应敏感和交往范围广等优势，不断寻求本企业产品的现实用户和潜在用户，充分了解他们的需求，为企业开拓更广泛的市场，寻求更多的客户，为增加企业的经济效益和发展后劲发挥积极作用。

(2) 对医药推销员的基本要求

① 思想政治方面的素质要求。a. 全心全意为客户服务。b. 强烈的事业心和责任感。c. 良好的职业道德。

② 专业知识方面的素质要求。a. 企业情况。例如，本企业的经营方法和特点、产品种类及服务项目、定价方法和交货方式等。b. 产品知识。推销人员要了解本企业产品的性能、用途、质量、使用和保养方法等，还要了解竞争产品、替代产品的相关情况。另外，医药产品推销人员还要掌握一定的医药知识，尤其是与企业产品有关的医药知识。c. 市场知识。推销人员要了解市场需求变化趋势，掌握目标市场中现实和潜在需求的情况以及国家有关政策法规等。d. 推销技巧。推销人员要有丰富的客户知识，即了解客户的购买动机、购买习惯以及他们的购买条件、方式和时间等。要针对上述情况，选择适当的推销对象、推销方式和推销时间，克服各种推销障碍，说服客户购买自己的产品。

③ 身心素质要求。a. 心理素质。推销工作并不是一帆风顺的，推销人员经常会在工作中遇到各种困难和挫折。在困难和挫折面前，推销人员必须要有不屈不挠的精神和良好的心理素质。b. 身体素质。推销工作是一项艰苦的工作，不仅要求推销人员要有良好的心理素质，而且还要有强健的体魄。可以说，企业的市场范围有多大，推销人员的工作范围就有多大。一个合格的推销人员，必须年富力强、身体健康、精力充沛。这是他完成推销任务的最基本的保证。

2. 广告促销

所谓广告，就是"广而告之"，是指广泛面向大众传播信息的活动。所谓广告促销，是指企业通过各种媒体有目的地把各种产品或劳务的信息传递给顾客，以促进产品或劳务销售的付费宣传活动。

(1) 广告促销的特点　广告促销同其他促销方式相比，有自身的特点。

① 间接性。其他的促销方式，都会不同程度地发生企业人员与消费者的接触。唯有广告促销，必须借助于媒体去影响消费者或客户。广告促销的这种间接性对企业选择广告媒体提出了更高的要求。要想取得较好的促销效果，企业就必须选择消费者喜闻乐见的媒体。例如，治疗老年疾病的药品广告，通过老年报刊或"夕阳红"等栏目传播，其效果就比在其他媒体或节目中传播要好得多。

② 简练性。广告促销必须借助媒体的传播，而媒体的信息载量是极其有限的。企业不可能在媒体上长篇大论、滔滔不绝。因此，广告要求形式简洁、内容精练、篇幅短小精悍，寥寥数语就把企业及产品信息传递给消费者及客户并给他们留下深刻印象。这就要求企业在设计策划广告时必须不断提炼，精益求精。

③ 单向性。同其他促销方式的双向沟通不同，广告促销属于单向沟通，即企业的广告

向消费者及客户传递信息，但却无法直接得到消费者的反馈信息。因此，要求企业广告内容清楚明了、易于理解，便于广大消费者和客户接受。同时，企业还要通过其他方式，如市场调查等，来了解消费者及客户的反馈信息，以利于企业不断改进工作。

④ 广泛性。广告促销的范围比其他促销方式都广，这是因为广告促销的媒体大多都是新闻媒体，而新闻媒体传播信息的一个最大特点就是传播范围广泛。因此，企业广告可以把相关信息同时传播给广大消费者及客户，制造浩大的宣传声势和广泛的影响范围。

(2) 广告促销的原则　企业使用广告促销时，必须要遵循以下原则。

① 真实性原则。这是广告促销的一个重要原则。药品的特殊性决定其广告必须要遵循真实性原则。我国《广告法》明确规定，广告应当真实、合法，符合社会主义精神文明建设的要求。广告不得含有虚假的内容，不得欺骗和误导消费者。我国《药品管理法》也明确规定，药品广告的内容必须真实、合法，以国务院药品监督管理部门批准的说明书为准，不得含有虚假的内容。

② 思想性原则。广告是一种信息传递，在宣传企业产品和服务的同时，也传播了一定的思想意识，对社会风气和文化有潜移默化的影响。因此，企业广告必须注意其思想性，必须遵循党和国家的有关方针政策，体现社会主义精神文明，符合社会文化、思想道德的客观要求。

③ 针对性原则。指对于不同的商品、不同的目标市场，广告的内容和形式要有针对性，要有不同的内容，采取不同的表现手法。这样才能适应不同消费者群的特点和要求，引起他们的好感和关注。

④ 艺术性原则。广告应该具有艺术性，能给人以美感。只有美的东西，人们才愿意去接受它，它才会对人们产生较大的影响力。因此，广告必须把有关商品和劳务的经济信息和人们喜闻乐见的艺术形式有机地结合起来，使广告成为一件美好的艺术品，给人以启迪和教育。

⑤ 效益性原则。经济效益是企业生存和发展的基础，企业的一切营销活动都必须围绕着经济效益开展，广告促销也不例外。这就要求企业在设计、制作广告和选择广告媒体时，一定要从企业实际出发，本着节约的原则，少花钱，多办事，用尽可能少的广告费用取得尽可能大的广告效果，提高企业广告的经济效益。

(3) 医药产品广告的相关法律规定

①《药品管理法》。药品广告须经企业所在地省、自治区、直辖市人民政府药品监督管理部门批准，并发给药品广告批准文号。未取得药品广告批准文号的，不得发布。处方药可以在国务院卫生行政部门和国务院药品监督管理部门共同指定的医学、药学专业刊物上介绍，但不得在大众媒介发布广告或者以其他方式进行以公众为对象的广告宣传。药品广告的内容必须真实、合法，以国务院药品监督管理部门批准的说明书为准，不得含有虚假的内容。非药品广告不得有涉及药品的宣传。

②《广告法》。企业自行或者委托他人设计、制作、发布广告时，应当具有或者提供真实、合法、有效的下列证件：a. 营业执照及其他生产、经营资格的证明文件；b. 质量检验机构对广告中有关产品质量内容出具的证明文件；c. 确认广告真实性的其他证明文件。

《广告法》对医药企业利用广播、电视、报纸、期刊以及其他媒介发布的医药产品（包括药品、医疗器械、农药、兽药）广告作了特殊规定，即在发布前必须依照有关法律、行政法规由有关行政主管部门对广告内容进行审查，未经审查，不得发布。因此，医药企业申请发布广告，还必须要交验有关行政主管部门对广告内容审查的批准文件。药品、医疗器械广告不得有以下内容：a. 含有不科学地表示功效的断言或者保证的内容；b. 说明治愈率或者有效率的内容；c. 与其他药品、医疗器械的功效和安全性比较的内容；d. 利用医药科研单位、学术机构、医疗机构或者专家、医生、患者的名义和形象作证明的内容；e. 法律、行政法规规定禁止的其他内容。

《广告法》还明确规定麻醉药品、精神药品、毒性药品、放射性药品等特殊药品不得做广告。

二、营业推广与公共关系

1. 营业推广

营业推广，是指企业在某一时期内运用某种营业活动刺激消费者迅速购买和吸引经销商大批经营其产品，以促进企业销售迅速增长的活动。营业推广的目的是吸引顾客、促进销售，特别是在推出新产品或吸引新顾客方面。由于营业推广的刺激性比较强，因此容易吸引顾客的注意力，使顾客在了解产品的基础上采取购买行为，也可能使顾客为追求某些方面的优惠而购买使用产品。营业推广适合在一定时期、完成一定推销任务的短期性促销活动中使用。

（1）营业推广的形式　营业推广的形式多种多样，一般说来，大致可分为以下3类。

① 对消费者的推广。这是直接激发消费者立即采取购买行为的方法，主要包括以下内容。a. 特价销售。是指产品在原价的基础上，按一定比例降低产品价格，用降低价格来刺激消费需求，从而扩大销售。b. 提供赠品。是指企业免费向消费者赠送产品，从而刺激消费者的购买欲望。这种方法可以使消费者得到实惠，因此效果较好。赠品的形式很多，如邮寄赠送、商店发送等。c. 赠送印花。即企业在消费者购买自己的产品时，给予一定张数的印花，消费者凑足若干张印花后可以兑换某些产品。这种推广方式对那些好奇心较大的消费者影响较大，可刺激他们大量购买企业产品，达到扩大销售的目的。

② 对中间商的推广。这是为了取得中间商的支持和配合，从物质利益上关心、鼓励中间商，从而达到促使中间商积极经销本企业产品的目的的推广方法。主要包括以下内容。a. 购货折扣。是指生产企业在中间商购买本企业产品达到一定数量时给予一定的折扣优惠。它有两种形式：一是现金折扣，即中间商购货达到一定数量时，按原货款金额给予一定的折扣；二是实物折扣，即中间商购货达到一定数量的产品时，生产企业搭送一定数量的同类产品。购货折扣的主要目的在于刺激中间商大量采购本企业的产品。b. 推广津贴。是指生产者对中间商推销本企业产品时所耗费用的一种补贴。例如，为酬谢中间商替生产企业代做广告进行宣传而给予的补贴，称为广告津贴；为酬谢中间商代生产企业举办产品咨询而给予的补贴，称为咨询津贴；为酬谢中间商为生产企业产品举办特别陈列而给予的补贴，称为陈列津贴。c. 推销会议。是指企业专门邀请中间商参加各种商品展销会、技术交流会、行业年会等，借以培养和加深与中间商的合作关系，从而促进中间商积极购买和销售本企业的产品。

③ 对推销人员的鼓励。这是企业为鼓励推销人员积极开展推销活动，实现扩大销售的推广方法。主要有：a. 红利提成。即企业按推销人员完成的产品销售额或利润给予一定比例的提成。销售多或利润多，给予的提成就多；销售少或利润少，给予的提成就少。生产企业可以用这种方法鼓励推销人员大力推销产品。b. 推销奖金。是指企业事先为推销人员规定一定的销售任务，推销人员完成或超额完成这一任务，就能够得到推销奖金，完不成任务，就无法得到奖金。这种形式能刺激经销业绩突出者加倍努力，同时也有利于激励其他中

间商为多经销本企业产品而努力,从而促进产品销售。c. 推销竞赛。是指企业组织推销人员开展以提高推销业绩为中心的推销比赛,对成绩优良者给予奖励。这种奖励有多种形式,精神奖励、物质奖励均可,如记功、授予称号、晋升、加薪、奖金、旅游等。

(2) 营业推广的特点　营业推广的主要作用就是促成消费者的购买行为,扩大企业销售量,增加企业营业额。在发挥上述作用的过程中,营业推广呈现如下特点。

① 促销效果显著。营业推广是企业为了完成一定时期的推销任务而采取的一种短期促销行为,推广攻势猛烈,具有强烈的刺激性,对消费者的购买心理产生巨大的影响,消除了消费者普遍存在的"货比三家"的犹豫心理,使他们很快地采取购买行为。所以说,营业推广可以使企业的促销工作很见效,而不像广告和公共关系那样需要一个较长的时期才能见效。

② 有时会降低产品的身价。营业推广是企业的一种短期促销行为,如果使用过于频繁或使用不当,就会使消费者认为企业有急于抛售产品的意图,会造成消费者对企业产品质量和价格的怀疑,影响到消费者对企业产品的原有印象,降低企业产品的身价。

③ 它是一种辅助性促销方式。人员推销、广告和公共关系都是常规性的促销方式,而营业推广方式是用于一定时期、一定任务的短期的特别推销方式,在企业促销中是一种暂时的促销活动,企业不可能只靠营业推广去维持自己的经营。因此,营业推广是对企业人员推销、广告和公共关系的一种补充,是企业促销组合中的一种辅助性促销方式。

企业在开展营业推广活动时,要注意选择恰当的方式和时机,一方面最大限度地发挥其见效快的优势,为企业扩大销售;另一方面力求避免或减少对企业产品形象的不利影响,真正做到扬长避短,发挥营业推广促销的优势。

2. 公共关系

公共关系,是指企业在从事营销活动中,利用各种传播手段与各方面公众沟通思想感情,建立良好的企业形象和营销活动环境,从而促进销售的一种活动。

公共关系既是促销组合策略中的一种重要工具,也是树立企业形象的重要手段,它与广告、营业推广等促销方式不同,它不是以增加短期销售额为目的,而是追求长远利益。公共关系着重于调节企业与公众的关系,包括与顾客、中间商、社区民众、政府机构、新闻媒介以及竞争对手、企业员工在内的各方面公众的关系。一般而言,公共关系的目标包括两个方面:对外提高企业及其产品的知名度、美誉度,改善企业形象或澄清公众对某一问题的误解等;对内协调各部门之间的关系,激励全体职工共同努力工作等。

(1) 公共关系的基本特征

① 公共关系是企业与社会公众之间的一种相互联系、相互沟通。公共关系的一方是企业,另一方是与其有关的社会公众。企业的公共关系活动大多属于双向沟通,即企业向公众传递有关的信息,同时反馈公众对企业的评价和看法。企业通过双向沟通来协调与公众之间的关系,从而达到企业与公众的相互适应。

② 公共关系是一种管理活动。公共关系对企业经营管理起一种润滑、协调作用,它关系到企业的形象,关系到企业内外各种关系的协调配合,关系到企业长远目标和社会整体效益的实现。

③ 公共关系是企业的一种有目的、有计划的活动。企业公共关系的主要目的就是要树立企业自身的形象。良好的企业形象是企业的一种巨大财富,它对企业经营所产生的积极影响是非常重要的。

④ 公共关系要以诚信为基础。公共关系必须遵循两个基本原则:一是企业的公共关系

活动必须以真实为基础，说真话、办实事，不弄虚作假；二是企业的公共关系活动必须与社会公众的利益相一致，并以自己良好的实际行动作为相互沟通、相互信任、相互适应的基础。

(2) 医药公共关系的基本内容

① 强化医药公共关系意识。企业公共关系的基本目标就是树立良好的企业形象。所谓企业形象，就是社会公众（包括本企业职工）对企业整体的印象和评价。企业及其产品如果能够获得社会公众的认可，无疑会给企业的产品促销工作产生巨大的推动作用。要想树立良好的企业形象，就必须做好企业的公共关系工作，必须强化企业的公共关系意识。企业的公关工作并不仅仅是企业公关人员、推销人员的工作，而是企业全体员工的共同工作。只有企业内部上至最高领导下到每一个员工都具有强烈的公关意识，企业才能建立和处于良好的公关状态。企业形象是通过企业所有员工的集体行为表现出来的，是集体智慧形象的总和。因此，每一成员代表企业与外界发生联系时，其个人形象直接体现企业的整体形象和风貌。这就要求企业的每一个员工必须注意自己的形象，维护和提高企业的良好形象。只有这样，才能有力地促进企业销售目标的实现。

② 增强医药企业的社会责任感。药品是一种特殊的商品，与人民的生命、健康密切相关。合格的药品能够防病治病、抢救生命、康复保健；不合格的药品则会危害人民的生命。因此，作为药品生产者和经营者的医药企业必须具有对人民高度负责的强烈的社会责任感，坚持为人民健康服务的宗旨，坚持药品质量第一的原则，生产和经营人民放心的药品。只有这样，才能赢得广大医药消费者的信任，才能使消费者接受和购买企业的产品，医药企业才能取得良好的经济效益。医药企业通过公关增强社会责任感，具体包括以下内容。第一，企业的公关活动必须要以维护消费者利益为出发点。只有维护消费者利益，才能赢得消费者。第二，企业要树立正确的经营思想，即"以消费者为中心"的经营思想，这样才能摆正企业和消费者的关系。第三，企业必须具备良好的服务意识。企业高度的社会责任感不仅要在优质产品上表现出来，而且要在企业良好的服务意识和服务措施上表现出来。第四，企业要主动地了解消费者需要。真正地对消费者负责是为消费者生产出他们需要的优质产品，充分满足他们的需求。这也会给企业带来经济效益。

③ 提高企业的声誉。企业公共关系的一个基本职能就是相互沟通。企业与公众之间的信息沟通，可以使双方更加全面、深刻地了解对方。企业如果有良好的形象和高度的社会责任感，就会通过公关的沟通职能，使消费者充分了解，从而提高企业的声誉。同时，企业也可以开展一系列的公关活动来提高企业声誉。主要的公关活动有以下几种。a. 创造和利用新闻机会。企业的公关部门可编写有关企业、产品和成员的新闻，或举办具有新闻价值的活动来引起新闻界和公众的注意，扩大影响，提高企业声望。b. 参与各种社会活动。如参加各种各样的社会赞助活动，树立企业关心社会公益事业的良好形象，从而赢得公众好感，提高企业声誉。c. 开展各种有意义的活动，如企业开业典礼、新产品发布会、产品展览会等。这样可以引起公众对企业及其产品的注意，从而提高企业及其产品的声誉。另外，编制企业宣传材料、策划企业公关广告、建立企业识别系统等，都可以达到提高企业声誉、推动企业产品销售的目的。

④ 以诚相待。公共关系的生命在于企业忠实地与公众进行双向的信息传递、诚恳地待人接物。企业在公共关系活动中必须始终突出"真诚"二字，用真诚对待企业内外公众；用真诚对待自己的员工；用真诚对待顾客；用真诚对待自己的合作者。只有这样，才能增进企

业与社会公众的相互了解，得到社会公众的承认和理解，进而得到他们对企业的支持。只有得到了公众的支持，企业才能不断地开拓发展，提高市场占有率，才能真正做到产品的扩大销售。

（3）危机公关　危机是突然发生的危及组织生存和发展的严重恶性事件。危机往往具有突发性，难以预料；来势迅猛，破坏力强；舆论关注，影响面大等特征。危机公关，是指当企业遭遇突发事件或重大事故，其正常的生产经营活动受到影响，特别是原有的良好企业形象或产品形象受到影响和破坏时，如何从公共关系的角度来应对、处理，以使企业以尽可能低的成本度过危机的公关活动。

① 企业危机分类。企业危机主要有以下几种。

a. 企业关系危机。包括企业内部关系危机、企业外部公共关系危机。b. 环境危机。包括竞争环境、合作环境危机。c. 经营危机。包括产品、价格、渠道、促销策略等出现严重失误。d. 信誉危机。包括不讲诚信、缺乏商誉而导致的危机。e. 形象危机。包括由于形象设计、品牌名称等与文化相冲突而引发的危机。f. 行业危机。包括行业遭遇突发的政策管制或天灾对行业造成的打击等。

② 危机公关技巧。危机公关技巧主要有以下几种。

a. 以浅显的文字诚实地公告事件发展情况，并主动、充分地告诉政府官员。b. 面对媒介与社会公众，保持真诚，及时互动。c. 从大众利益的角度提供信息。d. 寻找第三方的有力支持。e. 关心相关者，如内部公众和合作伙伴等。f. 积极协助和配合媒介，以开放的态度面对。

思 考 题

1. 医药产品促销的概念是什么？它有什么作用？
2. 什么叫促销组合？影响促销组合的因素有哪些？
3. 促销"推动"策略和"拉引"策略的内容是什么？
4. 什么叫人员推销？一个合格的企业推销员应具备什么素质？
5. 什么叫广告促销？广告促销有什么特点？
6. 医药广告的相关管理规定有哪些？
7. 什么叫营业推广？营业推广有哪些主要形式？
8. 什么叫公共关系？医药企业开展公关活动的内容有哪些？
9. 案例分析

广告是商品进入市场的桥梁。许多企业尝到了做广告的甜头，舍得花大钱借助先进的宣传媒介大做广告。天津市医疗电子仪器公司在广告宣传上不拘一格，别具特色。它们十分注重以树立企业形象为中心的无形广告。

天津市医疗电子仪器公司利用广播、电视、报刊宣传企业的重大活动，报道企业领导人及先进人物的事迹，让社会认识企业，树立企业在公众心目中的形象。积极参与社会活动，让企业行为融入到人们的生活中，建立企业与人民大众之间的真实感情。注意同社会团体保持密切的联系，积极参加、支持学术活动，扩大影响。

无形广告是企业文化的一种具体表现方式，它直接反映企业的经营理念、价值准则、道德规范、生产方式、经营机制、生存信念及发展目标，体现企业物质文明和精神追求的特点。无形广告的起因多受重要事件引发,是靠企业领导人或工作人员的职业敏感经营的产业。

1992年8月,中央电视台"为您服务"节目播出一条消息,介绍陕西省榆林地区一个农村家庭医院的事迹。离休军医郑中心和农民医生周桂蓬为解决偏远乡村农民看病、吃药难的问题,节衣缩食,用全部积蓄购置了药品和医疗设备,免费看病,义务出诊,数年如一日,被当地传为佳话。当记者采访时,他们表示,最大的心愿就是能有一台现代化的B超。天津市医疗电子仪器公司经理段宗文看到这个节目后,深受感动。于是,他当机立断,拿起电话,直接与中央电视台"为您服务"节目组联系,表示愿意无偿向这个农村家庭医院赠送一台B超。两周后,段宗文经理亲自奔赴陕西,将一台价值25000元的最新产品SC-200型B超送到了郑中心夫妇手中,表达了天津市医疗电子仪器公司对老区人民的一片爱心。随同前往的中央人民广播电台的记者,当地省、市电视台及报社的记者都对此事作了详细的报道,在社会上引起很大的轰动。这次活动使天津市医疗电子仪器公司在陕西人民的心目中树立了很好的形象,天津B超从此也在陕西打开了销路。1993年,天津B超在陕西省销售实现了零的突破,陆续销出十多台。当地省市卫生系统及计生委也前来批量订货,从而使得天津产品得以占领陕西市场。

问题:
(1) 有人认为"有利的宣传活动抵得上1000个广告",这话如何理解?
(2) 此案例中,媒体记者在间接地帮助产品进行免费宣传。你认为记者为什么会参与这种活动给不购买广告版面的公司免费做广告?
(3) 结合案例谈谈无形广告与企业形象之间的关系。

第七章 医药产品营销渠道策略

【案例】 广东泰林食品有限公司是一家生产"黑米片"即冲即饮营养品的企业,产品销往全国市场。"黑米片"投入初期,公司担心产品在零售市场覆盖率低,为提高分销效率,采用了双重销售体系:泰林在通过各地批发商销售的同时,还利用当地有实力的大零售商场进行双渠道批发。公司的市场份额有较大幅度的提高。经过一段时间的发展,这种模式的问题出现了。公司突然发现市场销售开始急剧下滑,经分析才知道,这是因为产品在市场有了一定的知名度,市场批零价格透明度增加后,这种双重销售体系的致命弱点就暴露出来。例如,兼营零售业务的批发商在获得了批零差价后同其他不设批发的零售商直接竞争,扰乱了保证零售商利益的零售利润,影响零售商推销"黑米片"的积极性,批发环节也因争夺客户而降低价格促销,利润下滑导致中间商们推销热情减弱。

鉴于双渠道的诸多弊端,泰林公司研究后及时改变分销战略,将全国划成几大区域,企业投资建立直销办事处。首先,废除过去的双渠道销售网,在删减部分流通环节的基础上,形成了"区域关系佣金代理"销售模式。一大批资金实力不雄厚,但代理条件相对较好的各地代理商纷纷主动上门寻求合作。以泰林区域办事处为中心的佣金代理商们被企业定为纯粹的销售代理。他们以赚取佣金收入为主,不承担大量经销买卖风险。他们在泰林划定的区域办事处进货。在分销中,若代理的某笔生意金额超过代理商的资金能力时,他们会积极介绍客户直接向厂家办事处进货,只要是在其负责区域内或介绍下在办事处成交的订单,全部享受合同约定的佣金。

泰林的新分销战略很快取得了成效。主要体现在:对各地代理商约束力加强;产品市场价格更低、更为统一,产品竞争力加强。同时,新的佣金代理制,也因对代理商资金实力要求低,代理商经营风险小,企业将大批有网络优势和经营热情的代理商纳入直销队伍,分销机会大增,市场占有率和覆盖面较双重销售体系高峰时增加近一倍。这种体系仅适用于低价竞争导向强的产品,价高反而畅销的产品则应采用买断代理。

点评:很多时候不是产品不好,而是没有注重营销战略的选择。只有好的营销战略,才有资格与同行竞争,才能在变幻莫测的市场格局中,不断避开各种风险。

第一节 医药产品营销渠道的概念和类型

在现代市场经济条件下,生产者和消费者之间在时间、地点、数量、品种、信息、药品估价和所有权等多方面存在着差异和矛盾。企业生产出来的药品,只有通过一定的市场营销渠道,才能在适当的时间、地点,以适当的价格供应给广大消费者或用户,从而克服生产者与消费者之间的差异和矛盾,满足市场需求,实现企业的营销目标。

一、医药产品营销渠道的概念

医药产品营销渠道,是指医药产品从生产领域转向消费领域所经过的路线或通道。它有两层含义：一是指把医药产品从生产者转送到消费者手里的所有经营环节或经营机构，如全国医药一级站、二级站及三级站、批发部等中间商；二是指医药产品经营实体从生产者到消费者手里的运输、储存过程。前一种含义是指一些机构组织，是反映医药产品价值形态变化的经济过程；后一种含义是指一种活动，是反映医药产品价值形态变化的经济过程。企业的分销渠道策略就是对这两种含义所涉及的内容进行策划。营销渠道策略是企业市场营销活动中十分重要的策略，运用是否得当直接影响到企业能否用适当的方式，在适当的时间、地点把医药产品送给适当的消费者，有效地实现企业的营销目标。这对提高企业的经济效益是非常关键的。

二、医药产品营销渠道的类型

现代营销过程中，药品营销渠道的类型很多，通常可以按照中间商的不同组合来区分。每个中间商，只要在推动药品及其所有权向最终消费者转移的过程中承担了一定的工作，就形成了一个环节。生产者和消费者是营销渠道的两端，是营销渠道的组成部分。

1. 直接渠道和间接渠道

（1）直接渠道　简称直销，是企业在营销活动中不通过任何中间商，直接把产品销售给用户的营销渠道。例如，我国传统的前店后厂的销售形式。我国有许多医药生产厂家都设有自己的销售门市部，直接向消费者销售自己生产的各类产品。有些厂家虽然没有设立自己的门市部，但派人员进场进店或以展销的形式直接向消费者推销自己的产品，也属于直接渠道。

（2）间接渠道　指企业通过中间商向消费者销售产品的营销渠道。即中间商将产品买进后再转手卖出。中间商以代销的形式帮助厂家销售产品，也属间接渠道。间接渠道是主要的营销渠道。

2. 长渠道和短渠道

在医药产品营销活动中，营销环节的多少不同，构成了不同长度的营销渠道，如图7-1所示。

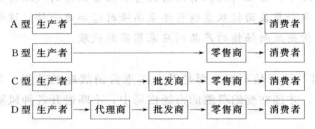

图 7-1　长度不同的营销渠道模式

（1）A型营销渠道　即生产者→消费者（或用户）。这是最简单、最短的渠道。由生产者直接将医药产品售给消费者或用户，医药产品销售过程不经过任何中间环节。随着市场经济的发展，这种直销的市场营销渠道，正逐渐被间接的营销渠道所替代。在医药行业中，一些大型生产企业和专业化技术性很强的企业，尤其在原料药购销中，直接向用户销售产品的销售形式仍然存在。

（2）B型营销渠道　即生产者→零售商→消费者。它是生产者把医药产品销售给零售商，再由零售商转卖给消费者，中间经过零售商这一环节。这种营销渠道，可以通过零售商点多、面广的优势，克服医药产品销售与市场需求在时间和空间上的差异，把医药产品更广泛地销售出去。同时，这种营销渠道经过的环节少，可以使产销保持密切的联系，有利于保持名牌医药产品的质量，提高厂牌、商标的知名度，树立良好的企业形象，对工厂和商店都是有利的。在医药行业，前店后厂、厂店挂钩以及零售商店直接从生产企业进货或为工厂设置专柜等均属于这种营销渠道。

（3）C 型营销渠道　即生产者→批发商→零售商→消费者。这是传统的营销渠道模式。它是生产者把医药产品销售给批发商，批发商再转卖给零售商，最后零售商再出售给消费者，中间经过两个或两个以上的流通环节。采用这种营销渠道，既可节约生产者的销售时间和费用，又可节省零售企业的进货时间和费用。同时，既有利于生产者大批量生产和大批量销售，也有利于零售企业扩大经营品种和减少资金占用。这种营销渠道，在医药产品的销售中起到了主渠道的作用。

（4）D 型营销渠道　即生产者→代理商→批发商→零售商→消费者。这种营销渠道模式是在 C 型营销渠道的批发环节之前经过生产者委托代理商这一环节，并由代理商将医药产品销售给批发商，经过较多环节，最后到达消费者。代理商的存在，从流通环节上看增多了，可能流通时间和费用相应增加，但它对加速医药产品流通和广泛推销药品都有积极的作用，尤其是在开发国际市场时，在国外通过信托公司、经纪人或其他代理中间商开拓国际市场、沟通产需信息具有重要意义。

3. 宽渠道和窄渠道

（1）宽渠道　指生产者通过许多相同类型的中间商销售自己的医药产品，如图 7-2 所示。

从图 7-2 可以看出，宽渠道的优点是：渠道的占有范围较大，广大消费者可以随时、随地买到企业的医药产品；可以形成中间商之间的竞争，不断提高医药产品的销售效率。这种渠道的缺点是：由于同类型的中间商数目多，使中间商推销企业的产品不专一，不愿为企业付出更多的费用；生产企业和中间商之间的关系比较松散，使得在交易中不断变换中间商。

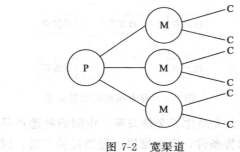

图 7-2　宽渠道
P 为生产者；M 为中间者；C 为消费者

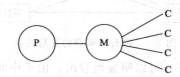

图 7-3　窄渠道

（2）窄渠道　指生产者选用较少的相同类型的中间商推销自己的医药产品，如图 7-3 所示。

由图 7-3 可以看出，窄渠道的使用范围较窄，比较适宜批量小的医药产品。它的优点是：企业和中间商的关系密切，相互之间有着很强的依附关系，即企业的医药产品质量好、信誉高，能促进中间商营销业务的发展，而中间商的推销情况也直接影响企业的经营情况。它的缺点是：由于双方的依赖性太强，一旦双方关系出现变化，中间商不再为本企业推销医药产品，企业就会陷入暂时困境，所以风险较大；在生产企业产量增加的情况下，由于中间商过少，会因销售力量不足而失去市场。

第二节 医药产品营销的中间商

一、医药产品营销中间商的概念和作用

1. 医药产品营销中间商的概念

医药产品营销中间商，是指介于生产者与消费者之间，专门从事医药产品流通活动的经济组织或个人。一般包括医药产品零售商、医药产品批发商和医药产品代理商等。它们都是营销渠道的重要组成部分。

2. 医药产品营销中间商的作用

① 促进药品生产，保证药品流通。中间商直接同生产企业和用户发生经济联系，通过组织货源促进药品生产，保证药品流通。从生产环节来看，医药生产企业所生产的产品，只有依靠中间商及时组织收购，才能卖出去，才能将生产的产品转化为货币资金，为继续进行扩大再生产创造条件。如果生产企业生产的产品，中间商不及时组织收购，生产企业不仅占压了生产资金，而且还会因产品过期失效丧失使用价值，造成严重损失，影响生产企业的简单再生产和扩大再生产。从流通环节看，只有把生产的产品收购集中起来，才能掌握充足的产品资源，为医药产品的储备、分配、供应提供物质基础，从而保证医药产品的流通。

② 简化交易关系，提高经济效益。医药中间商作为医药流通环节的一个重要的组成部分，在生产者和消费者之间起着桥梁和纽带的作用。它的存在可以简化交易关系，用较少的人力和资金实现较大的商品流通量，取得较好的经济效益和社会效益。没有中间商和有中间商的交易关系，如图 7-4 和图 7-5 所示。

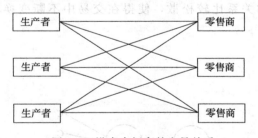

图 7-4 没有中间商的交易关系

图 7-5 有中间商的交易关系

由图 7-5 可以明显地看出，由于中间商的存在，大大简化了交易关系。中间商熟悉产品供应情况、市场情况，熟悉社会需求和各种复杂的销售条件，资金雄厚、经销经验丰富，因此由中间商经手的医药产品可以缩短流通时间，加速商品转化为货币的过程。从整个社会范围看，减少了社会资金在流通领域中的占用量，增加了生产过程中的资金量。因此，批发商的存在可以带来较好的经济效益和社会效益。

③ 合理储备医药产品，保证市场供应。医药产品的生产和消费存在着销售时间和空间上的差异。因此，医药产品在离开生产领域进入消费领域之前，必须有一定数量的储备，这样才能保证市场供应。医药中间商承担储存任务，比起生产企业和用户具有更多的优越性。首先，生产企业不承担产品储存的任务，可以集中人力、物力和财力从事产品生产，主要精力用于技术革新，提高产品质量。同时，可以将流动资金主要投入到生产过程，增加生产领域的资金总量，扩大生产规模。其次，可以把主要精力用于提高服务质量、搞好市场调查以

及社会其他方面的研究，加快资金周转速度，提高企业管理水平，保证市场供应。

④ 调节产销矛盾，提高服务质量。医药产品的生产企业和用户在规格、品种的供求上也存在着矛盾。生产企业的社会分工和专业化生产，决定了生产企业具有产品种类少、产量大的特点，而用户则要求进货批量小，且规格、品种比较齐全。这就要求医药营销中间商一方面要大批量购进医药产品，满足生产企业的推销需要，另一方面要做好分类配送工作，适应用户的要求，主动为用户解决困难，帮助用户扩大经营品种，不断改善用户的经营管理，从而提高用户的服务质量和经济效益。

二、医药产品营销中间商的类型

医药产品营销中间商的类型，从不同的角度看，有不同的类型。从对医药产品所有权的角度看，医药产品营销中间商可分为两大类：一类是医药产品经销商，是指将医药产品买进以后再卖出的中间商，拥有医药产品所有权，如医药产品零售商、医药产品批发商等；另一类是医药产品代理商，是指受生产者委托代理销售业务的中间商，不拥有医药产品所有权，如厂家代理商、独家代理商、区域代理商等。

1. 医药产品零售商

医药产品零售商，是指专门从事医药零售活动的、独立的商业机构。医药零售活动是指将药品销售给最终消费者所涉及的一切活动。零售商的产生先于批发商，其数量之多也远远超过批发商。医药零售商居于药品流通的终点，标志着药品离开流通领域，进入消费领域，使消费者需求得到满足，药品价值得以实现。根据药品经营广度与深度的不同，可以把医药零售商大致分成以下几种类型。

（1）专业药店　指专门经营某一类或有限几类相关药品的药店，如男科、妇科用药，滋补保健品等。这类专业药店的特点是专科药品多而全，便于消费者选购。专家认为，在未来市场上，专业药店的成长最快，连锁专业药店将日益显示出其强大的生命力，如参茸专卖店、滋补保健品专卖店等。

（2）综合药店　是相对于专业药店而言的。其药品营销范围较广、经营品种较多，如上海的华氏大药房、北京的同仁堂等。

2. 医药产品批发商

医药产品批发商，是指专门从事医药产品批发活动的经营机构，处于营销渠道的起点或中间环节，是医药产品营销渠道的重要组成部分。它可分为专业批发商、综合批发商和多功能批发商。

（1）专业批发商　指专门经营某类或有限几类医药产品的批发商业机构。它主要向某行业的各制药企业进货，销售给其他批发商、零售商或医疗机构。专业批发商经营的医药产品品种规格很多，信息来源广而准确，品种之间的消费替代性和连带性较强，同一品种的进销批量都较大，为购买者提供了充分的选择余地。专业批发商与本行业的企业联系广泛，专业知识较丰富，能为其顾客提供更多的技术咨询和服务，具有专的特色。我国现在的药材公司、医药公司、中药材市场、滋补保健品公司等都属专业批发商。

（2）综合批发商　指经营多种医药产品的批发机构。综合批发商与许多生产企业有联系，经销对象主要是综合零售店。综合批发商经营药品范围广、品种规格较多，具有全的特色，但其深度不及专业批发商。

（3）多功能批发商　即全功能批发商或完全服务批发商。除从事药品批发交易业务以外，还从事药品储存运输、推销宣传、邮购送货和信贷结算等业务。在现代营销活动中，批发商功能日趋健全，往往集商流、物流和信息流功能于一体，这是批发商发展的重要趋势。

3. 医药产品代理商

医药产品代理商是以代理卖方销售医药产品或代理买方采购医药产品为主要业务，从中向委托方收取代理费。其获得的代理费称为佣金，佣金按销售额的一定比例计算。医药产品代理商，不从事医药产品的实际买卖，不拥有医药产品所有权，主要功能在于促进买卖。

在医药产品比较好销的情况下，利用经销商的机会较多；在医药产品滞销的情况下，利用代理商的机会较多，因为利用代理商的风险转移程度比利用经销商要低得多。

医药产品代理商的作用主要有两点：一是弥补生产企业销售网点和销售能力的不足，有助于扩大医药产品销路，对新药或滞销药品的推销更为适用；二是委托他人代理销售可以大大减少与经销商在利益分配上的矛盾和争执。在现代医药产品经营活动中，医药产品代理商是一种比较理想的销售渠道。其主要形式有以下几种。

（1）厂家代理商　通常代表几家产品相互补充的生产企业，在一定地区，按厂方规定的销售价格和销售条件销售产品。制药企业按销售额的一定比例付给佣金，鼓励其以最好的价格积极推销。这种代理商类似于厂方的推销员，与制药企业有相对固定的长期代理关系。

（2）独家代理商　独家代理也称总代理。独家代理商具有销售被代理企业全部产品的权利，被代理企业不得再委托其他代理商或雇员推销其产品。独家代理商对产品的价格、交易条件等有较大的自主权。这种委托关系相对持久。

（3）区域代理商　指根据委托协议在某个区域推销产品并收取佣金的代理机构。

三、选择医药产品中间商的条件

1. 中间商的地理位置和信誉程度

在选择中间商时，一方面要考虑中间商所处的地理位置是否与本企业的顾客相接近。如果中间商所处的位置就是购买这种产品的顾客经常到达的地点，则这是最理想的地理位置。优越的地理位置还方便运输、储存、保管和发货。上述各种费用应尽量低，以降低产品的销售成本。另一方面，还应考虑中间商的信誉程度和协作意向，即是否愿意接受分销，并做最大努力来促销本企业的产品。企业在选择营销渠道时，常常会受到限制。有些销售同类产品的中间商由于某些原因不愿与本企业合作，而有些中间商则能够积极主动地推销本企业的产品。

2. 中间商的经济实力和管理水平

在选择中间商时，要充分考虑所选择中间商资金的多寡和财务状况、经营业绩和利润记录。因为资金雄厚、讲究信誉的中间商，不仅能够按时付清货款，而且在特定的情况下还会在资金方面给企业提供某些帮助。否则，会给本企业带来不必要的麻烦和经济上的损失。同时，还要考虑中间商的管理能力、管理水平，包括对主要管理者、企业经营策略及各方面管理能力的分析。如果某一个中间商其各方面的管理较为混乱、资信状况较差，则不应与其合作，以免牵连到本企业和产品的信誉。

3. 中间商的营销能力和竞争状况

在选择中间商时，其营销能力和竞争状况也是一个不应忽视的条件。首先，中间商的营销能力、实体分配能力如何，这直接关系着本企业的经济效益。例如，如果中间商只注意销售那些有利可图的产品，可能就会对本企业的产品销售限制很大，或者有时力不从心，同样会使本企业的产品销售受到限制。其次，如果某中间商是竞争对手的经销商，一般不宜作为本企业产品的中间商。如果本企业产品确实有很强的竞争力，有充分把握在竞争中胜过对手，那么也可选定销售竞争对手产品的经销商来销售本企业的产品。

第三节 医药产品营销渠道策略的应用

医药产品营销渠道策略，是医药企业的重要策略之一。企业有了适销对路的医药产品，必须通过适当的营销渠道才能及时、有效地把医药产品送到潜在顾客手中。营销渠道的选择是否合理、中间环节的多少是否恰当直接影响到医药产品销售成本的高低，从而影响到医药产品的价格与竞争力。选择一些熟悉医药产品市场状况和医药产品性能，且具有丰富市场营销经验的中间商，将有利于企业的促销活动。医药产品营销渠道复杂多样，且随着市场需求的变化而变化，企业一旦误选了渠道，不仅要遭受经济上的巨大损失，而且纠正也费时费力。因此，营销经验丰富的企业都十分重视营销渠道的选择。

一、影响医药产品营销渠道选择的因素

医药企业要把医药产品及时地推销出去，必须正确地选择营销渠道。在选择营销渠道之前，必须认真分析和研究影响医药产品营销渠道的因素。影响医药产品营销渠道的主要因素有以下几种。

1. 产品因素

目前，我国除一部分医药产品由国家统一规定流通渠道外，其余部分可以根据医药产品的特点正确地选择营销渠道。医药产品因素主要考虑以下几个方面。

（1）产品单位价值　一般来说，单位价值高的产品，销售渠道的环节应少一些，销售途径要尽量短一些；单位价值低的产品，销售途径可以长一些，一般都应经过中间商经销才能到达用户。

（2）产品的重量和体积　由于产品的重量和体积会直接影响到产品运输费用和储存费用，因此，对于体积大或很重的产品，产需之间应尽量组织直达供应，或者尽量减少不必要的中间环节，以利于降低流通费用。

（3）产品的保质条件和易损性　对于保质条件要求高或易损品，一般要选择最短、最迅速的营销渠道，包括正确选择合理的运输工具、运输方式，以免造成损失和浪费。

（4）定制品和标准品　定制品有特殊的规格要求，一般要由生产者和消费者直接面议产品生产、加工的各种要求，不宜经过中间环节；标准品因具有较为固定的品质、规格和式样，一般可以通过中间商转售。

（5）产品的类型和品种规格　常用药品需要面广、销售频率高，一般要经过批发商；特殊药品销售频率低，一般由生产者直接交少数零售商销售。另外，品种规格少而产量大的药品，可经中间商销售；品种规格复杂的产品，一般由生产者直接供应用户。

（6）产品的技术服务程度　对于技术极为复杂的产品，或者是销售后技术服务非常重要的产品，应尽量由生产企业直接供应用户并为用户服务。如果确需通过中间商推销的，生产部门应设立专门的技术服务网点，以方便用户。

（7）新产品试销　为了尽快把新产品打入市场，企业需要采用强有力的推销队伍，直接向用户推销。如果条件许可，也可考虑运用原有的销售渠道推销。

2. 市场因素

市场因素是影响企业正确选择营销渠道的又一重要因素，对市场因素应研究以下几个

方面。

(1) 市场面的大小和用户数量的多少 如果企业的产品市场范围很大,甚至遍布全国,用户的数量很多,就需要依靠较多的批发商和零售商;如果市场面高度集中,用户数量又不多,就应缩短营销渠道,或者由生产企业直接售给用户。

(2) 用户每次的购买数量 如果用户每次购买的数量较多,可以少选用中间商或者不选用中间商,直接向用户销售;如果用户或零售商每次购买数量较多,一般应经过批发商,再由零售商卖给用户。

(3) 用户的购买习惯 这是一个既重要又复杂的因素。例如,对于一般常用药物,用户要求购买方便,随时随地能买到,因此销售渠道应多一些,销售网点也尽量分散;对一些特殊药品,一般应选择专业性渠道供应和销售。

(4) 市场季节性和时间性 销售市场往往有淡季和旺季之分,一般淡季时销售渠道可短些,旺季时应尽量扩大销售渠道,充分利用中间商作用。例如,风油精、清凉油、人丹等,只有夏季是销售的旺季,销售时间集中、市场需求量很大,应采用广泛的营销渠道,充分发挥中间商的作用,不失时机地组织好商品的采购和销售。

(5) 竞争者的销售渠道 一般来说,同类产品应尽量采取同样的销售渠道,以利于用户在购买同类产品时充分选择。但是,也必须考虑中间商的能力和服务水平,以便根据需求和可能选择最适合的营销渠道。

3. 企业自身因素

(1) 企业的生产经营能力 在一般情况下,企业规模大,资金雄厚,生产经营能力强,对营销渠道就可有更多的选择余地,甚至可以自行组织销售力量从事批发和零售,也可以经过中间环节。对中小企业来说,由于资金、场地和其他条件的限制,一般必须充分依靠中间商组成的营销渠道。

(2) 企业的管理能力 企业选择营销渠道,不但要考虑自身的生产经营能力,还要考虑自身的管理能力和销售经验。一般来说,虽然生产能力较强,但缺乏管理能力和营销技巧的企业,一般还是以依靠中间商提供销售服务为宜。

(3) 企业的服务能力 如果生产者对其产品大做广告或者乐意承担广告宣传费用,一般中间商都乐意为其销售产品。生产者能提供的售后服务越充分,中间商为其经销产品的兴趣也越强。

(4) 企业的声誉 有声望、实力较强的中间商,往往也对生产企业进行选择。只有那些企业声誉好、产品质量高的商品,中间商才愿意为其销售。

4. 其他因素

商品销售渠道,除受上述因素影响外,还受其他一些因素的影响。例如,交通运输条件,国家对有关商品的购销政策、价格政策、法令、条例等,这些都是企业选择营销渠道时应认真考虑的。

二、医药产品营销渠道的基本策略

医药产品营销渠道策略的应用,是医药产品从生产领域转向流通领域,最后到达消费领域的关键。一般来说,医药产品营销渠道策略的应用,应提倡多渠道、少环节。

提倡多渠道,且充分发挥主渠道的作用。随着市场经济的不断深化,我国的医药产品营销渠道已从原来的少渠道、多环节、封闭式的流通模式,转变成多渠道、少环节、开放式的流通模式。这无疑大大促进了市场经济的发展。但是，应当指出，提倡多渠道，应是必要的、合理的"多"，而且在多渠道的前提下必须充分发挥主渠道的作用。提倡少环节，但必要的监管环节不能少，应是减少不必要的中间环节，并不是环节越少越好。

目前，"百业经药"、重复经营，不同程度地干扰着医药市场，危害着人民的利益。因此，对关系国计民生的医药产品，应当由主渠道集中营销和控制，建立起以主渠道为主体，以其他渠道为补充的医药产品流通体制。两者应互相促进、互为补充，从而使医药产品真正按照合理的流向、畅通的渠道转移到消费者手中。

1. 确定医药产品营销渠道类型的策略

医药企业首先要确定能够承担销售本企业产品的渠道类型，即有哪些类型的中间商能够销售本企业的产品。通常一种产品可以由多种类型的中间商销售。例如，某中型制药企业新开发了一种抗癌药物，这种药物可广泛用于各种癌症的早、中期患者，市场前景可观，但企业自身的推销力量较小。如何有效地把该药推向市场，该企业应考虑选择以下渠道类型。

（1）企业推销队伍　扩大企业直接推销人员的队伍，指派销售代表到各地向所有的潜在顾客推销本企业的药品。

（2）医药代理商　在不同地区的药品实体中，委托其向消费者推销该药品。

（3）医药企业分销商　在不同地区，寻找愿意经营此药的医药企业分销商，给他们独家经营权和足够的毛利，对其进行药物知识培训，并给予促销方面的支持。

对于该医药企业来说，以上3种渠道都是可行的，可作为备选渠道类型。企业在考虑可供选择的渠道类型时，除了采用传统渠道，还可以寻找一些更新的渠道。有时，企业无法利用它中意的渠道，而不得不另辟渠道，结果却收到了出乎意料的成效。

2. 确定医药产品营销渠道数量的策略

医药企业必须决定每个渠道层次使用多少个中间商，即采取宽渠道还是窄渠道。一般根据其产品在市场上的地位和目标来决定，下面介绍3种选择中间商数量的策略。

（1）密集型营销　也称广泛分销。是一种宽渠道营销策略。即在同一渠道环节层次上，对经销商的数目不加限制，越多越好，让尽可能多的中间商来销售企业的产品，积极扩大产品的销售网络。此策略的优点是：营销面广。规模庞大的营销网点销售同一种药品，能使其品牌得到充分的显示，打造品牌效益。同时，也便于消费者购买，有利于企业全方位地扩大产品销量，提高总体市场占有率。不足之处是：各种渠道同时经营加剧了产品的市场竞争。在药品供不应求时，企业货源不足，难以满足各方需要。一旦市场萎缩，订单则会普遍下降，造成企业经营困难。另外，采用广泛分销各中间商都不愿承担广告等费用。企业采用广泛分销不利于利用某些中间商的优势树立产品形象。

（2）集中型营销　也称独家经销。是一种窄渠道营销策略，即医药企业有意识地限制经营其产品的中间商数量，实行独家经销，让有限的几家经销商在其各自的区域范围内享有独家销售本企业产品的权利。这也是一种排他性专营，即规定这些中间商不得再经销其他厂商生产的同类竞争产品。采用独家经销的优点是：便于医药企业在价格、促销、信誉和其他服务方面对经销商加以控制，并可采取有效的措施提高经销商的推销效率和积极性，甚至可以取得垄断利润。缺点是：独家经销在抓住一部分消费者群体的同时，往往也会使企业失去应有的市场。过窄的渠道适应性较差，一旦市场发生变化，企业会在短期内完全失去市场。所以，这种策略只适合少数企业在少数产品营销中采用。另外，独家经销的中间商一般要求让利较高，因此会增加企业的营销成本。

(3) 选择型营销 即在一定的地区内,在同一渠道环节层次上,选择几个中间商经销本企业的产品。消费者使用中常常偏爱某些品牌产品,所以一些已建立起信誉的老企业或某些新企业常利用选择型营销来选择中间商。被选出来的中间商不多,便于企业与中间商之间相互配合,建立良好的协作关系,获得较好的销售结果。选择型营销不仅能有效地控制销售成本,而且能保持较低的销售成本。

3. 医药产品营销渠道"窜货"的控制策略

窜货又称倒货或冲货,指厂商及其分支机构或经销商受利益驱动,使所经销的产品跨区域销售,造成市场倾轧、价格混乱,严重影响厂家声誉的销售行为。窜货对于厂商维持正常的市场秩序危害巨大。首先,它使经销商利润受损,导致经销商对厂家产生不信任感,对经销其产品失去信心,直至拒售。其次,导致地区间价格悬殊,使消费者怕假货,怕吃亏上当而不敢问津。第三,窜货损害品牌形象,使厂商特别是经销商先期投入无法得到合理回报,并最终使竞争品牌乘虚而入,取而代之。

(1) 引起医药产品营销渠道窜货的原因

① 企业内部因素。如果制药企业的营销管理混乱,对分销渠道失于监控,或者采取了不适当、不公正的市场政策,都有可能导致分销渠道采取不负责任的窜货行为。

② 竞争对手因素。为了争取代理商,竞争对手有可能给予更为优惠的待遇,从而使医药代理商放弃现有企业的联合,而进行跨区域倾销。

③ 医药分销渠道因素。各医药分销渠道为了实现合同任务,或者谋取区域外的较高差价,而对外抛售所经销的产品。

(2) 控制医药营销渠道窜货的措施

① 严格划分区域。严格指定区域代理商业务和责任范围,同时派省区经理协助管理。

② 严密价格管理。严格制定各个产品的批发价和统一零售价,即便实行终端浮动价,也要限制一定的幅度。

③ 随时检查市场产品的代码。便于对窜货作出准确判断和迅速反应。所谓代码制,是指给每个销售区域编上一个唯一的号码,印在产品内外包装上,一旦在甲地发现乙地产品,就应该作出快速反应。

④ 实行奖罚制。发生窜货的两地,必有其他代理商由于利益受损而向制药企业举报。对于举报的代理商,应该给予奖励。对于窜货商,应该立即停止向其发货并给予一定的处罚,然后重新选择代理商。

⑤ 加强监督。定期对区域市场进行明察暗访,发现问题及时解决。

⑥ 严格实行总代理制和总经销制。

思 考 题

1. 医药商品营销渠道的概念及类型?
2. 医药营销中间商的作用?
3. 影响选择医药中间商的因素有哪些?
4. 选择医药营销中间商的条件是什么?
5. 影响选择医药营销渠道的因素是什么?
6. 医药营销渠道的基本策略有哪些?

7. 案例分析

打火机一般都是在百货店或是在附带卖香烟的杂货店中出售。可是，日本丸万公司的董事长片山丰在15年前推出瓦斯打火机时，就把它交由钟表店销售。

丸万公司的瓦斯打火机终于成为日本的世界性特级品，最近10年其产量一直高居世界首位。该公司的打火机之所以能称霸世界，性能优良是原因之一。但先发制人，比别人抢先一步在钟表店销售，才是其成功的最大原因。钟表店一向就被人认为是贵重物品商店，在买卖贵重物品的商店出售打火机，人家一定会视它为高级品。在黯淡的杂货店、香烟店里，上面掩盖着一层尘埃的打火机和摆在闪闪发光的钟表店中的打火机，两者给人的印象当然是千差万别的。销售渠道并不是一成不变的。

问题：片山丰董事长的销售渠道选择有哪些高明之处？企业在选择销售渠道时，首先要考虑哪些问题？

第八章 医药市场调查

【案例】 日本企业界有一个流传甚广的故事。日本企业对英国纺织品在世界久享盛誉一直不服,却无从得知其中奥秘。于是,萌生一计,集中本国纺织行业的部分专家进行烹调培训,然后派往英国,在最有名的纺织厂附近开设餐馆。有很多纺织厂的人前来就餐,日本人便千方百计地搜集有关的纺织信息。不久,餐馆宣布"破产",由于很多"厨工"已同工厂的主管人员较熟,所以一部分"厨工"就进入这家工厂工作。一年后,日本人分批辞职回国,成功地把信息和技术带回了日本,并改进为更先进的工艺返销给英国,结果一举占领了英国的纺织品市场。为了得到技术情况,日本人打了一个迂回战,为了市场调查,可谓是煞费苦心了。

德国的哈夫门公司格外善于捕捉市场信息,享有"新鲜公司"的雅号。其方法是:经理和高级职员每天半日坐班,半日深入社会搜集信息。一次,公司的管理部长进剧院看戏,却三心二意难进剧情,而不远处的一对青年男女的对话却声声入耳:"你能给我买顶有白花饰物的绒帽吗?我们公司的女孩们都想得到那样一顶漂亮的帽子。只有赫得公司卖过一批,可以后再也见不到了。""亲爱的,我保证给你买到。我们公司的小伙们都想买那种双背带背包,既省力又不会使肩膀变形。你要是能为我买来,他们一定会既羡慕又嫉妒的。"管理部长坐不住了,出门直奔几家商店,回答是想买的人很多,却没有货。他连夜找来几位设计师,一周后,大白花绒帽和双带背包,作为哈夫门公司献给大家的圣诞礼物摆上了柜台,生意之红火就不言而喻了。

点评:随着市场经济的不断发展,一些著名企业总是把精确而有效的市场调查作为企业经营发展的核心,各种手法可谓洋洋大观、独具匠心。在进入市场之前,应根据本企业的实际情况,做一番市场调查,这对企业来说是至关重要的。

第一节 医药市场调查的概念和意义

医药市场调查作为一种营销手段,对于许多精英企业来说已成一种竞争武器。它已由最初的简单收集、记录、整理、分析有关资料和数据,发展成为一门包括市场环境调查、市场需求调查、竞争对手调查等在内的一门综合性应用学科。随着市场经济的日益发展,医药市场竞争日趋激烈。医药企业要提高竞争能力,在竞争中生存和发展,就必须认识和了解医药市场,掌握医药市场的变化趋势,顺应市场的变化规律,选择正确的经营策略,做出正确的市场决策。因此,搞好医药市场调查、医药市场预测与医药经营企业决策,是医药企业经营与管理的重要内容。

一、医药市场调查的概念

医药市场调查,就是运用一定的手段和方式,有目的、有计划地搜集市场信息,并加以整理、分析的整个活动过程。医药市场调查包括两个方面的工作:一是搜集信息;二是对所搜集的信息进行整理加工和分析，做到去粗取精、去伪存真、由此及彼、由表及里。前者侧重于搜集反映医药市场现象的信息，注重客观性。后者则侧重于通过对信息的处理，探究这些现象存在的客观原因及其规律性，阐明医药市场的变化趋势。

医药市场调查是医药企业取得市场信息、了解市场需求的重要途径和方法。医药企业为了进行科学的市场预测和有效的市场决策，就必须对医药市场进行比较周密的调查。随着医药市场的发展和完善，医药市场调查的技术和方法也逐渐发展起来。掌握医药市场调查的组织、技术、步骤和方法，是掌握医药市场动态、搞活医药市场营销的前提条件。

二、医药市场调查的意义

医药市场是销售医药的专业市场，一方面它遵循市场变化的一般规律，另一方面它又有其特殊性。因此，了解医药市场不仅要通过一般的市场调查来了解整个医药市场，还要结合医药行业的特点，通过专业市场调查来了解医药市场的特殊变化规律。医药市场调查在医药企业经营管理中的意义主要表现在以下几个方面。

① 医药市场调查，有利于了解医药市场特征。医药的特殊性决定了医药市场不同于其他商品市场。通过医药市场调查可以使医药企业进一步认识医药市场的特征，了解医药的供求状况，了解国民经济的发展状况、消费水平和消费结构，了解全国医药市场或某一地区医药市场的供求状况及供求结构，掌握医药的流通规律，建立促进医药流通的市场机制。

医药市场调查是医药企业认识医药市场的过去、现在和将来的重要手段。医药商品在市场上的供求情况受商品供应量和客户购买力两方面的影响。通过对各种医药的生产规模、货源多少、商品库存、进出口情况的调查，可以了解到医药商品的供应总量；通过对社会购买力、各种疾病的发生情况、居民消费水平和消费结构及其各种影响因素的调查，可以了解医药商品的需求总量与需求结构。医药企业可以根据这些调查结果，制定医药商品的供应总量和供应品种的计划，合理地、均衡地组织医药市场供应，并依此确定企业的发展方向。

② 医药市场调查，有利于增强医药企业的竞争力。医药企业通过医药市场调查，有效地组织医药的生产和销售。通过医药市场调查可以了解本企业医药销售中存在的问题，掌握各种销售推广手段和推销人员的工作成效；了解竞争对手的竞争策略和营销手段，从而有针对性地改进本企业的营销策略，疏通销售渠道，选择促销手段，扬长避短，发挥优势，增强企业的竞争力，提高市场占有率，占领目标市场。

③ 医药市场调查，有利于提高医药企业的经营管理水平。对于医药企业来说，管理的重心在经营，经营的重点在决策，经营目标和经营策略的正确与否是企业兴衰成败的关键。市场调查是一切经营管理决策的前提，也是企业经营管理的重要组成部分。只有通过市场调查，搜集到比较完整、系统、真实、可靠的市场信息，并对信息做出合乎实际的全面分析，才能制定出正确的经营决策。只有通过细致的市场调查，并获得比较准确的信息，然后运用科学的方法作出全面的分析，才能使医药企业的生产和经营决策真正切合实际，并具有指导生产实践的意义。同时，市场调查还可以发现企业自身存在的问题，能够帮助企业尽量减少失误，把经营风险降低到最低限度，从而能够从生产的各环节、经营的各要素（人、财、物、时间、空间）、经营管理各层次（决策层、指挥层、执行层）和各部门等不同方面进行调整，提高综合经营管理水平。

④ 医药市场调查，有利于提高医药企业的经济效益。在市场经济的条件下，医药企业经营的好坏和经济效益的高低，与医药市场调查有着密切的关系，医药市场每时每刻都在发

生着变化,通过对医药市场调查取得的有关情报资料进行认真分析,可以及时了解到医药市场供求的实际情况,可以检查已制定好的经营战略与计划是否正确,及时发现疏漏、不足或失误,及时加以矫正,这样才能够保证医药企业营销在正常的轨道上运行。另外,通过调查还可及时发现医药市场上出现的新情况、新问题,为医药企业营销决策的修改和调整以及新营销决策的制定提供充分的依据。总之,通过对所取得的市场情报资料进行分析研究,有利于企业的决策者对新产品开发、产品价格、分销渠道、促销措施等做出营销决策,从而保证医药产品的适销对路,使企业在市场竞争中占据有利地位,大幅度地提高经济效益。

第二节 医药市场调查的内容与分类

一、医药市场调查的内容

医药市场调查的内容非常广泛和复杂,涉及到很多方面。凡是直接或间接影响医药企业经营活动的因素,都是医药市场调查的内容,都应该进行收集、整理和研究。但就具体的医药企业和具体的问题来讲,需要调查的内容则是有一定范围的。在一般情况下,医药市场调查的内容主要包括4个方面。

1. 医药市场环境调查

医药市场环境,是指影响医药企业生产经营管理活动各因素的综合,一般包括自然环境、经济环境、政治环境、社会文化环境等。医药市场环境制约着医药企业的生产经营活动,影响着医药市场的供求状况。医药企业只有适应市场环境的变化,因势利导地组织生产经营,才能树立"经营跟着市场变,市场围着顾客转"的市场观念。只有对市场环境有所了解并掌握必要的信息,才能深知医药市场发生的变化及发生变化的背景。只有正确认识企业本身所处的市场环境,才能正确地制定企业的经营目标和营销策略。医药市场环境调查主要包括以下几个方面的内容。

(1) 自然环境调查 指对地理位置、气候条件、地形地貌、交通运输及其他重要的自然地理环境的调查。它对医药企业的营销活动有时也会产生重要影响。例如,南方和北方由于地貌、气候的不同,药材资源和用药习惯有很大的差别。这就要求企业在医药的购销过程中必须对自然环境给予足够的重视。

(2) 政治环境调查 指对一定时期内国家的政治形势和政府特别是医药主管部门的有关方针政策、法令、条例及规章制度的调查。政治环境对医药企业的生产和经营的影响是非常大的。例如,国家对药品标准、法律、规章制度的修定,会导致相应一些药品被淘汰或禁用,这会对某些医药企业产生较大的影响。

(3) 经济环境调查 指对国内和国际经济形势、宏观和微观经济的现状、自然资源开发情况、国民生产总值、国民收入增长情况、社会购买力变化、人口数量和分布及其构成、消费结构、人们的购买力水平等进行调查。经济环境的变化决定着医药企业经营决策的目标。

(4) 社会文化环境调查 指对社会风尚、风俗习惯、人口构成、家庭构成、民族特点、宗教信仰、文化教育水平、卫生健康水平以及审美观念等方面的调查。

对居民职业构成、家庭组织规模、各民族的特点和分布及宗教信仰、道德风俗、生活习惯、居民受教育的比例与程度、文化修养等方面的调查,对医药企业的营销活动大有益处。例如,城市和农村居民医药消费情况就具有明显的差别。在农村,由于收入较低、医疗条件较差，用医药治病者较多，且价格低廉的医药较为畅销。另外，企业的业务员到外地进行医药的购销时，需要了解当地的风俗习惯和交往礼节等。

2. 医药产品供需调查

医药产品供需调查，就是对医药产品市场供应量和需求量以及供应者和需求者的调查。

（1）供应量调查　指在一定时期内，在某一价格水平上，厂商愿意而且能够供应的医药产品数量。医药产品供应量调查主要包括对现实供应量、潜在供应量、供求结构状况及影响供应量和供求结构变化的因素的调查等。

（2）需求量调查　指在一定时期内，在某一价格水平上，消费者需要而且能够购买的医药产品数量。医药产品需求量调查主要包括对现实需求量、潜在需求量、需求结构状况及影响需求量和需求结构变化的因素的调查等。

（3）供应者调查　指调查医药产品的货源及医药生产者的构成、分布情况。前者包括在一定地区、一定时间内可供市场销售的医药产品数量、质量、品种、规格、价格及其发展变化趋势等；后者则包括生产者的生产规模、生产结构、生产布局、技术水平等方面的现状及其发展趋势。通过对供应者情况的调查，可以制定医药企业的发展战略。

（4）需求者调查　指对消费者或用户及其购买行为的调查。医药需求者包括直接消费者（患者）和间接消费者（医药企业、医院与卫生室等）。需求者调查是一项十分复杂而又艰巨的工作，主要包括以下内容。

① 需求范围与结构调查。需求范围是指消费者的人数及其分布。需求结构是指具有不同消费能力（包括收入水平、消费水平和消费结构等多方面）以及不同民族、性别、年龄、职业、文化程度的消费者的构成。需求范围决定医药企业市场的大小，需求结构决定购买医药的类别。通过对需求范围和结构的调查，可以确定医药企业的市场范围和产品结构。

② 消费动机与行为调查。主要了解消费者对本企业医药产品买或不买的原因，购买的时间、地点与方式，消费者对某种产品偏爱的程度及其原因等。通过对消费者的消费动机与行为的调查，可以帮助医药企业确定产品的质量、品种、价格、销售渠道、促销方式等。

3. 医药产品调查

（1）医药产品品种调查　指对医药市场所需医药产品品种的调查。通过医药产品品种调查，着重了解市场需要什么品种、本企业能够供应什么品种、本企业供应的品种是否适销对路等，为调整医药产品结构提供依据。

（2）医药产品质量调查　包括对医药产品实质、医药产品形式、医药产品附加的疗效与功能的调查，主要调查医药产品的外观、剂型、剂量、品种、名称、包装的状况以及医药售后服务、保证信用的程度等。

（3）医药产品寿命周期调查　主要包括：医药产品的寿命周期、医药产品剂型的寿命周期、医药产品规格的寿命周期等方面的调查。

（4）医药产品开发调查　主要包括：新医药产品开发研究应用情况、新医药产品与老医药产品替代情况、老医药产品淘汰情况、新医药产品投放市场情况等方面的调查。随着科学技术的发展，中成药产品的寿命周期大大缩短。尽快开发出一些质量高、疗效好的新产品，在医药企业总体经营战略中的地位越来越重要。在进行新产品的开发之前，必须要进行一系列的调查和了解。

4. 医药产品竞销调查

医药产品竞销调查，主要是对竞争对手，特别是竞争对手的产品状况、价格状况、利润状况、市场占有率及其发展趋势、竞争策略与手段的调查。有医药产品生产，就必然有竞争。价值规律对生产和流通的调节作用，就是通过市场价格的变动和竞争来实现的。当医药产品供过于求，处于买方市场时，竞争变得格外激烈。若竞争失利，就会导致企业走向衰退，甚至破产。只有通过医药产品市场竞销调查，才能明确本企业与竞争者各自的优势及劣势，才能扬长避短、发挥优势、掌握竞争的主动权，从而占有市场。竞争情况调查的主要内容有以下几个方面。

（1）竞争对手总体情况的调查　包括对竞争者的数量、规模、分布、可提供的产品总量、满足需要的总程度等的调查。例如，生产阿胶的制药厂应了解全国有多少药厂生产阿胶，哪些是专业厂、哪些是非专业厂，它们分布在哪里，总体的和各企业的生产规模有多大，市场占有率有多高等。进行这些情况的调查是为了判断本企业在竞争中所处的地位，正确估计自己的竞争实力。

（2）竞争对手竞争能力的调查　主要包括：①竞争企业的资金拥有情况；②企业规模，包括企业的总规模和生产某种医药的规模；③技术水平，包括机器设备的先进程度、工人熟练程度、平均技术等级、医药质量状况、产品设计能力等；④产品的情况，包括产品的品种、规格、质量、成本、价格、剂型、包装和装潢、商标、品牌等；⑤市场占有率，即调查各个竞争对手的产品在市场总容量中所占的比重。

（3）潜在竞争对手的调查　潜在的竞争对手包括两部分。①原来竞争能力非常弱小的竞争对手发展壮大。它可能迅速成为强有力的竞争对手。②将要出现的新竞争对手。例如，新建的企业投产了与本企业产品相同或相似的产品。

二、医药市场调查的分类

按照不同的分类标准，可以对医药市场调查进行不同的分类。例如，按照调查对象的不同，可以分为普查、重点调查、典型调查、抽样调查等；按照调查目的的不同，可以分为探测性调查、描述性调查、因果性调查等；按照调查区域的不同，可以分为国际医药市场调查、国内医药市场调查、城市医药市场调查、农村医药市场调查等。这里主要介绍按照调查对象和调查目的的不同对医药市场调查进行的分类。

1. 按照调查对象的不同分类

（1）普查　亦称全面调查，是指以医药市场的总体为调查对象，在一定时点上，对医药市场上某些产品的生产、供应、销售、储存、运输状况的全面调查。例如，中药材资源普查、库存医药普查等，都是为了了解医药市场某种现象在一定时点上的情况而进行的调查。医药市场普查，主要用于那些不能或不宜通过经常性调查来搜集比较全面、精确统计资料的研究对象。医药市场普查通常采用两种方式：一种是组织专门的普查机构和人员对调查对象直接调查；另一种是利用有关单位内部的统计报表进行汇总。第一种方式的普查需要组织专门机构，统一领导、统一要求、统一行动，工作量很大。同时，要确定统一调查时点，使所有调查资料都准确反映这一时点上的状况。在调查方法上要保持一致，力求迅速、准确，保证调查材料的时效性，避免发生重复或遗漏。调查项目要有统一的规定，不能任意改变或增减，以免增加整理汇总的难度。医药市场普查取得的资料比较准确可靠，但较少运用。在具有比较完整的统计资料的情况下，一般采用对企业现有统计资料汇总的方式进行全面调查。

（2）重点调查　指以某一对象为重点而进行的调查。如果某个或某些因素对经营活动影响较大，就应对这个或这些因素进行重点调查。这种方法主要用于紧急情况的调查，它速度较快、费用较少。例如,疫情调查就是一种重点调查。为了对某种疫情进行有效的控制,就应对影响疫情的有关因素进行分析,同时对有关药物进行调查,以指导这类药物在一定时间内的生产和销售,从而达到"以药等病"控制疫情的目的。

(3) **典型调查** 指对医药市场的某些典型现象、典型内容、典型单位进行的调查。其主要特点在于由调查者根据调查现象的分布情况,有目的地选择具有代表性的典型进行深入调查,掌握有关资料,由此了解现象总体的一般市场状况。

典型调查适用于调查总体庞大、复杂,调查人员对情况比较熟悉,能准确选择有代表性的典型作为调查对象,而不需要用抽样调查的市场调查。典型调查在医药市场调查中经常采用。

典型调查的关键在于正确选择典型。选择典型不当,会失去调查的意义,不仅不能正确反映医药市场一般情况,甚至还会走向反面。选择典型的标准,一般可以选择中等或平均水平的调查个体。在数量上,一般来说,如果总体发展条件比较一致,选一个或几个有代表性的个体典型进行调查就行了;当总体较多,而且个体差异较大,则需要把总体按一定的标准划区分类,然后选择典型作为调查对象。

(4) **抽样调查** 指运用一定的抽样方法,从调查对象总体中抽取部分样本而进行的调查。抽样方法可分为随机抽样和非随机抽样。随机抽样是按照随机原则抽取样本。即在总体中,每一个体被抽取到的机会是相等的,完全排除抽样者有意识的选择,因而样本具有很好的代表性;非随机抽样是按照调查的目的和要求,根据一定的标准来选取样本,总体中每一个体被抽取的机会是不相等的。

在医药产品抽样调查中,样本可以是某个品种的一部分,也可以是某些品种的一个或多个。例如,某企业从外地购进某种医药产品,需要进行质量检验,这种情况不必将医药产品全部打开进行全面检验,而是采用随机取样,从中抽出一部分进行检查,从而推算出这种医药的质量情况,并用概率表示推算的可靠程度。这种方法既能排除人们的主观选择,又简便易行,是广泛使用的重要方法。

2. 按照调查目的的不同分类

(1) **探测性调查** 指对需要调查的问题尚未明确,需要通过调查来确定调查内容的调查方法。通过探测性调查,能够帮助企业查明问题产生的原因,找出解决问题的关键,或确定进一步调查的重点内容。例如,某药厂生产的某种药品近期销量持续下降,是由于质量下降,还是因为价格偏高;是由于销售渠道不畅,还是出现了新的代用品;是由于所治疗疾病的发病率降低,还是由于消费者的爱好发生了变化……这需要通过探测性调查来寻找答案。被调查者只需回答"是"或"否"。

(2) **描述性调查** 指医药企业针对需要调查的问题,通过调查来对医药市场上存在的客观实际情况加以描述和反映,从中找出各种因素之间的内在联系的调查方法。描述性调查要求调查的内容比较详细、具体,并且更加强调资料的可靠性,目的在于通过对所调查情况的详细描述,寻找出解决问题的答案。即它需要回答出"是什么"。例如,医药市场潜在需求量的调查、市场占有率的调查、销售渠道的调查、消费者行为的调查、竞争状况的调查等,都属于描述性调查。以消费者行为的调查为例,其内容包括购买某医药产品的顾客是哪些人、是年老的还是年轻的、是收入高的还是收入低的、何时购买,等等。描述性调查的内容是市场调查的重要组成部分,对取得医药市场信息资料十分重要。

(3) **因果性调查** 指调查医药市场上导致某种现象产生的原因而进行的调查。因果性调查的目的就是要找出结果和原因的客观联系，也就是专门研究"为什么"的问题。医药市场营销活动要受到多种因素的影响，如有产品、价格、渠道、促销等内部因素，也有政治、经济、社会、文化等外部因素。在这些因素的影响下，医药市场营销活动会经常出现一些新情况和新问题。在多数情况下，这些新情况、新问题的出现是多种因素影响的结果。例如，某种药品近期销量增加，其原因可能是由于季节变化，引起某种疾病发病率的提高，导致治疗该种疾病的药品的销量增加，也可能是企业的广告费用和技术服务费用增加的结果。由此可见，因果性调查是在收集有关医药市场变化信息的基础上，运用推理和分析的方法找出在上述各因素之间的"因"和"果"，从而预见医药市场的发展变化趋势。

第三节 医药市场调查的步骤与方法

一、医药市场调查的步骤

医药市场调查要遵循一定的程序。科学的调查程序是取得调查成功的基础，会使调查顺利、有效的进行，对改善医药企业的经营管理有重要作用。由于调查的目的、条件、时间和范围不同，调查程序也不尽相同，但归纳起来，一般分为以下5个阶段。

1. 确定调查目标

确定调查目标是医药市场营销调查的重要环节。通过确定调查目标，可以明确为什么要调查、调查什么问题、具体要求是什么、搜集哪些资料等。没有调查目标，就失去了调查的方向。如果目标不准或不明确，往往也会使调查陷于盲目状态，其结果只能是徒劳，甚至造成浪费和损失。只有明确目标，才能确定调查对象、内容和采取的方式、方法。因此，调查目标是整个调查中的首要问题。例如，某企业的产品年度订货下降，这就要了解到底是什么原因造成的，是产品质量达不到消费者的要求、企业的售后服务跟不上、竞争对手向市场投放了新产品，还是该产品的市场需求量下降。要针对企业销售量下降的问题确定调查目标，决不能无的放矢。

2. 制定调查方案

在明确调查目标后，就应制定调查方案。能否制定出科学合理的调查方案，是医药市场调查成败的关键。制定调查方案主要包括以下几个方面的工作：①根据调查目标将调查项目按其重要程度进行排队，突出重点；②根据调查项目确定收集资料的来源、性质和数量；③根据调查任务的大小明确调查人员，并将责任落实到人；④明确调查方法，并按不同的调查内容确定不同的调查方法；⑤明确调查的起止时间和时点，安排调查进度；⑥做出调查经费预算。

3. 设计调查表（问卷）

调查表又叫问卷，是系统记载需要调查的问题和调查项目的表格，用来反映调查的具体内容，为调查人员询问和被调查者回答提供依据，是医药企业进行市场调查、获得市场信息资料、实现调查目的的重要工具。经过设计的问卷，可使调查内容标准化和系统化，便于收集、整理和汇总所需调查的资料。问卷设计的质量直接影响调查结果，因此问卷设计是进行医药市场调查的重要一环。

（1）设计调查表（问卷）的原则 设计医药市场调查表时，应该遵循以下几个原则。

① 必要性原则。即所提的问题应该是市场调查所必需的，能为调查目的的实现直接服

务，没有价值或无关紧要的问题都不应该列入。

② 方便性原则。方便性包括两个方面：一是被调查者回答时方便；二是调查者整理数据时方便。为了被调查者回答时方便，在进行问卷设计时应该注意以下几个方面：为照顾到各文化层次的被调查者，在回答时最好不需要写字，只需划"√"或"0"即可；所提的问题要简单明了，不能含糊其辞、模棱两可；所提问题的排列顺序，应该由近及远、由易到难，以帮助被调查者构思答案；所提问题最好是被调查者的经验或者是能被其记忆的东西，这样才能得到被调查者的顺利答复。为方便调查者进行数据整理，在设计问卷时必须注意防止偏见，以免造成单一的答案，另外还要注意所提问题的合理布局。

③ 艺术性原则。由于市场调查没有法律的约束，被调查者没有必须回答问题的义务，因此只有被调查者愿意配合，才能达到调查的目的。否则，市场调查将会流于形式。这就要求问卷设计一定要有艺术性，使被调查者愿意回答。例如，要以亲切的语气开头，使被调查者感到自然、温暖、有礼貌及有趣味，从而增加回答问题的热情等。

④ 可行性原则。设计问卷时应尽量避免列入难以令人回答的问题，并要注意使用适合被调查者身份、水平的词句或用语等。

总而言之，医药市场调查问卷的设计，要从内容和形式上体现出项目设计的必要性、回答问题的可能性及提出问题的艺术性。

(2) 调查表的基本结构 医药市场调查表，一般由以下几个部分构成。

① 调查的基本内容。它是调查表最基本、最主要的组成部分，是指所要调查的具体项目。

② 调查表填写说明。主要包括填表要求、填表注意事项等。其目的在于使调查结果统一口径，便于比较和分析。

③ 编号。有些调查表须统一编号，以便于分类、归档和进行计算机处理。

④ 备注。主要是注明有关问题。

(3) 设计调查表应注意以下几个问题

① 调查的内容一定要把需要与可能结合起来。列入调查表的每个项目，应是调查课题所必需的，与调查课题虽有一定关系但被调查者无法回答或者不愿回答的问题不宜列入。

② 调查表中的问题采用何种问卷形式应当根据调查内容和调查对象的特点来确定，做到实事求是，灵活掌握。例如，有些属于质量性的问题宜用问答式，有些比较性的问题可用选择式。提出问题应具体明确，便于被调查者回答。

③ 使用命题用语，力求通俗易懂、简明扼要、明白无误，避免使用含糊不清、模棱两可的语句。命题时还要注意被调查者的心理因素，避免提出引起反感的和带有偏向性的问题。

④ 调查表中应注意调查问题的排列顺序，使之眉目清楚，有利于提高回答问题的效果。一般说来，同类型的或成套的问题可以排在一起，简单的问题、被调查者较为关注的问题可放在前面，复杂的问题、被调查者较难回答的问题应放在后面。科学合理的调查表格是搞好医药市场调查的必要条件。

4. 搜集调查资料

搜集调查资料是市场调查的重要环节，不占有大量的资料就无法进行分析和预测。调查资料按其来源不同可分为原始资料和二手资料。原始资料也称一手资料，是指研究者基于某种研究目的而亲自收集的资料。二手资料是指已由他人收集并整理的现有资料。

(1) 原始资料的收集 要求调查人员有一定的医药市场研究知识和工作经验，最好具备医药市场营销知识和医药企业生产技术方面的知识。此外，还要仪表端庄，擅长与陌生人沟通，工作认真，有克服困难的信心和勇气。原始资料直接影响调查结果的准确性。

(2) 二手资料的收集 因为二手资料是通过各种间接渠道获取的资料，所以对二手资料收集和处理有更严格的要求。①目的性。是指资料的收集必须有明确的目标，应为企业的预测和决策提供实际的效用，避免无的放矢。②真实性。是指对所获取的二手资料要进行认真鉴别和筛选，坚持实事求是，避免个人偏见。③完整性。是指收集的资料要全面系统，同类数据在时间上应当是连续的，能够反映医药市场的实地情况及其发展趋势。④时效性。是指必须收集市场变化的最新数据资料。

使用二手资料有以下优点：①获得速度快；②收集费用比收集原始资料要低；③它能辅助现有的原始资料。但它也存在一些缺点，如可信度等方面的问题。

5. 整理调查资料

整理调查资料包括筛选、分类和分析3个内容。筛选的目的在于去粗取精、去伪存真，剔除非本质的、不真实的、不客观的资料。筛选要围绕调查目的取舍和选择，有价值的残缺资料不可轻易放过。分类的目的在于使资料系统化，便于查找、分析。筛选和分类后的资料仅仅是数据和事实，因资料的来源不同，有些资料之间往往出入较大，还应根据这些数据和事实进行分析，找出问题的实质，发现现象之间的因果关系和内在规律性，这样才能做出有价值的判断和结论。对资料的分析，要根据不同的需要采用不同的分析方法，如时间序列分析、因素分析、相关分析、方差分析、判断分析等。总之，调查资料经过筛选、分类、分析后，一般能够达到反映客观事物及其规律的目的。

6. 编写调查报告

编写调查报告是市场调查的最后一步。调查报告是用文字、图表的形式反映整个调查内容和结论的书面材料，是整个调查结果的集中表现。编写调查报告的目的是，用调查得来的资料对所要解决的问题做出说明分析，并得出结论，供决策者参考。

(1) 医药市场调查报告的结构 医药市场调查报告的一般结构包括以下几个部分。

① 引言。包括标题和前言。在前言中应该写明调查的时间、地点、对象、范围、目的，说明调查的宗旨和调查的方法等。

② 正文。即医药市场调查报告的主体，一般包括详细的调查分析方法、调查结果的描述与分析、提出解决问题的合理化建议等。要力求做到正面回答调查方案中提出的问题，运用调查得来的资料，数字要客观准确，文字要简明扼要，重点突出，分析问题力求客观，避免主观武断和片面性，避免不着边际的空谈和无明确结论的报告。

③ 结果。带有前言的报告，要照应开头，起到归纳的作用，或者重申观点，以加深认识。

④ 附件。附件是报告引用过的重要数据和资料，包括调查样本的分配、图表及附录等。

(2) 医药市场调查报告的编写要求 在编写医药市场调查报告的过程中，需要掌握以下几个要求：①完整、明确地回答调查计划中提出的问题；②文字要简明扼要、重点突出、通俗明了；③所用的统计数据必须准确无误；④分析问题时要力求客观，避免主观武断和片面性；⑤要提出解决问题的具体意见，避免不着边际、模棱两可地空谈。

二、医药市场调查的方法

医药市场的调查方法主要是指对确定的调查对象进行调查的技术方法。任何市场调查都要求运用一定的策略和技巧，借助一定的调查工具和手段，比较真实、客观地收集调查对象的有关材料。医药市场调查方法主要有以下几种。

1. 面谈调查法

面谈调查法，就是调查人员直接访问被调查者，通过面对面的交谈收集有关资料的方法。其优点是：进行直接面谈可以觉察彼此的愿望、感情及自身状况，也可以观察出被调查者提供信息的可信度；可使调查的问题逐步深入，可以获得比较详细的调查内容；被调查者对调查问题不够理解或回答不明确时，调查者可以当面解释或补充，因此获得的资料比较真实、准确；可以根据被调查者的态度，采取灵活的方式，使调查有繁有简地进行，同时调查双方还能在调查中相互得到启发；对调查所提问题的回答率较高。其缺点是：调查费用较高；调查结果受调查人员水平和知识的影响较大，因此要求调查人员具有较高的文化水平、技术水平和良好的工作态度；有时有些被调查者会因外出或工作关系不能与调查者直接见面，且受被调查者是否愿意合作的限制，另外容易使被调查者产生被质问的压迫感。

面谈调查法是由调查者面对面地向被调查者询问需要调查的问题。被调查者可以是一个人，也可以是多人。调查者必须事先设计好调查表或拟定调查提纲，以便有效地进行面谈或自由讨论。

2. 电话调查法

电话调查法，就是对选定的调查对象进行电话询问的调查方法。电话调查法的优点是：调查速度快，费用比较低，可克服被调查者不便接待或不愿接待的局限等。但是，电话调查受时间限制，交谈形式简单，不容易深入，难以询问比较复杂的问题，甚至不易取得对方的信任与合作。另外，对于没有电话或电话号码不公开的单位或个人，就不能采用电话调查法。

3. 邮寄调查法

邮寄调查法，就是由调查人员将需要调查的内容设计好调查表格，通过邮局寄到被调查者手中，在一定时间内被调查者做好答案寄回的调查方法。邮寄调查法的优点是：调查面广，调查成本低，被调查者有充分思考的余地，回答时相对比较认真，可以避免调查者偏见的影响，可获得较有参考价值的信息。但邮寄调查法受邮政限制，时间长，容易延误市场机会，信件回收率低，代表性和准确性较差，不适用于需要迅速得到回答的调查。在实际调查过程中，如果采用此法，需要给予被调查者一定的物质补偿，以补偿被调查者的劳动和邮寄费用的支出。

4. 观察法

观察法，是由调查人员到调查现场直接进行考察的一种调查方法。观察者可以是调查人员在现场利用感觉器官直接感知，也可以借助于某种观察工具或仪器设备，如照相机、录像机或某种特定的录像仪器进行记载。观察法的特点是用客观观察代替当面询问，使被调查者不会意识到自己在被调查，从而表现出自然真实的行为、反应和感受。观察法的优点是搜集到的信息较为客观准确。但观察法的调查面较窄，花费时间较长，观察的结果受调查者自身因素的影响，易产生错觉。

观察法具体分为直接观察法和行为记录法两种。直接观察法是由调查人员对调查对象进行观察，收集与调查内容有关的行为、感受和反应的材料。例如，经理到零售药店了解售货员的服务态度和工作行为，观察消费者购买医药的种类、数量和方式等。行为记录法是由调查人员用特殊的记录装置记录调查对象的行为和反应。

5. 实验法

实验法，就是把调查对象置于一定的条件之下，进行小规模的实验，通过观察分析了解其发展趋势的一种方法。其优点是：可以有控制地分析观察某些变量之间是否存在着因果关系，以及自变量的变动对因变量的影响程度；可以获得比较准确的情况和数据，作为预测和决策的可靠基础。其缺点是：相同的实验条件不易选择；变动的因素不易掌握，实验的结果不易比较；实验需要的时间长，取得资料的速度慢；费用较高。

实验法是医药市场调查广泛使用的一种方法。凡是某种产品要改变品种、质量、包装、设计、价格、商标、广告时，都可以应用此法进行小规模的试验性销售，以了解消费者的反应，从而决定本企业的营销决策。

思 考 题

1. 医药市场调查的概念和意义是什么？
2. 医药市场调查的内容有哪些？
3. 医药市场调查如何分类？
4. 医药市场调查的步骤有哪些？
5. 医药市场调查的方法有哪些？
6. 案例分析

美国一家著名生产日用化妆品的厂家为了听取用户意见，在产品包装上标明该公司及各分厂的800个电话号码，顾客可以随时就产品质量问题打电话反映情况，费用全部记在公司账上。公司对所来电话给予回复，并视情况予以奖励。该公司一年就接到近25万个顾客电话，从中得到启发而开发出的新产品的销售额近1亿美元，而公司的电话费支出不过600万美元。

美国一个家庭住进了一位日本人。他每天都写日记，记录美国人居家生活的各种细节，包括吃什么食物、看什么电视节目等。一个月后，日本人走了。不久，日本丰田公司推出了适合美国家庭需求的价廉物美的旅行车，大受欢迎。例如，美国男士（特别是年轻人）喜欢喝玻璃瓶装的饮料而非纸盒装的饮料，日本设计师就专门在车内设计了能冷藏并能安全放置玻璃瓶的柜子。直到这时，丰田公司才在报上刊登了他们对美国家庭的调查报告，并向那户人家致歉，同时表示感谢。

请你分析这两个案例的调查方法有何不同？分别采用了什么调查方法？

第九章　医药市场预测

【案例】 早在1968年，世界著名石油公司壳牌公司的一个专题研究小组展开了一项名为"2000年"的研究。它的主要内容是一个预测性的问题：石油过多久会枯竭？如果这些资源耗尽，石油公司是不是注定要面临一个乏味的、低增长的前景？用壳牌公司自己的话说就是"石油用完后，我们还能活多久？"

"2000年"远景预测的研究答案是：石油用完后，壳牌石油公司要想继续活下去，就必须涉足其他行业的市场领域。"2000年"的研究预测结果具有非常强的说服力，在壳牌公司产生了真正的商业效果：壳牌公司买下了其他不同行业的公司或是对其他行业进行投资。当然，这些投资并非都是成功的，但是从一开始就可以看到经营多元化的趋势。20世纪70年代初，壳牌公司进行了自上而下的统一行动：经营多元化。时至今日，壳牌公司已由单一的石油公司发展成为涉足天然气与电力、化工、勘探与生产、煤气化、油品、可再生资源开发等领域的一家全球化的综合型能源公司。

点评：在企业经营过程中，"得先机者得天下"。所谓得先机，就是企业对自己的未来、对市场的未来事先有一个准确的把握和清醒的认识，并能够采取适当的战略和策略适应未来的变化。这一切都是建立在企业准确的市场预测基础之上的。壳牌公司之所以能从一家单一的石油公司发展成为一家全球化的综合型能源公司，就是因为20世纪60年代开展的"2000年"课题研究。正是"2000年"预测性研究对石油及相关行业的未来做出了准确的预测和判断，并指导壳牌公司制定、实施了正确的经营战略和策略，才有了壳牌公司的今天。壳牌公司的发展给我们的启示是：一个企业要想有一个美好的未来，就必须重视市场预测。

第一节　医药市场预测的意义和特点

一、医药市场预测的概念与意义

1. 医药市场预测的概念

预测就是对未来做出估计和判断，即根据过去和现在推测未来。预测的手段和方法叫做预测技术，预测的理论、技术和预测的过程构成的整个体系被称为预测科学。在现代社会里，预测被广泛应用于人们的社会生活中。在市场经济条件下，市场预测成为医药企业市场营销活动中一项必不可少的工作。

医药市场预测就是在医药市场调查的基础上，根据医药市场过去和现在的情报资料，运用科学的方法和手段对未来一定时期内医药市场发展变化的趋势进行分析、判断和测算，从而为医药营销决策提供依据。

随着科学技术的快速发展，医药产品的市场生命周期越来越短，人们对医药商品需求的变化越来越快。因此，医药企业要想生存和发展，就必须对自己生产什么、生产多少、为谁生产等问题做出事先的判断。即通过市场预测把握医药市场供求变化趋势，指导企业的生产经营活动，提高企业竞争力，使企业获取最大的利润，从而使企业在激烈的医药市场竞争中占有一席之地。

2. 医药市场预测的意义

医药市场预测是医药企业营销活动的重要内容，是对医药企业经营环境、营销活动状况的科学分析、推测和估计。它是医药企业营销决策的前提条件。对医药企业的生存和发展具有十分重要的意义。

① 医药市场预测有利于医药企业更好地适应市场营销环境。医药市场营销环境，存在于医药企业之外，是直接影响医药企业生存和发展的不可控因素。任何一个医药企业都必须调查和分析医药市场营销环境，对它的发展变化规律做出准确的预测，并且根据预测结果及时调整自己的市场营销战略和策略，使企业的生产经营活动与医药市场营销环境的变化要求相适应。只有这样，才能使医药企业在纷繁复杂的市场营销环境中抓住一切有利的市场机会，避开一切可能的环境威胁，扬长避短，发挥自己的优势，使企业快速、健康地发展。

② 医药市场预测有利于医药企业制定出正确的市场营销组合策略。医药企业的市场营销组合策略包括产品策略、价格策略、营销渠道策略和促销策略。医药企业产品能否满足消费者的需求，能否保证企业取得良好的经济效益，取决于这4种营销策略综合运用的结果。医药市场预测能够帮助医药企业制定出正确的市场营销组合策略。首先，医药市场预测能够使医药企业准确把握医药市场消费的发展变化趋势，了解医药产品的生命周期状况，从而制定出正确的产品策略，使企业的产品充分满足消费者的需要，适销对路，取得良好的经济效益。其次，医药市场预测能够使医药企业准确把握医药市场供求关系的变化趋势、医药市场需求的变化趋势、医药消费者的消费偏好等，从而制定出正确的定价策略，使企业经营目标的实现得到有效保证。第三，医药市场预测能够使医药企业对医药市场中消费者特点、目标市场、市场竞争状况、国家的政策和法律等做出准确的判断，从而制定出正确的营销渠道策略，帮助医药企业选择时间短、速度快、费用省、效益高的商品营销渠道，使医药产品能够顺畅地到达消费者手里。第四，医药市场预测能够使医药企业获得开展医药促销活动所需要的各种市场信息资料，如消费者需求爱好的变化趋势、目标消费者经常接触的媒体等，这使得医药企业可以采用消费者喜闻乐见的促销方式，从而促进医药企业促销活动的有效开展。

③ 医药市场预测有利于医药企业的生存和发展。医药市场竞争激烈，变化多端。在市场营销过程中，竞争者出现的时间、竞争者实力的强弱、竞争者数量的多少以及与自己企业实力的对比等，都是医药企业通过市场预测必须了解和掌握的信息资料。经过对这些信息资料的科学处理，医药企业就能够把握市场竞争状况，掌握市场竞争规律，从而制定出正确的市场竞争策略，使企业在市场竞争中立于不败之地。

二、医药市场预测的特点

市场预测是对事物未来的发展变化趋势做出符合客观实际的估计和评价。它具有以下特性。

1. 科学性

医药市场预测绝不是主观想象和臆断，它是一门科学。医药市场预测的科学性是由其预测的方法和预测的技术决定的。市场预测一般使用数学和统计学等自然科学的方法，运用计算机等高科技技术手段，对市场调查得来的资料和数据进行统计、分析和处理，从而对医药市场未来的发展变化趋势做出一个科学、准确的判断。

2. 相关性

医药市场预测的相关性就是指医药市场的发展变化不是孤立的，而是与其他相关事物有着相互联系、相互依存、相互矛盾、相互制约的关系。对医药市场的各种变化进行相关的分析研究，就能找出它们内在的联系，发现医药市场发展变化的规律，从而对医药市场做出科学的预测。

3. 连贯性

医药市场的发展变化是一个连续发展的过程，是按一定规律发展的，其发展变化的各个阶段有着密切的联系，未来医药市场的发展变化是在过去和现在医药市场的基础上演变过来的。这就是医药市场预测的连贯性。因此，只要通过市场调查，获得详尽、准确的医药市场过去和现在的资料信息，并进行分析判断，就能推测出医药市场未来的发展变化趋势。

4. 近似性

医药市场的发展变化受到了诸多因素的影响，其中许多属于企业不可控制的因素。而且，在医药市场预测过程中，使用的预测技术和预测方法模型会存在一定局限性。另外，在预测过程中还会发生一些意想不到的情况。这些都会对预测的结果产生很大的影响，使预测结果和实际情况相比出现一定的偏差。因此，医药市场预测的结果都是对医药市场变化的一种近似描述，而不可能和实际情况完全相符。

5. 时效性

医药市场的发展变化是一个动态的过程，通过市场调查得来的医药市场信息资料具有很强的时效性，所以依据这些信息资料进行的医药市场预测也具有时效性。医药市场预测的时效性就是指预测的结果只在一定的时间内有效。因此，医药企业只有及时地把预测结果应用到经营实践中，指导企业的经营，才能使医药企业取得良好的经济效益。否则，医药市场预测的时效就会降低，失去其应有的作用。

第二节　医药市场预测的内容和分类

一、医药市场预测的内容

医药市场预测的内容很多。一般来讲，和医药市场营销有关的各个因素的变化情况都是要预测的内容，但主要的内容有以下几个。

1. 医药市场需求的预测

医药市场需求是指医药商品在一定时间内，在某一特定医药市场上，在某种医药市场环境下，消费者可能需求的医药商品的数量。这是医药市场预测的最主要的内容。医药市场需求受生产力水平、收入水平、消费者心理等诸多因素的影响。因此，要预测医药市场需求的变化趋势，就必须事先了解这些环境影响因素的发展变化，并通过分析这些因素的变化来推测出医药市场需求的变化趋势。医药市场预测的具体内容包括医药商品的现实需求量和潜在需求量、消费者购买心理和购买行为等。

2. 医药市场供给的预测

医药市场供给，是指在一定时期内，可供医药市场销售的商品数量。主要包括医药生产企业生产的医药商品、从国外进口的医药商品及国家对医药商品的战略储备。医药市场供给预测主要是对进入市场的医药商品供给总量及其构成和各种医药商品市场可供量的变化趋势的预测。只有在了解医药商品供给的基础上,预测出各种医药商品的发展前景,才能结合医药市场需求的变化趋势,较准确地预测出市场供求关系的发展趋势,为做出正确的医药市场决策奠定基础。

3. 医药产品价格的预测

在市场经济条件下,医药商品的价格是医药市场供求关系变化的晴雨表,是调节医药产品生产和需求的重要手段。反过来,医药产品供求的变化又会影响到医药产品的价格,使医药产品价格上下波动。因此,在进行医药市场预测时,必须预测医药市场供求关系的发展变化对医药产品价格的影响,并同时预测医药产品价格的变化给医药市场供求可能带来的变化及其发展趋势。

4. 医药市场占有率的预测

医药市场占有率是指在一定时间、一定市场范围内某医药企业某种医药产品的销售量或销售额占市场同类产品总销售量或销售额的比例。

医药市场占有率是反映一个医药企业在市场竞争中地位高低的重要指标。因此,医药市场预测实际上就是医药企业产品市场竞争力的预测。在医药市场竞争中,企业市场占有率会随着企业产品竞争力的变化而变化。一个医药企业的市场竞争力提高的速度超过了其他竞争企业,那么它的市场占有率就会提高。反之,它的市场占有率就会降低。医药企业的市场占有率受多种因素的影响,要想准确预测医药企业的市场占有率,就必须认真地分析研究医药市场营销环境、医药企业形象、医药产品质量、医药产品价格、医药广告促销等因素的影响。对医药市场占有率进行预测,不仅要了解自己企业产品的发展情况,还要了解竞争对手产品的发展情况。准确的医药市场占有率预测,可以使医药企业充分发挥自身的竞争优势,弥补自身的不足,改进自身的工作,从而进一步提高医药企业的市场竞争力。

5. 医药产品市场生命周期的预测

医药产品的市场生命周期是指一种医药新产品从试制成功投放市场开始,到被市场淘汰停产为止所经过的时间。医药产品的市场生命周期一般可以分为4个阶段:投入期、成长期、成熟期和衰退期。医药企业的产品处在市场生命周期的不同阶段,其市场营销策略会有很大差异。如果医药企业能够预测自己的产品在什么时候进入产品市场生命周期的什么阶段,那么它就可以制定出有针对性的市场营销策略,使医药企业的营销取得最好的效果。

6. 医药市场购买者消费心理和消费行为的预测

在医药市场中,消费者的消费心理产生消费动机,消费动机又支配着消费者的消费行为。消费动机和消费行为直接影响医药市场需求。因此,进行医药市场预测,必须对医药消费者的消费心理和消费行为发展、变化趋势进行预测。人的心理是外部世界在头脑中的反映,所以消费者的消费心理受到政治经济、社会文化等外部因素的影响。例如,随着社会经济的发展,消费者的收入不断增加,这会引起消费者对医药商品性能、质量的心理变化;随着社会文化事业的发展,医药消费者的受教育水平和文化程度不断提高,这会引起消费者对医药新产品、医药产品包装等的心理变化。医药企业只有对医药消费者的消费心理和消费行为做出准确的预测,才能使自己的市场营销策略更加适应医药消费者的消费需求,才能使医药企业取得更好的经济效益。

二、医药市场预测的分类

随着社会的不断进步和发展,医药企业市场预测的方式和方法也日趋多样化。医药市场预测根据不同的标准可以划分为不同的类型。

1. 根据医药市场预测范围的大小划分

根据医药市场预测范围的大小可以把医药市场预测划分为宏观医药市场预测和微观医药市场预测。

(1) 宏观医药市场预测　指对医药总体市场的预测。即在广泛的市场调查的基础上，对影响医药市场营销的总体市场状况的预测。主要包括对医药市场购买力水平、医药市场需求总量及其构成、国家经济政策对医药市场供求的影响等方面进行的预测。它的目的就是从宏观经济效果出发，为整个医药市场营销的发展规划提供决策依据。

(2) 微观医药市场预测　指对某一局部医药市场、某一医药企业或某一医药产品的市场状况进行预测。它的主要任务就是掌握某一医药企业目标市场范围内市场情况的变化趋势，为医药企业制定营销策略提供依据。

一般来说，市场预测的范围越大，受不可控制的因素影响越多，预测的难度越大，预测的精确度相对就会比较低。所以，宏观医药市场预测的准确度较低。要想提高宏观医药市场预测的准确度，就必须在宏观医药市场预测中综合采用多种市场预测方法，多方面地获取市场信息资料并进行综合分析。只有这样，才能取得良好的宏观医药市场预测效果。微观医药市场预测由于是局部的市场预测，一般都很具体。例如，企业要对自己产品的需求量做出的预测。这种预测，由于预测范围小，受不可控制的因素影响较少，所以预测的结果往往比较准确。

应该指出的是，我们主要研究的是微观医药市场预测。但是宏观医药市场预测和微观医药市场预测是相互依存的，它们有着密切的关系。微观医药市场预测是宏观医药市场预测的基础，且必须以宏观医药市场预测为指导。

2. 根据医药市场预测时期的长短划分

根据医药市场预测时期的长短可以把医药市场预测划分为长期医药市场预测、中期医药市场预测、短期医药市场预测和近期医药市场预测。

(1) 长期医药市场预测　指医药企业对医药市场 5 年以上的市场变化趋势所作的预测。它是医药企业预测医药市场的长期发展趋势，为企业制定长期发展规划提供依据而进行的市场预测。

(2) 中期医药市场预测　指医药企业对医药市场 1 年以上 5 年以下的市场变化趋势所作的预测。它为医药企业制定中期发展规划提供依据。例如，医药企业为制定 5 年发展规划而进行的市场预测。

(3) 短期医药市场预测　指医药企业对医药市场 1 年以内 1 个季度以上的市场变化趋势所作的预测。它为医药企业安排生产、购买相关设备和原材料等提供依据。

(4) 近期医药市场预测　指医药企业对医药市场一个季度以内的市场变化趋势所作的预测。它为医药企业近期营销计划的制定和执行提供依据。

3. 根据医药市场预测方法的不同划分

根据医药市场预测方法的不同可以把医药市场预测划分为定性医药市场预测和定量医药市场预测。

(1) 定性医药市场预测　指医药企业通过理论分析和经验判断，对医药市场未来的发展变化趋势做出的预测。例如，通过专家意见法预测医药市场的变化趋势。

(2) 定量医药市场预测　指医药企业根据市场调查得到的医药市场变化的数据资料，运用数学和统计的方法进行统计分析，对医药市场未来的变化趋势做出数量上的推测。例如，医药企业通过电子计算机对医药市场调查资料进行统计、分析、计算，然后预测出医药市场未来的发展变化趋势。

4. 根据医药市场预测的空间区域划分

根据医药市场预测的空间区域划分可以把医药市场预测划分为国际医药市场预测、全国医药市场预测和区域医药市场预测。

(1) 国际医药市场预测　指医药企业以国际医药市场的发展变化趋势为对象的预测。目前，我国越来越多的医药企业进入国际市场，参与国际竞争，国际医药市场预测逐渐成为我国医药企业普遍进行的一项市场经营活动。

(2) 全国医药市场预测　指医药企业以全国范围的医药市场发展变化趋势为对象的预测。随着全国统一医药市场的形成，许多医药企业以全国医药市场为目标市场，因而有必要了解和掌握全国医药市场的发展变化趋势，进行全国医药市场的预测。

(3) 区域医药市场预测　指医药企业以自己的某一个销售区域为预测对象的预测。医药企业在市场营销过程中，经常进行这样的预测。区域医药市场预测由于市场范围较小，资料收集较容易，预测难度也较小，预测准确度较高。

第三节　医药市场预测的步骤和方法

一、医药市场预测的步骤

医药市场预测是一个复杂的过程，在这个过程中，稍有差错就会影响整个预测结果的准确性，对医药企业的营销活动造成重大影响。因此，医药企业进行市场预测必须严格按照一定的工作程序和步骤进行。医药市场预测的一般步骤如下。

1. 确定医药企业预测目标及方案

确定医药企业预测目标是医药企业进行市场预测的第一个步骤。有了预测目标，预测工作才有了方向。预测目标不同，使得预测的方法、预测的内容、预测所需的信息资料以及预测的经费预算等，都会有所不同。因此，医药企业进行市场预测，首先要解决的问题就是确定正确的预测目标。

确定医药企业的预测目标，就是根据企业市场营销活动的需要，明确企业要预测什么问题、预测要解决什么问题。根据预测的要求拟定预测的项目，制定预测的工作日程和计划，编制预测的预算计划，进行预测人员的安排和调配，组织实施预测计划，保证医药市场预测的顺利进行。

2. 收集整理医药市场的信息资料

收集整理医药市场的信息资料是医药企业进行市场预测的基础工作。任何市场预测都是建立在收集整理市场信息资料的基础之上的，市场预测的结果是否准确就取决于市场信息资料的收集整理是否广泛全面、系统和可靠。所以，收集整理医药市场的信息资料，就要以医药市场预测的目标为前提，做到收集整理的信息资料广泛全面、准确可靠。医药市场预测的信息资料可以分为两大类：历史资料和现实资料。

(1) 医药市场预测的历史资料　又称间接资料。它是反映医药市场过去发展变化的信息资料，主要是各级政府、主管部门公布的数据资料和医药企业内部积累保存的历史资料。例如，国家政府部门制定公布的医药方面的政策法规、各种公报、年鉴、报告等方面的信息资料，包括国家经济发展状况，医药消费者收入变化情况，消费结构变化情况等以及各种报刊、杂志公布的信息资料等。这些信息资料是现成的，医药企业可以随时得到，随时使用。对历史信息资料，不能不加分析地随便使用，要对收集来的医药历史信息资料加以分析研究，鉴别真伪，去伪存真，以保证用于医药市场预测的信息资料的可靠性，使医药市场预测能够有一个准确的结果。

（2）医药市场预测的现实资料 又称直接资料。它是医药企业的市场预测人员对医药市场进行调查研究得来的信息资料。它是进行医药市场预测的重要的信息资料，尤其是医药企业推广新产品或者开辟新市场时，无历史资料可用，只能通过实地调查研究获取第一手资料用于医药市场预测。

在医药企业的市场预测中，无论是历史资料还是现实资料，在使用时，都必须运用科学的方法对资料进行分类、统计、加工、整理，对异常的信息资料进行修正，对残缺的信息资料进行弥补，以免在医药市场预测过程中产生偏差，影响预测结果的准确性。

3. 选择医药市场预测的方法

医药市场预测的方法很多，有定性分析的预测方法，还有定量分析的预测方法。但每一种方法都有自己适用的对象和条件，医药企业在进行市场预测时必须根据预测目标和预测的要求选择合适的预测方法，只有这样才能保证医药市场预测的准确性。如果医药企业在预测时不能获取较充分的信息资料，甚至不能获取相关的信息资料（如医药企业新产品的市场需求资料等），就需要采取定性预测方法；如果医药企业在预测时能够获取较充分的市场信息资料，并且未来医药市场变化与历史的发展规律差异不大时，就可以采用定量预测方法；在医药市场预测的情况比较复杂时，为了保证预测的有效性，医药企业可以将几种预测方法综合运用，以互相补充，达到良好的预测结果。

4. 建立合适的医药市场预测模型

预测模型的建立，是医药市场预测的一项重要工作，它关系到预测的合理性和准确性。医药企业在进行市场预测时，必须根据预测目标的要求建立合适的市场预测模型。在采用定量医药市场预测方法时，可以建立多种相关的数学模型进行预测计算。在采用定性预测方法时，可以采用逻辑思维预测模型。

5. 实施医药市场预测

一旦医药市场预测方法和预测模型确定下来，就可以运用这些方法和模型进行实际的市场预测，即对医药市场进行预测计算，对预测结果做出量的估计。在采用几种不同的预测方法和模型进行预测时，如果出现预测结果相差很多的情况，就要结合定性预测，对预测结果进行调整和修改。一般来说，在运用预测模型进行预测时，要事先对预测模型进行试验，在试验中对模型的预测精度进行评价。在模型的预测精度较为满意时，才能进行正式的预测。

6. 写出医药市场预测报告

在医药市场预测的结果出来以后，要用书面报告的形式对预测结果做出系统的分析说明，提出结论性的意见。医药市场预测报告的内容一般包括预测目标、预测内容、预测方法、预测预算、预测过程的叙述、预测结果的分析和修正等。医药企业的市场预测报告写出以后，需交企业决策部门进行审查阅读，并进行选定。

二、医药市场预测的方法

医药市场预测的方法非常多，归纳起来主要有两大类：定性预测法和定量预测法。

1. 定性预测法

定性预测法，也称为经验判断法，又称为判断分析法。是指医药企业预测人员根据市场信息资料，运用经验和主观分析判断或者综合集体智慧预测医药市场未来发展变化趋势的一种市场预测方法。它是医药企业常用的一种市场预测方法。它具有适用范围广，简便易行，耗费时间、经费比较少等优点。尤其是在预测过程中缺少可供分析判断的市场信息资料的情况下，特别适合使用这种预测方法。但这种预测方法也有明显的缺点，就是预测结果往往受到预测人员个人素质（如知识水平、经验）的直接影响，比较主观、片面，对医药市场预测的准确度较低。常用的医药市场定性预测法主要有以下几种。

（1）医药企业经理人员意见法　指由医药企业各部门经理或负责人根据医药企业预测目标的要求，凭借自己的经验和本部门的有关信息资料，对医药市场未来的发展变化趋势做出判断和预测，然后由预测人员对这些经理人员的意见进行综合，最后得出预测结果的一种定性市场预测方法。我国医药企业在对某种医药商品未来市场发展变化趋势、产销变化及价格趋势、产品所处的市场生命周期阶段、医药新产品的市场前途、市场占有率的变动趋势等问题进行预测时经常采用这种预测方法，并取得了较好的预测效果。

① 医药企业经理人员意见法的预测过程。包括：a. 医药企业根据经营需要提出预测目标；b. 医药企业各部门经理或负责人根据经验和相关资料信息对预测目标提出自己的意见；c. 医药企业预测人员对各种意见进行综合、分析、判断，得出预测结果。

② 医药企业经理人员意见法的优缺点。这种预测方法有如下优点。a. 可以发挥医药企业各部门经理人员的聪明才智。由于这些人员对自己分管的工作非常熟悉，因此他们的预测结果较为符合实际。b. 这种预测对医药企业来说，非常及时。c. 耗时较少、费用较省。这种预测方法有如下缺点。a. 预测的结果受医药企业经理人员素质水平的影响。如果这些经理人员的素质较低，就会造成预测结果的不准确。b. 这些经理人员的知识经验以及他们掌握的信息资料往往局限在自己工作的范围内，缺乏对医药企业预测目标的综合考虑。

（2）医药企业销售人员意见法　指医药企业的销售人员凭借自己对医药市场营销环境的熟悉、对医药消费者需求心理和消费水平的了解以及长期积累的销售经验，对未来医药市场发展变化趋势做出估计和判断的一种定性预测方法。这种预测方法可以为医药企业新产品开发策略、价格策略、促销策略等营销策略的制定提供依据。在我国，该种方法已被中小型医药企业广泛采用，并取得良好的效果。

① 医药企业销售人员意见法的预测过程。包括：a. 医药企业对自己的市场销售人员提出预测目标；b. 医药企业市场销售人员根据自己对销售区域内市场情况的了解，做出自己的判断，提出自己的意见；c. 医药企业各个销售区域的负责人对销售人员的意见进行汇总、上报；d. 医药企业预测人员根据各个销售区域上报的意见进行修订、综合，最后得出预测结果。

② 医药企业销售人员意见法的优缺点。这种预测方法有如下优点。a. 由于企业销售人员最接近市场，对消费者需求、市场变化、竞争者情况等比较熟悉，预测结果经过综合、修正后比较接近实际。b. 由于预测结果是销售人员预测出来的，因此，根据预测做出的医药企业决策容易得到销售人员的理解和支持。这种预测方法有如下缺点。a. 由于医药企业销售人员工作岗位的限制，使得他们对企业全局情况了解不够全面。这会影响预测的结果，产生一些偏差。b. 由于医药企业销售人员自身素质、业务水平参差不齐，也会影响预测结果的准确性。

(3) 医药企业用户意见法 指医药企业预测人员通过收集医药市场用户购买意向、需求数量和对医药商品的评价等方面的意见，推断出医药市场商品未来需求变化趋势的一种定性预测方法。用户意见法主要适用于医药产品用户不多或主要用户不多的产品预测。因此，这种预测方法主要用于生产资料产品的市场预测。

① 医药企业用户意见法的预测过程。包括：a. 确定医药企业预测目标；b. 根据预测目标选择合适的用户意见收集方法，可以采用抽样调查、重点调查、典型调查等方式；c. 在调查中，收集医药市场用户信息资料可以通过对用户进行个别访问、电话询问，也可以通过发放调查表、调查问卷，还可以通过医药商品零售柜台直接征求用户意见；d. 医药企业预测人员将收集到的用户意见信息资料进行综合分析，并根据历史经验和其他相关资料对医药市场未来的变化趋势做出判断和推测。

② 医药企业用户意见法的优缺点。这种预测方法有如下优点。a. 从用户那里得到的信息资料是第一手资料，是最可靠的资料，有助于提高医药市场预测的准确性。b. 医药企业运用这种预测方法比较节省人力、物力。c. 这种预测方法预测速度比较快。这种预测方法有如下缺点。a. 用户意见法能否成功运用，关键取决于用户的态度。如果用户采取不合作的态度，预测就难以取得可靠的信息资料，从而影响预测的准确性。b. 在预测过程中，样本的选择也会影响医药市场预测的准确性。

(4) 德尔菲法 又称专家意见法。是指预测组织者根据医药企业预测目标和预测内容选定若干有关专家，采取匿名的方式，逐一征询每个专家的意见，使各位专家的意见趋于一致，最后由预测组织者进行综合分析得出预测结果的一种定性预测方法。德尔菲法在定性预测方法中占有重要的地位，被广泛应用于医药产品市场供求变化趋势、医药产品价格变化趋势、医药产品销售变化趋势、医药产品市场占有率变化趋势等方面的预测。医药企业由于各种原因无法使用定量预测方法预测时，德尔菲法往往成为首选的定性预测方法。

① 德尔菲法的特点。德尔菲法主要有以下几个特点。a. 匿名性。这是德尔菲法最突出的一个特点。就是在整个预测过程中，参加预测的专家互不见面，他们之间的交流靠预测的组织者进行信息的传递，每位专家发表的意见也以匿名的形式进行表达。b. 反馈性。在预测过程中，预测组织者多次征询的专家意见，并把征询的专家意见及时反馈给每一位专家，供他们参考、修正。c. 收敛性。德尔菲法在预测过程中重视对每一位专家每一次意见的归纳、总结和反馈，使专家们能根据每一次反馈的意见不断修正自己的意见，最后使专家们的意见趋于一致。

② 德尔菲法的预测过程。包括：a. 医药企业预测组织者根据预测的目标和要求，先拟定预测提纲，准备好预测所需的医药市场信息资料，选定理论水平高、实践经验丰富的若干相关专家；b. 将拟定的预测提纲和医药市场信息资料寄送到每一位专家手中，请他们根据自己的判断对预测目标做出分析和评估，并把结果送还预测组织者手中；c. 预测组织者将各种不同的预测结果以及数据资料分类汇总，反馈给各位专家，继续让他们发表自己的意见；d. 这样的过程经过几个轮次，预测组织者在各位专家的意见达到基本一致的情况下，最后得出较为符合市场实际的预测结果；e. 预测组织者根据预测的结果写出预测报告，供决策者参考。

③ 德尔菲法的优缺点。这种预测方法有如下优点。a. 医药企业选定的专家一般都具有较高的专业知识水平和丰富的实践经验。德尔菲法可以充分发挥专家的专业特长，在缺乏医药市场信息资料的情况下，也可以使预测结果比较准确可靠。b. 使用德尔菲法进行医药市

场预测，征询意见比较广泛，不受地区、部门的限制，方法简单、易行、实用。这种预测方法有如下缺点。a. 使用德尔菲法进行医药市场预测，预测时间耗费较长。b. 由于各种原因，如专家不配合、中途退出以及由于受心理因素的影响专家意见不全面，这些都会给预测结果造成不利影响。

2. 定量预测法

定量预测法，又称数量预测法或统计分析预测法，是指医药企业根据市场调查得来的大量医药市场信息资料，运用统计学和数学的方法建立市场预测模型，对医药市场未来的发展变化趋势进行定量的分析和描述的一种预测方法。定量预测法主要应用于具有时间序列特征的预测对象，如医药产品的产量、销量等。另外，还应用于具有因果关系的预测对象，如消费者收入水平对医药产品销售的影响、医药产品价格变化对销量的影响等。医药市场定量预测需要大量完备、齐全的医药市场信息资料，需要运用统计学方法并建立数学预测模型。它的优点是：预测过程科学、严谨；预测结果准确率较高，并能有效指出预测结果的误差范围。其缺点主要是对受医药企业不可控因素影响较多的预测对象难以做出有效、准确的预测。常用的医药市场定量预测方法主要有以下几种。

(1) 销售实绩对比分析法　又称百分比率法。它是以当年销售实绩较上年销售实绩增减的百分比作为明年销售量变化的增减比例，来推算出明年可能销售量的方法，适用于比较稳定的趋势预测。其计算公式为

$$明年销售预测值 = 当年销售实绩 \times \frac{当年销售实绩}{上年销售实绩}$$

例如，某药店 2005 年药品销售量 296 万件，2006 年药品销售量为 354 万件，预测 2007 年药品销售量将是多少？

$$2007 年药品销售量 = 354 \times \frac{354}{296} = 423.36（万件）$$

(2) 简单平均数法　指利用预测前的各期销售额统计数字，求其算术平均数，作为下期预测值。其计算公式为

$$预测值 = \frac{前期销售总量}{期数}$$

例如，某药店 2006 年 1～6 月份，药品销售额分别是 25 万元、20 万元、18 万元、17 万元、18 万元、19 万元。预测该年 7 月份的药品销售额是多少？

$$7 月份药品销售额预测值 = \frac{25+20+18+17+18+19}{6} = 19.5（万元）$$

(3) 加权平均数法　时间序列各期的实际数据对预测对象未来发展有不同程度的影响。这种预测方法认为，对不同时期的实际数给予不同的权数处理后再求平均值更能反映事物客观规律及未来发展趋势。普遍认为，越是近期的数据，越能反映发展趋势，应给予较大权数。

其计算公式为

$$y_{n+1} = \frac{y_1 W_1 + y_2 W_2 + y_3 W_3 + \cdots + y_n W_n}{W_1 + W_2 + W_3 + \cdots + W_n} = \frac{\sum_{i=1}^{n} y_i W_i}{\sum_{i=1}^{n} W_i}$$

式中，y_{n+1} 是 $n+1$ 期的预算值；y_i 是 i 期的统计数据（$i=1,2,3,\cdots,n$）；W_i 是 i 期数

据的权数 ($i=1,2,3,\cdots,n$)。

例如，某药店 2003 年第一至第三季度的销售额分别是 3125 万元、2167 万元和 3324 万元，预测第四季度的销售额。

考虑到时间序列期离预测期越近，其实际值对预测值的影响就愈大，则设第一至第三季度销售额权数分别是 0.25、0.35 和 0.40，则

第四季度销售额预测值 $=\dfrac{3125\times 0.25+2167\times 0.35+3324\times 0.40}{0.25+0.35+0.40}=2869.3$（万元）

（4）一元线性回归预测法　指通过对历史资料进行统计分析，寻找与预测对象有内在变量上的、相互依存的相关关系的规律，并建立回归数学模型进行预测的方法。通过回归分析，可以把非确定的相关关系转化为确定的函数关系，据此预测未来的发展趋势。其基本公式为

$$y=a+bx$$

式中，x 为自变量；y 为因变量；a、b 为回归系数。这个公式叫做一元线性回归方程，它的图像叫回归直线。

用一元线性回归预测法时，利用已知的几组统计数据 (x_i, y_i)，寻找或拟出一条回归直线，即计算回归系数 a、b，使得这条确定的直线反映这两个变量之间的变化规律，从而已知一个变量 x 的值，计算出另一个变量 y 的值。a、b 的计算公式为

$$a=\dfrac{\sum y_i}{n} \qquad b=\dfrac{\sum x_i y_i}{\sum x_i^2}$$

在医药企业实际工作中，y 代表销售额，x 是时间变量，n 为所给资料组数。

例如，某制药厂，2002~2006 年的妇乐冲剂销售额分别是 300 万元、500 万元、400 万元、700 万元、600 万元，预测 2007 年妇乐冲剂的销售额。

从资料看，本题 $n=5$（奇数），列表计算回归系数，如表 9-1 所示。

表 9-1　回归系数的计算

年份	时间序号(x_i)	销售额(y_i)/万元	$x_i y_i$/万元	x_i^2
2002	-2	300	-600	4
2003	-1	500	-500	1
2004	0	400	0	0
2005	1	700	700	1
2006	2	600	1200	4
$\sum$	$\sum x_i=0$	$\sum y_i=2500$	$\sum x_i y_i=800$	$\sum x_i^2=10$

经计算得

$$a=\dfrac{\sum y_i}{n}=\dfrac{2500}{5}=500 \qquad b=\dfrac{\sum x_i y_i}{\sum x_i^2}=\dfrac{800}{10}=80$$

回归方程为

$$y_i=500+80x_i$$

2007 年 x_i 编号应为 3，将 $x_i=3$ 代入回归方程，则 2007 年销售额预测值为

$$y_3=500+80\times 3=740 \text{（万元）}$$

思 考 题

1. 医药市场预测的概念和意义是什么？
2. 医药市场预测的内容有哪些？
3. 医药市场预测有哪些主要类型？
4. 进行医药市场预测，需要经过哪些步骤？
5. 医药市场预测方法有哪些？
6. 案例分析

从气象定律到气象商品指数

西方经济学中有条德尔菲气象定律：气象投入与产出比为 1∶98。即企业在气象信息上投资 1 元，便可以得到 98 元的经济回报。在不同的市场条件下应用，经济回报率可能会更高。如果商家事先知道天气走势，在生产、采购、销售计划中考虑到气象因素，趋利避害，不仅能够避免损失，还可以变成在竞争中的优势。因此，这种所谓的气象经济便产生了。最初的气象经济是一些生产型的厂商在安排生产计划时使用的，而现在的气象经济越来越多地被应用到更广的层面上。在国外，西方的气象公司已经研制出了形形色色的气象指数。例如，德国商人发现，夏季气温每上升 1℃，就会新增 230 万瓶的啤酒销量，于是气象公司便开发出啤酒指数，供啤酒商参照。日本则开发出空调指数。他们发现夏季 30℃ 以上的气温多一天，空调销量就增加 4 万台。此外，还有天气与客流量分析的乘车指数、冰淇淋指数、泳装指数、食品霉变指数等各种指数，用来帮助企业预测并提前确定生产营销计划。由于气象经济发达，国外气象公司效益都相当可观，行业竞争也十分激烈。

请问：国外为什么气象经济发达？气象公司开发出的各种气象商品指数对相关企业营销有什么意义？这对我国医药企业有什么借鉴意义？

第十章 医药市场营销决策

【案例】 1982年9月29日和30日,在美国芝加哥地区发生了有人因服用含氰化物的"泰莱诺尔"药片而中毒死亡的事故。"泰莱诺尔"是美国著名医药公司强生公司的主要产品之一。在此以前,该药控制了美国35%的成人止痛药市场,年销售额达4.5亿美元,占强生公司总利润的15%。起先,仅3人因服用该药片中毒死亡。可随着消息的扩散,据称,美国全国各地有250人因服用该药而得病和死亡,一下子成了全国性的事件。强生公司经过对800万片药剂的检验,发现所有这些受污染的药片只源于一批药,总共不超过75片。最终的死亡人数也只有7人,且全在芝加哥地区。此时,强生公司面临着一个重要抉择:是大事化小,小事化了,还是向社会公众公布事实真相。最后,强生公司做出了正确的决策:出于对社会负责,回收全部该种药品,还将预警消息通过媒介发向全国。随后的调查表明,全国94%的消费者知道了有关情况。强生公司后来重新向市场投放了这种产品,并有了抗污染的包装。事故发生后的5个月内,该公司就夺回了该药原所占市场的70%。据说为维护其信誉,强生公司在很短的时间内就回收了数百万瓶这种药,同时花了50万美元来向那些有可能与此有关的内科医生、医院和经销商发出警报。当时美国著名的《华尔街日报》报道说:"强生公司选择了自己承担巨大损失而使他人免受伤害的做法。如果它当时昧着良心干,将会遇到很大的麻烦。"那时,美国政府和芝加哥地方政府以及其他地方政府正在制定新的药品安全法,强生公司看到了这个营销好机会,并且果断采取了行动,结果在价值12亿美元的止痛片市场上挤走了它的竞争对手。强生公司是医药行业对政府要求采取"防污染包装"以及美国食品和医药管理局制定的新规定做出积极反应的第一家企业。强生公司一边从市场上回收"泰莱诺尔"药,一边表示其对消费者健康的关心,而这正是消费者所希望的。如果它当时竭力掩盖事故真相,将会犯很大的错误。

点评:美国一家著名舆论调查公司的负责人伦纳德·斯奈德博士针对强生公司的"泰莱诺尔"事件指出:"强生公司对药品的全部回收是一个深谋远虑的营销决策。当今盛行的市场营销做法是把利润与消费者的利益联系在一起,而不是过去的把利润仅看成是销售的结果。不幸的是,大多数美国的国内公司和跨国公司现仍视其销售和获取利润的活动为营销战略。"强生公司由于采取果断决策,全部回收了它在芝加哥地区的"泰莱诺尔"药而获得了人们的称赞;也由此夺回了市场。当时若不这么做,企业会遭受巨大损失,且这种损失是很难弥补的,因为人们对企业失去了信任。强生公司在决策中的这种实事求是、把消费者利益放在第一位的态度和做法,对我们的医药企业又何尝不是一种启示呢?

第一节 医药市场营销决策的概念和意义

一、医药市场营销决策的概念与特点

1. 医药市场营销决策的概念

医药企业在市场营销活动中,会面临各种各样的问题。这些问题能否解决直接影响医药

企业营销活动结果的好坏。解决这些问题的方法和方案不止一个，医药企业面临多种选择，必须在多种方法和方案中选择一个最好的加以实施。这就是市场营销决策的过程。换一句话说，医药市场营销决策就是指医药企业根据医药市场情报资料进行分析研究，从多种营销方案中选择一种最优方案并加以实施的过程。要正确理解医药市场营销决策的含义，就必须把握以下几个问题。

① 医药市场营销决策是面向未来的决策。医药市场营销决策是医药企业在实施市场营销活动之前对营销活动的方向所作的决定和选择，用以指导医药企业的市场营销活动。因此，没有正确的营销决策，就没有正确的企业市场营销活动。也就是说，如果医药企业的市场营销决策失误，其市场营销活动也就不会有什么好的结果。

② 医药市场营销决策应该有非常明确的目标。医药企业的市场营销决策应该是针对医药企业在营销过程中存在的各种问题选择解决方法和方案的过程。这是医药企业市场营销决策的目的。没有明确目标的市场营销决策是盲目的决策，也是没有效果的决策。因此，决策目标应该是非常明确的，并且是企业经过努力可以实现的。

③ 医药市场营销决策必须要有两个以上的可行性方案供医药企业选择。为保证决策方案的正确性，医药企业市场营销决策要提出多种可行性方案以供选择。同时，决策提出的方案必须是可行的，即提出的方案一方面能够实现医药企业的目标，另一方面医药企业又具备实施的条件。

④ 医药企业市场营销决策过程是一个对可行性方案进行优选的过程。医药企业市场营销决策就是对提出的决策方案进行因果分析和综合评价，按一定的标准选择比较合理的、令人满意的方案作为实施的方案。决策和优选是并存的，没有优选就没有决策。

⑤ 医药企业市场营销决策是一个动态的过程。医药企业市场营销决策不是一个瞬间的决定，而是一个提出问题、确定目标、优选方案、付诸实施的系统的、动态的过程，还是一个追踪检查、控制反馈的过程。

2. 医药市场营销决策的特点

（1）系统性　指医药企业在决策过程中，把企业和决策对象看作一个动态系统，用系统论的方法、观点进行科学的决策，以系统整体最优化为目标。因此，医药企业的每一项营销决策都必须首先明白它与企业的哪些子系统发生利害冲突，从而进行必要的协调，使企业的局部利益服从整体利益。

（2）预测性　医药企业的市场营销决策是在一定条件下，根据医药企业的决策者对客观情况的预见来进行的，在营销决策实施之前，决策者对决策的实施会带来什么结果不能十分肯定，具有不确定性，所以医药市场营销决策具有预测性。

（3）风险性　由于医药市场营销决策是面向未来的决策，一方面，客观事物在不断地发展变化，而人们对其发展变化规律的认识和把握需要一个过程；另一方面，人的认识水平有一定的局限性，加之受决策者水平及其他因素的影响，所以医药市场营销决策能否达到预想的效果、能否实现预期的目标，决策者并没有十足的把握，存在一定的风险性。

（4）理智性　医药市场营销决策是医药企业有意识的、自觉的行为过程，是建立在系统分析研究的基础上的。任何一个营销决策方案的确定，都要经过决策者严谨的逻辑推理。

（5）效益性　提高医药企业经济效益是医药市场营销决策的根本目的。医药企业在市场营销决策的过程中，在制定和选择营销决策方案时，必须对医药企业的投入和产出进行比较、核算，保证企业获得最佳的经济效益。同时，还要考虑医药企业经济效益和社会效益、近期效益和长远效益的协调统一。

二、医药市场营销决策的意义

医药市场营销决策在医药企业经营活动中发挥着极为重要的作用，它贯穿于医药企业生产经营管理的各个方面，决定着医药企业的兴衰成败，关系到医药企业的前途和命运。具体来讲，医药市场营销决策的意义主要体现在以下几个方面。

① 搞好医药市场营销决策是医药企业市场营销活动获得成功的基础。医药企业市场营销决策的主要任务是：确定医药企业的经营目标，包括确定医药企业长远的发展目标和市场营销活动过程中的各种具体目标；制定和选择实现医药企业经营目标的实施方案；确定实现经营目标和实施方案的各项措施。只有这些工作做好了，医药企业的市场经营活动才能顺利进行，医药企业的经营目标才能实现。没有正确的医药市场营销决策，这一切都是不可能实现的。

② 搞好医药市场营销决策是医药企业进行有效经营管理的关键。医药企业的经营管理活动是一个复杂的周期性过程，这一过程大概需要经过以下几个环节：a. 明确医药企业存在的主要问题；b. 围绕这些问题进行市场调查和市场预测；c. 根据市场调查和市场预测的结果做出市场决策；d. 医药企业根据决策方案制定市场营销计划；e. 医药企业执行制定的营销计划。从以上过程可以看出，医药市场决策在这个过程中处在中心环节，是整个医药企业经营管理活动的关键。只有医药企业搞好市场营销决策，才能保证医药企业市场营销计划的正确性，才能保证营销计划的顺利执行，这样才能保证医药企业的整个经营管理活动是有效的。

③ 搞好医药市场营销决策是医药企业生存和发展的根本条件。医药企业要想在激烈的市场竞争中生存和发展，就必须提高企业的竞争力，提高企业的经营效果，提高企业的经济效益和社会效益，而这一切的前提就是必须要有正确的市场营销决策作指导。

第二节 医药市场营销决策的原则和程序

一、医药市场营销决策的原则

由于医药市场营销决策对医药企业具有重要的意义和作用，因此医药企业要使自己做出的决策正确，就必须严格按照决策原则来进行。医药市场营销决策的原则如下。

1. 科学性原则

医药市场营销决策的科学性，是指医药企业在市场营销决策的过程中，必须坚持以科学的决策理论作指导，应用科学的决策方法和科学的决策工具，从而保证医药企业市场营销决策结果的科学、正确。

2. 政策性原则

医药市场营销决策的政策性，是指医药企业在市场营销决策的过程中，必须以党和国家相关的政策和法律法规为依据，决策的具体内容必须考虑到党和国家政策的具体规定以及法律法规的限制，使之完全符合国家政策法规的要求，绝不能和国家的法律法规相抵触。

3. 系统性原则

医药市场营销决策的系统性，是指用来衡量决策是否能够保证整个决策系统内外联系处在最佳状态。强调医药市场营销决策的系统性，就是强调决策过程中必须考虑决策系统各子系统之间以及与其他系统之间关系的协调性，避免做出因小失大、顾此失彼的错误决策。

4. 可行性原则

医药市场营销决策的可行性，就是指医药企业做出的各种决策方案都必须是可行的，即对医药企业的人力、物力、财力以及技术来说，这些决策方案都是可以执行的，并且可以达到预期效果。如果做出的决策对医药企业的条件来说是不可能实现的、不能付诸行动，那么这样的决策就是不可行的，也是没有任何意义的。

5. 民主性原则

医药市场营销决策虽然是少数决策者的工作，但决策的成功与否关系到医药企业的整体利益。另外，随着社会的发展、科技的进步，市场变化更为复杂。在这种情况下，单靠少数决策者是很难做出完全正确的决策的。因此，医药企业在进行市场营销决策时，必须充分发挥民主，集思广益，体现出集体的智慧来，只有这样才能做出正确的决策。

6. 择优性原则

医药市场营销决策的择优性，是指医药企业在市场营销决策过程中，必须是在两个以上的决策方案中，选择一个最佳方案。如果没有选择，就不能称其为决策了。

7. 创新性原则

医药市场营销决策的创新性，是指医药企业在市场营销决策过程中，面对复杂的营销环境，不断拓宽决策的思路，寻找决策的新办法，使医药企业的市场营销决策能够适应复杂多变的营销环境。墨守成规、因循守旧，是不能达到医药市场营销决策创新性原则要求的。

8. 反馈性原则

医药市场营销决策的反馈性，是指医药企业在市场营销决策的实施过程中和结束后，要不断对决策方案和结果进行修正和调整，使决策更加科学化、合理化。

二、医药市场营销决策的程序

医药市场营销决策的程序是一个提出问题、分析问题和解决问题的动态的过程，是一个优化的过程。它主要分为以下几个步骤。

1. 确定医药企业市场营销决策目标

医药企业在市场营销过程中，可以根据企业的具体情况，搜集各方面的信息资料，加以分析研究，确定企业的决策目标。在确定医药市场营销决策的目标时，主要搜集的信息资料有：①整个国家的医药发展战略和计划；②上级主管部门对医药企业下达的任务和要求；③医药市场发展变化的动态；④同行业竞争企业发展的现状和动态；⑤原材料的供应情况及变化趋势；⑥医药企业自身的现状及存在的问题。对这些资料信息进行分析研究的过程，实际上就是对企业形势和营销环境进行分析研究的过程。通过对这些信息资料的分析研究，就可以帮助医药企业发现市场营销机会，避开营销环境变化带来的威胁，利用和发挥企业优势，为医药企业确定决策目标提供比较可靠的依据。

决策目标的确定，是医药市场营销决策的前提。没有这个前提，整个营销决策的过程就无法顺利进行。所以，医药企业市场营销决策的目标必须十分明确、具体。对明确的营销决策目标，有以下几个具体要求。

（1）营销决策目标应单一化　即医药企业营销决策目标的含义让人只能有一种理解，而不能有多种理解。医药企业在营销决策过程中，应该剔除那些无法实现或者难以实现的决策目标，或者把几个类似的目标合并为一个决策目标，这样才有利于医药企业集中力量，实现其决策的整体目标。

（2）营销决策目标要具体化　即医药企业营销决策目标必须在时间、地点和数量等方面有明确的表述。医药企业决策目标，可以先由企业决策部门或者决策者首先提出，然后，再将决策目标交企业各部门讨论研究并提出修改意见，最后由决策部门或决策者汇总大家的意见进行修改，确定企业的具体决策目标。

2. 拟定医药企业市场营销决策方案

医药企业在确定营销决策目标以后，需要做的工作就是根据决策目标的要求，拟定医药市场营销决策的各种可行性方案，供决策者选择。所谓可行性方案，是指既能解决营销过程中的某一个问题，保证企业决策目标的实现，又具备实施条件的方案。

医药企业市场营销决策的过程实际上就是一个选择最佳方案的过程，没有这样一个选择的过程，也就没有决策的过程。因此，为了能够使医药企业在决策中选择到最佳方案，应尽可能多地制定决策可行性方案，以供医药企业选择。同时，企业在拟定可行性方案的过程中必须注意以下两个问题。

（1）决策方案的整体详尽性　医药市场营销决策方案的整体详尽性，是指在医药企业拟定的各种决策方案中必须尽量包括所有的可行性方案。这样才能保证决策者在选择最佳方案时有更大的选择性，才能够保证选择到最佳方案。如果在医药企业拟定的决策方案中遗漏了某些可行性方案，就不能保证企业能够选择到最佳方案了。

（2）决策方案的相互排斥性　医药市场营销决策方案的相互排斥性，是指医药企业拟定的各种决策方案之间必须互相排斥，具有独立性，非此即彼，不能互相替代，也不能相互包容。否则，也不能保证企业能够选择到最佳方案。

应该指出的是，决策方案的整体详尽性和相互排斥性是决策理论的要求。在现实中，由于条件的限制，要真正做到这两点是非常困难的。因此，在医药市场营销决策过程中，既要重视决策理论的要求，同时也要考虑实际决策工作的具体情况，力争做到决策理论的原则性和实际决策工作的灵活性的统一。

3. 医药市场营销决策方案的评价和选择

医药市场营销决策方案的评价和选择就是在医药企业拟定的各种可行性决策方案中进行比较和评价，从中选择一个最佳方案。在整个医药市场营销决策的过程中，如果说确定营销决策目标是决策的前提，拟定营销决策方案是决策的基础的话，那么营销决策方案的评价和选择就是最关键的一项工作了。要做好这项工作，一般需要解决两个问题：如何确定合理营销决策评价标准的问题及如何合理选择营销决策方案方法的问题。

① 合理选择和确定医药市场营销决策的评价标准。医药企业在选择市场营销决策方案时，都希望选择到最好的决策方案。"好"的标准是什么，即什么样的决策方案是最"好"的，这实际上就是医药市场营销决策的标准问题。评价医药市场营销决策的标准，取决于营销决策的需要。最接近营销决策目标的方案就是最好的方案。

在医药市场营销决策过程中，人们选择决策方案时经常会遇到一个问题，即是使用"最佳"标准还是使用"满意"标准。决策理论认为，最佳的决策方案应该具备这样几个条件：一是决策者有能力拟定所有能够达到决策目标的方案；二是决策者能够预测到所有决策方案的执行结果；三是决策者具备无限的估算能力，能够准确把握各种利益关系，如局部利益和整体利益、现实利益和将来利益等。

在实际决策过程中，由于医药企业决策者的能力问题以及时间、经费、信息资料来源等方面的原因，往往达不到这些条件，医药企业也就得不到最佳的决策方案，所以医药企业能够在决策方案的选择中达到满意标准就应是合理的了。因此,在决策方案的选择中,人们往往以满意的标准来代替最佳的标准,即以满意标准作为选择医药市场决策方案的标准。决策方案的满意标准应符合以下要求:a. 决策目标的实现有利于改善或提高企业的市场营销状况;b. 决策者对决策目标的主客观条件做了充分的分析和利用;c. 决策者选择了实现决策目标的合理的方案。

② 合理选择医药市场营销决策方案的方法。

a. 经验判断法。指根据医药企业决策者的经验来选择市场营销决策方案。这种方法在医药企业市场营销决策过程中被经常使用。它也是一种历史悠久的方法。这种方法的使用主要依赖于决策者的经验、能力、知识水平。如果决策问题比较简单,使用经验判断法很快就可以选择出最合适的决策方案,比较方便实用。但如果决策问题比较复杂,使用经验判断法就比较困难了。经验判断法主要分淘汰法、排队法、归类法等几种形式。

b. 数学分析方法。这是一种比较客观的方法,就是将医药企业收集的各种信息资料进行量化,然后应用数学分析的方法计算出各种可行性决策方案的结果,最后从中选择出最佳方案的方法。电子计算机技术的发展及其在市场营销决策中的广泛应用,使数学分析方法在医药企业市场营销决策中成为一种常用的方法。但这种方法在市场信息资料无法量化处理时,就大大受到限制。

c. 试验法。当某些决策问题无法用经验判断法和数学分析法解决时,就需要使用试验法来选择决策方案。试验法就是将一些复杂的决策方案,放在一个小范围内进行试验,通过试验来考察和判断这些决策方案的优劣,从而选择出最佳的决策方案来。使用试验法来选择医药市场营销决策方案,时间较长、耗费较大,因此医药企业使用这种方法受到了一定条件的限制。

4. 医药市场营销决策的实施与反馈

医药企业在确定了决策方案后,要根据决策的要求制定周密的决策方案实施计划。在决策方案实施完毕以后,根据决策的效果检查和评价决策的正确与否。因此,医药企业还要建立决策信息反馈系统,对决策实施的每一个环节进行监控。医药企业的决策者可以根据反馈系统反馈的决策信息,对决策的实施方案进行修改和矫正。如果方案已不可能修改,则需要修改决策目标或制定新的决策目标,这就需要进行新的一轮决策。医药企业市场营销决策的实施和反馈在决策过程中非常重要,它影响到医药企业决策目标的实现,甚至影响到以后医药企业发展过程中各项决策的制定和实施。医药市场营销决策程序如图10-1所示。

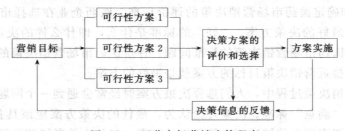

图 10-1 医药市场营销决策程序

第三节 医药市场营销决策的方法

在决策实践中,医药企业经常使用的决策方法主要有两大类:定性分析方法和定量分析方法。定性决策方法侧重于决策者的直觉判断；定量决策方法侧重于决策问题之间的数量关系。在决策过程中，两种方法相互配合、相辅相成。

一、医药市场营销定性的决策方法

医药市场营销定性的决策方法，是指医药企业依靠决策者个人或者集体的经验对决策方案进行选择、判断的方法。它主要有以下几种形式。

1. 领导集体决策法

医药企业领导集体决策法，是指医药企业在决策时，通过企业领导班子集体讨论，共同研究，最后做出决策的一种定性决策方法。这种方法可以充分利用医药企业领导集体成员的聪明才智和丰富的工作经验，有简单、方便的优点，被医药企业广泛采用。但是，由于领导集体决策法过多依靠领导人员的经验，没有营销决策专业人员的参与，势必会影响医药企业市场营销决策的质量。

2. 专家集体决策法

医药企业专家集体决策法，是指医药企业邀请对决策问题有深入研究的、有丰富决策经验的若干位专家，通过会议讨论的形式，请各位专家就决策问题各抒己见，充分发表自己的观点和看法，然后由医药企业的会议组织者对专家的不同意见进行分析、研究、汇总，最后报送医药企业的决策者进行选择、确定，做出决策。专家集体决策法也可以采取德尔菲法的形式，即以匿名的形式进行。这样决策的效果会更好一些。医药企业专家集体决策法是一种有效的决策方法。它可以运用组织行为发挥专家的集体智慧和创造力，不需要复杂的数学计算，也不需要计算机等昂贵的设备，特别适合于医药企业市场营销决策中涉及面比较广的综合性问题的决策，所以它被现代决策理论称为决策软技术。专家集体决策法也有一定的局限性，如决策的结果往往建立在专家直观看法的基础上，缺乏结果的论证。另外，每一位专家的意见一般都倾向于自己研究的领域，可能有一些片面。这些都会对医药企业的市场营销决策产生一定的不利影响。

二、医药市场营销定量的决策方法

医药市场营销定量的决策方法，是指医药企业在决策的过程中，采用数学和统计学的方法和手段对决策问题进行量的分析研究，最后做出决策的一种方法。它主要有以下几种形式。

1. 确定型决策

医药企业确定型决策，是指医药企业在各种可行性方案的条件都是已知的，并能预测出各自结果的情况下做出决策的一种定量决策方法。也就是说，在决策的各种可行性方案中，每一种方案都只有一种确定的结果，医药企业可以根据结果的好与坏进行选择，做出决策。

例如，某医药生产企业生产某种药品，有A、B、C、D 4家医药公司希望经销这种药品。如果该医药生产企业将该药品销售给这4家医药公司，则该药品单位出厂价、成本、运费（由厂家承担）及销售毛利情况如表10-1所示。现在，该医药生产企业打算把该种药品只交给一家医药公司独家经销。请问，这家医药生产企业应把药品交给哪家医药公司经销？

根据表中的数据可以进行比较：如果不考虑运费的因素，这家医药生产企业把自己的药品交给哪一家医药公司经销都可以。但如果把运费考虑进去，不同医药公司经销，生产企业的利润就有了较大的差别。考虑到企业的经济效益，这家医药生产企业应选择A医药公司

表 10-1　某医药生产企业某药品销售收益　　　　　　　　　单位：元/件

项　目	A 医药公司	B 医药公司	C 医药公司	D 医药公司
该药品出厂价	500	500	500	500
该药品的成本	400	400	400	400
该药品的运费	5	7	8	10
该药品的毛利	95	93	92	90

经销该种药品，因为让 A 医药公司经销该药品医药生产企业的利润是最大的。

2. 风险型决策

医药企业风险型决策，是指医药企业对决策的各种可行性方案所需要条件都是知道的，但每一个方案的执行都会出现几种不同的结果，各种结果的出现都有一定的概率，决策存在一定的风险，医药企业综合各种因素，根据不同方案风险的大小来进行决策的一种定量决策方法。风险型决策最常见的方式就是决策树法。在这里我们主要介绍一下决策树法的决策过程。

决策树法，因决策过程中编制的图形像树，故而得名。

决策树法的结构由 5 个要素组成。①决策点。也称为树根。它是整个决策的起点。②方案枝。也称为树枝。它由决策点引出的各条线组成，表示决策的各个可行性方案。③状态点。它是概率枝的起点。④概率枝。它由状态点引出的各条线组成，表示每个可行性方案各种结果出现的概率。⑤收益值。它表示每个可行性方案各种结果的收益情况。决策树的结构如图 10-2 所示。

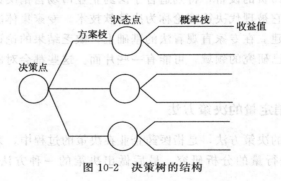

图 10-2　决策树的结构

例如，某医药生产企业开发了一种新药。根据预测，这种新药投放市场以后，销路好的概率是 0.7，销路差的概率是 0.3。如果大批量生产，需要投资 100 万元。5 年内，如销路好，可获利 400 万元；如销路差，则亏损 50 万元。如果小批量生产，需要投资 50 万元。5 年内，如销路好，可获利 150 万元；如销路差，则亏损 20 万元。该医药生产企业是生产还是不生产，是大批量生产还是小批量生产，就可以使用决策树法进行对比选择。如图 10-3 所示。

利用图 10-3 可以进行各种可行性方案的比较分析。

(1) 各种可行性方案期望收益值

　　　　大批量生产的期望收益值 = 0.7×400 − 0.3×50 = 265（万元）
　　　　小批量生产的期望收益值 = 0.7×150 − 0.3×20 = 99（万元）
　　　　不生产不投资的期望收益值 = 0

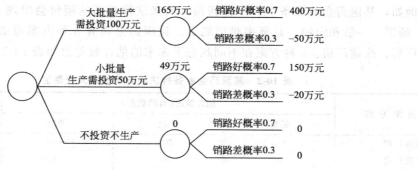

图 10-3 使用决策树法进行决策

(2) 各种可行性方案的净收益值

大批量生产的净收益值＝265－100＝165（万元）

小批量生产的净收益值＝99－50＝49（万元）

(3) 各种可行性方案的资金利润率

① 销路好的情况。

$$\text{大批量生产的资金利润率} = \frac{400}{100} \times 100\% = 400\%$$

$$\text{小批量生产的资金利润率} = \frac{150}{50} \times 100\% = 300\%$$

不生产不投资的资金利润率＝0

② 销路差的情况。

$$\text{大批量生产的资金利润率} = \frac{-50}{100} \times 100\% = -50\%$$

$$\text{小批量生产的资金利润率} = \frac{-20}{50} \times 100\% = -40\%$$

不生产不投资的资金利润率＝0

(4) 大批量生产与小批量生产的投资与利润的期望值的对比

$$\text{大批量生产的投资利润期望值} = \frac{0.7 \times 400 - 0.3 \times 50}{100} \times 100\% = 265\%$$

$$\text{小批量生产的投资利润期望值} = \frac{0.7 \times 150 - 0.3 \times 20}{50} \times 100\% = 198\%$$

通过以上对比分析，该医药生产企业可以做出大批量生产的决策。

3. 非确定型决策

医药企业非确定型决策就是指决策的各种可行性方案存在着两种或两种以上的结果，但每种结果出现的概率无法确定，医药企业的决策者只能根据经验主观判断选择决策方案。由于在整个决策过程中，存在很多不确定因素影响决策，所以这种决策方法被称为非确定型决策。非确定型决策的把握性不大，决策困难较大，医药企业在决策过程中可以参考以下几种方法进行决策。

(1) 最大收益值决策法 又称乐观决策法或大中取大决策法。指先找出各个可行性方案在不同自然状态下的最大收益值，然后再从这些最大收益值中选择收益值最大的可行性方案作为最佳方案。这种决策方法对决策方案的选择是建立在决策者对市场乐观的判断基础之上的，但市场的自然状态往往不以决策者的意志为转移。因此，这种决策方法具有很大的风险，只有那些具有冒险精神的决策者喜欢使用这种方法。

例如，某医药企业准备生产一种新药。未来这种新药的销售会出现 3 种情况（自然状态）：畅销、一般和滞销，其概率难以确定。该医药公司有 3 种方案可供选择：新建厂房、扩建厂房、改建厂房。3 种方案在不同状态下未来的估计收益值如表 10-2 所示。

表 10-2 某医药企业各种决策方案的最大收益值　　　　　　　　单位：万元

决策方案	销售情况（自然状态）			最大收益值
	畅销	一般	滞销	
新建厂房	150	70	−60	150
扩建厂房	100	80	10	100
改建厂房	50	40	20	50

最大收益值法的决策过程如下。

① 先选择每种决策方案在不同自然状态下的最大收益值：150 万元、100 万元、50 万元。

② 选择其中收益值最大的方案，即收益值为 150 万元的新建厂房的方案。

③ 确定新建厂房方案为最佳方案。

（2）最小收益值决策法　又称悲观决策法或小中取大决策法。指先找出各个可行性方案在不同自然状态下的最小收益值，然后再从这些最小收益值中选择一个收益值最大的方案作为最佳方案。在医药市场营销决策中，医药企业的决策者使用这种决策方法决策，一般都是处在比较不利的医药市场营销环境下，从最坏的打算考虑，尽量减少企业的损失，很少考虑到盈利。需要指出的是，用这种方法选择的医药市场营销决策方案使医药企业在最坏的状态下不会有很大的损失，但在较好的状态下收益也不会太大，因而它是一种比较保守的决策方法。

现以上例来说明最小收益值决策法的应用，如表 10-3 所示。

表 10-3 某医药企业各种决策方案的最小收益值　　　　　　　　单位：万元

决策方案	销售情况（自然状态）			最小收益值
	畅销	一般	滞销	
新建厂房	150	70	−60	−60
扩建厂房	100	80	10	10
改建厂房	50	40	20	20

最小收益值决策法的决策过程如下。

① 先选择每种决策方案在不同自然状态下的最小收益值：−60 万元、10 万元、20 万元。

② 选择其中收益值最大的方案，即收益值为 20 万元的改建厂房的方案。

③ 确定改建厂房方案为最佳方案。

（3）最小后悔值决策法　又称大中取小法。实践证明，医药企业决策者在选定决策方案并加以实施后，自然状态下的收益值比决策者选择的方案的收益值大，决策者就会感到后悔。所谓后悔值，就是自然状态下的最大收益值与所选方案的收益值之差。最小后悔值决策法就是力争把决策者的后悔程度降到最小。所以，以后悔值最小的方案为最佳方案。

仍以前面的例子来说明最小后悔值决策法的应用，如表 10-4 所示。

表 10-4　某医药企业各种决策方案的后悔值　　　　　　　单位：万元

决策方案	销售情况(自然状态)			最大后悔值
	畅销	一般	滞销	
新建厂房	0	10	80	80
扩建厂房	50	0	10	50
改建厂房	100	40	0	100

最小后悔值决策法的决策过程如下。

① 根据后悔值的计算公式计算出各个可行性方案的后悔值。后悔值的计算公式如下。

某一状态下某一可行性方案的后悔值＝

该状态下最佳方案的收益值－该状态下某一可行性方案的收益值

例如，在畅销状态下，新建厂房方案最佳，收益值为 150 万元，则该方案的后悔值为 150－150＝0（万元）；扩建厂房方案的后悔值为 150－100＝50（万元）；改建厂房方案的后悔值为 150－50＝100（万元）。以此类推，就可以计算出其他状态下各决策方案的后悔值。

② 选择出每种决策方案在不同自然状态下的最大后悔值：80 万元、50 万元、100 万元。

③ 选择后悔值最小的方案，即后悔值为 50 万元的扩建厂房方案。

④ 确定扩建厂房方案为最佳方案。

思　考　题

1. 什么是医药市场营销决策？它有什么特点？
2. 医药市场营销决策的意义是什么？
3. 医药市场营销决策的原则有哪些？
4. 医药市场营销决策的程序有哪些步骤？
5. 医药市场营销决策的主要方法有哪些？
6. 案例分析

"花红"之路

1998 年以前，我国著名医药企业广西花红药业还是一个负债率超过 100% 的国有小型特困企业，1998～2004 年的 7 年间，企业以平均每年 80% 的速度增长，人均创税利 10 万元以上，该企业主打产品花红片销售收入由 1998 年的 700 万元上升到了 2004 年的 1.9 亿元，跃升为中国妇科炎症口服中成药市场第二名。审视广西花红药业有限责任公司发展之路，成绩的得来并非偶然。

今日的花红药业已经成长为一个拥有大量的妇儿用药产品线、完善的营销网络机构、完整可行的营销模式的制药企业，在同行以及女性消费者中拥有较高的知名度。

1998 年，花红药业做出了决定企业发展方向的抉择。1998 年是中国制药行业的"战国时代"，全国有 7000 家药厂，医药市场被重复制造的药品充斥着。花红药业以年仅 2000 万元的销售量根本无法在同行竞争中占一席之地。

通过长期缜密的前期市场调研和多方咨询论证，花红药业发现，全国 4 亿育龄妇女中有 90% 患有不同程度的妇科疾病，每年使用妇科药品达 1 亿人次，市场尚未出现绝对领先的妇科品牌。此外,全国当时有2.8亿儿童,发生病毒性腹泻的占34%,而且妇女儿童已占了现代家庭的2/3。抓住这部分消费者,真正在专业领域内做"专"、做"精",赢得市场对专业厂家的依赖,已有足够的市场空间,资源的集中使企业也更有竞争力。

1998年,企业的决策使花红药业对自身拥有的100多种产品进行检视,从中遴选了以妇科良药花红片为首的具有自身特色、市场潜力巨大、拥有专利保护的妇儿药品,集中使用企业资源,全力出击市场。

花红片的经营为花红药业开拓全国市场打开了局面。1999年,花红药业推出咳宁糖浆及其儿童型;2000～2001年,相继推出花红片的姊妹产品花红养血当归精、花红洗露;2004年推出花红随身洁,形成了花红品牌引领下的包括内服、外用、调理的妇科产品群。

请问:广西花红药业1998年做出的营销决策内容是什么?决策依据有哪些?

第十一章 国际医药市场营销

【案例】"价格策略"是日本人常用的一种市场营销策略。所谓"价格策略",就是采用较低的价格进入市场,以便在取得一部分市场份额后达到长期控制该市场的目的。为此,日本人总是将价格定得比竞争者低,他们甘愿在最初几年里受点损失,把这种损失视为对长远市场发展的一种投资。例如,日本丰田汽车公司的小汽车,以省油、低价等特点首先选择了美国加利福尼亚市场,通过该地区了解到了美国汽车市场的特点、消费者的爱好,并积累了与美国经销商打交道的经验。在"突破口"取得成功之后,全面进入美国市场,占美国小汽车市场的30%以上。

点评:日本企业进入国际市场,不是采取全线出击,一下子占领全部市场,而是首先选中该市场的某一地区或某种类型的消费者,站稳脚跟后再逐步扩大。日本电视机进入中国市场时,其步骤是:先找经销商销售7英寸、12英寸、16英寸黑白电视机,然后销售彩色电视机,接着在中国合资建厂。

总之,企业选定了国际目标市场之后,首先要解决的问题就是采用什么样的方式和策略进入国际市场。进入国际市场的方式和策略,不仅直接关系到产品的销售,而且还关系到对国际目标市场的控制程度。

第一节 国际医药市场营销的特点与意义

一、国际医药市场营销的概念与特点

1. 国际医药市场营销的概念

国际医药市场是指本国以外的其他国家和地区的医药市场。国际医药市场是商品经济发展的产物,是在国际分工与国际交换的前提下产生的,是各国进行商品、劳务、技术和资本交换的场所。

国际医药市场营销,是指以国际医药市场为出发点,生产经营适销的产品,制定合理的价格,选择畅通的营销渠道,以满足国际顾客的需要为中心,以获得良好的经济效益为目的的经济活动。

国际医药市场营销活动,可以是企业在本国向另一个国家出口商品或劳务,也可以是企业的产品在不越过国界的情况下,通过设在外国的分公司或代理商进行。

随着全球化经济体系的逐渐形成,我国直接从事药品进出口或在国外生产经营的医药企业日益增多。虽然有些企业尚未直接参与对外经营,但也会潜移默化地受到竞争对手和客户的影响。这就需要有越来越多的人学习、研究国际市场营销理论,掌握科学的国际医药市场营销策略,这也是我国改革开放不断深化的客观要求。为此,我们必须对国际医药市场营销概念有一个正确的理解。

首先,国际医药市场营销是一种国际性的经济活动。这种活动通常跨越国界,但商品却

不一定跨越国界从一国转移到另一国。例如，我国外贸企业将我国的医药产品通过各种营销渠道销往世界各地。在这种情况下，企业的营销活动已跨越国界，商品实体也跨越国界，从一国转移到另一国。但我国的一些生产企业在外国（如欧洲）建立工厂，生产的产品直接在当地销售。这时，营销活动虽已跨越国界，但产品却并未跨越国界。

其次，国际医药市场营销是一项完整的系统工程。它虽然是企业国内市场营销活动在国际市场上的延伸，或者说是企业国内营销活动向国际市场的扩展，但国际市场营销活动不是国内市场营销活动的简单重复，而应该是一项完整的系统工程，应该包括国际市场的调研、国际营销环境的分析、国际营销战略的制定、国际目标市场的选择与确定以及产品开发、定价、分销、促销、公共关系、售后服务等一系列内容和环节。

2. 国际医药市场营销的特点

随着我国与国际经济的接轨，越来越多的医药企业正在积极准备或已经进军国际医药市场。但是，国际医药市场错综复杂，竞争异常激烈，行情瞬息万变。因此，了解国际医药市场营销的特点，是医药企业成功进行国际医药市场营销的基础。

国际医药市场营销同国内医药市场营销相比，从营销方法上看大体相同，都是从产品价格、销售渠道、营销推广、企业可控制因素入手，利用企业可获资源满足消费者的需求。但是，由于每个国家的政治制度、政策法令、经济水平、货币体系、社会文化、消费习惯、自然条件、地理环境、资源构成、人口状况、技术水平、销售渠道、竞争力量等各不相同，因此国际医药市场营销有其特殊性。

（1）国际医药市场营销的复杂性 由于世界各国的经济处于不同的发展阶段，技术结构、产品结构呈现不同的层次，在国际分工中处于不同的地位，各个国家的自然资源条件也有很大的差异，各有优势，也各有不足，因此国际医药市场的营销就显得更加复杂。主要体现在以下几个方面。

① 商品结构复杂。据专家们预测，今后将是一个由技术推动经济高度发展和繁荣时期。在全世界范围内，由于尖端技术的攻克、新兴工业的建立，将使核心技术成为强大的生产力。许多新技术转化为商品投入市场，从而使商品的结构发生明显的改变并日趋复杂。每一个企业的营销管理者都应认识并适应这一趋势对市场的冲击和对企业经营的挑战。

② 国际汇兑复杂。国际营销货款的清偿多以外汇支付，而外汇的价格（即汇价）依据各国所采取的汇率制度、外汇管理制度而定。此外，外汇汇率分类很多。因此，计算国际汇兑方法比较复杂。

③ 商业习惯复杂。国际市场上商业习惯不同，怎样进行沟通；在国际营销活动中所遵循的规约和条例，其适应范围如何；解释是否一致，这些问题都比国内营销复杂。

④ 海外制度及贸易法规复杂。各国都设有海关，对货物进出口都有准许、管制或禁止的规定。货物的出口，不但要在输出国家办妥出口报关手续，而且出口的种类、品质、规格、包装和商标也要符合输入国家海关的规定。一般来说，货物进口报关手续比出口报关手续更为复杂。

⑤ 货币与度量衡复杂。不同的国家，货币和度量衡制度往往不同。在国际营销活动中，应采用哪国货币作为计价结算工具；两国货币如何兑换；在两国度量衡不一致时，究竟以哪种单位为准；各种单位如何换算，这些问题都比国内营销复杂。

⑥ 货物运输复杂。国际货物运输，绝大多采用海运，也采用陆运、空运或邮寄的方式。在运输时，要考虑运输合同的条款、运费、承运人与托运人的责任，办理装运手续、提货手

续、仲裁与索赔。处理运输过程中的这些问题也十分复杂。

⑦ 货物的保险复杂。为了避免运输过程中的损失，还要对运输货物进行保险。而签订保险合同、确定保险条件、划分保险人与被保险人的责任、计算保险费与货物受损失时的索赔等均比国内复杂。

（2）国际医药市场营销的风险性　企业营销本来就有风险。当企业走向海外实行跨国经营时，不确定的因素会更多，经营风险更大。主要风险有以下几种。

① 外汇风险。外汇风险是指由于汇率变动而导致损失的可能性。汇率变动具有全球传递性。例如，当美元对英镑的比率发生变动时，人民币对英镑的比率也会受到影响。外汇风险有时会使跨国公司遭受巨大的损失。

② 没收、征用和国有化风险。没收是指东道国政府无条件地把外国企业在该国的投资收归本国所有，由此会导致财产所有权从外国公司向东道国转移。征用是指东道国政府将外国企业在该国的投资收归国有的另一种形式。它与没收的区别只是在于，征用时东道国政府给予外资企业一定额度的补贴。与没收、征用相比，国有化是一种更微妙的国家管制形式。它不同于带有突然性的没收、征用方式，而是采用渐进方式，逐步以各种手段和方法将外资企业的所有权全部或部分地转移到东道国手中。没收、征用及国有化是最严重的政治风险。随着近些年来国际局势的缓和，来自这3种形式的政治风险有所降低。这一方面是因为各国政府已认识到引进外资对本国经济发展的作用；另一方面东道国所采取的这些极端措施也会招致投资国的报复或制裁，从长期来看不利于本国经济的成长。

③ 进口限制与外汇控制风险。这两项风险虽不像上述风险那么严重，但却可能更为普遍。任何主权国家都设有不同种类的进口障碍，以限制那些与本国利益发生冲突的产品进入该国市场。例如，东道国可以利用发放进口许可证来限制某些产品的进口；进口配额在数量上限制了国外企业某一产品的出口；关税虽不是一种直接的数量限制，但提高关税也足以阻止某些外国商品的进入。外汇控制是政府对本国外汇交易和流通实施管制的一种手段。各国政府会依据对本国有利与无利，选择松紧程度不一的外汇政策。外汇管制既限制了国际企业在东道国的销售，也影响了所实现利润的顺利返还。

总之，国际医药市场营销会遇到许多不可改变的或不可控制的因素，会有许多风险，除上述几个方面外，还有信用风险、商业风险、运输风险、价格风险等。这些都是值得分析和研究的，切不可单凭国内营销的经验办事。尤其是我国对外开放时间不长，对国际医药市场上种种复杂情况还不很熟悉，更应谨慎从事。

（3）国际医药市场营销的竞争性　在现代市场经济条件下，竞争作为其运行过程中的普遍规律，对发展社会生产力、繁荣市场发挥着重要作用。特别是在国际医药市场上，竞争者之间的竞争将愈演愈烈，为了赢得竞争优势，迅速进入和占领国际医药市场，还必须了解和掌握国际医药市场的竞争特点。

① 竞争的对抗性。一般来说，一个较好的国际目标市场应具备3个条件：一是有一定的市场容量；二是企业有实力占有它；三是可获得稳定、长远的收益。这种待开发的潜在市场机遇，对竞争者会产生极大的吸引力。因此，瞄准某个目标市场的企业不会是一两家，可能是若干家。如果这些企业同时或相继涌入该市场，就会很快形成为争夺较大的市场占有率而激烈对抗的格局。由于利益的驱使，竞争各方都不会轻易退出这块竞技场，竞争的结局只能是优胜劣汰，适者生存。因此，这种对抗是绝对的、长期的。

② 竞争的强制性。优胜劣汰是竞争的一般规律，这个规律具有强制性，国内医药市场

是这样，国外医药市场更是如此。不管企业的主观意愿如何，都会受优胜劣汰规律的支配，或在竞争中取胜，或被淘汰，这是不以人的意志为转移的客观现实。这就要求企业必须充分认识竞争的强制性，严格遵守市场竞争规律，因势利导，趋利避害，取得竞争优势。

③ 竞争的多元性。无论是国内医药市场还是国际医药市场，都是由人口、购买力和购买动机等要素构成的。但在不同的国际市场中，影响这些要素的因素是多种多样、错综复杂的，如各国的政治、法律、经济、技术、文化、地理、竞争等。这些因素既相互联系又相互制约，使目标市场变幻莫测，给企业的目标市场开发决策增加了难度。因此，企业在进行决策分析时，应对影响决策的众多因素进行综合分析，抓住关键性因素，并对其影响的范围及结果进行周密研究，以制定出可行的决策方案。总之，国际医药市场是在各国之间激烈的竞争中发展起来的，是各国产品的角逐之地，竞争非常激烈。因此，国际医药市场同国内医药市场比较，显然要复杂得多。要开发国际医药市场，参与国际交流和国际竞争，走国际大循环经济发展之路，就必须了解国际形势，把握国际医药市场的特点。

二、学习国际医药市场营销的意义

随着我国对外开放的深入，生产经营的国际化已成为必然趋势。一个企业要想顺利地进入国际医药市场，就必须以国际医药市场营销的基本理论为指导，加强对国际医药市场营销的战略、策略、方法、技能的学习，注重分析和研究企业所面临的复杂多变的国际营销环境，正确地选择企业的国际目标市场，在产品、价格、国际分销渠道、国际促销及国际营销组合等方面作出切实可行的、科学的营销决策，以巩固和壮大企业在国际医药市场上的实力地位。

我国目前医药产品的出口，基本上集中在中药产品和西药原料药上。西药出口虽有增长，但由于仿制产品多、国外注册的限制、消费国的偏见、出口退税不尽合理等因素，出口仍然比较困难。这同时说明我国医药企业要从事国际化经营仍具有非常大的困难。学习国际医药市场营销，可以促使医药企业经营尽快国际化，配合医药科技发展不断提高产品质量，提高经营管理水平，改善服务态度，增强医药企业在国际市场上的竞争力、应变力、盈利能力、发展能力、自我完善能力等。

总之，医药企业只有充分掌握国际医药市场的营销知识和技巧，才能做到在国际竞争中抓住机遇、避开风险，凭借过硬的产品和先进经营理念扩大我国的药品出口贸易，在国际医药市场上提高我国药品的占有率。

1. 有利于加快实现我国的经济发展目标

我国经济发展的战略目标是在一个不太长的历史时期内，使我国进入先进国家的行列，使人民生活比较富裕。要实现这个战略目标，除了要坚持自力更生、艰苦奋斗的方针以外，还必须通过对外开放，使我国的产品进入国际市场，换取更多的外汇，然后再从国际市场购买我国急需的先进科学技术设备、重要的生产原料与生活消费品，来改变和弥补我国科技相对落后、资源相对短缺、市场供应结构不甚合理的状态，实现产品、资源、资金在国际范围内的合理循环，促进国内生产力的发展。因此，开展并扩大国际医药市场营销，使我国的产品顺利进入国际医药市场，不断扩大市场占有率，尽快实现产品的价值并获得更多的盈利，换回更多外汇，为我国从国外引进先进科学技术和设备，换取国内市场缺少的物资创造条件，从而加快社会主义现代化进程，顺利实现经济发展的战略目标。

2. 有利于提高我国宏观与微观的经济效益

国际市场是国际产品交换的场所，国际市场商品的价格既取决于国际必要劳动消耗，又取决于国际市场的商品供求关系。任何一个国家都力图利用自己的优势产品在国际市场进行竞争，寻找供不应求的市场，以获取更多的盈利。因此，通过开展和扩大国际医药市场营销，将我国具有绝对优势和相对优势的产品推销到国际医药市场，换回我国需要的产品，就意味着我国用同等的劳动创造出了更多的社会财富，实现了社会劳动的节约。同时，通过国际医药市场营销把一时供过于求的产品或积压的产品转销到国外供不应求的市场，顺利实现商品的价值并取得更多的盈利，提高了经济效益。总之，开展国际医药市场营销，有利于提高我国的宏观与微观经济效益，有利于调节国内市场商品的余缺，促进社会扩大再生产的顺利进行。

3. 有利于促进企业不断改善经营管理

国际医药市场环境复杂、供求关系多变、商品竞争激烈，任何国家的任何企业要想有效地开拓国际医药市场、扩大商品销售，就必须不断提高产品的质量、降低生产成本，不断提高产品的竞争能力。因此，我国的医药企业要扩大国际市场营销，就必须适应并利用国际医药市场营销环境，对国际医药市场的供求变化及时做出反应，及时改变产品品种、质量、价格优势，提高市场竞争力，扩大销售，提高市场占有率。这必然会促进企业加强并不断改善经营管理，提高企业对国际医药市场的应变能力，不断提高劳动生产率，不断采用先进技术与工艺，把产品质量与服务质量不断推上新的高度，使企业不断发展壮大并达到现代化水平。

第二节 国际医药市场营销环境的分析

一、国际医药市场营销环境调研

医药企业要想顺利的进入国际医药市场，必须对国际医药市场的营销环境进行调研。调研的内容与国内医药市场调研的内容基本相似，主要有以下几方面。

1. 国际医药市场的政治环境

医药企业是一种经济组织，企业的市场营销活动也是一种经济活动，但当其涉足国际医药市场时，常常会遇到政治因素的干预并深受其影响。国际政治环境对企业营销的影响主要取决于一国的政治制度的稳定性、可能出现的政治风险和国家之间的双边关系以及协调国家集团之间关系的多边协定等。

（1）政治制度 指一个国家的政体、政党体系及有关制度。政体按权力的归宿可分为君主制与共和制两种。共和制又可分为议会制和总统制两种形式。不同的政体组织代表着不同的国家管理经济的形式。熟悉一国的政体对医药企业顺利进入国际医药市场很有必要。政党体系按行使政权或干预政治的形式，可分为一党制和多党制。国际医药市场营销人员了解一国的政党体系，对分析该国的现行政策和预测未来政局变化是有益的。

（2）政治风险 政治稳定才能保证政策的持续，医药企业最关心目标国政府的政策能否得到长期、稳定的贯彻，由政策摇摆不定引起的政局动荡，会使外商投资信心不足，望而却步。世界上一些局部地区的武装冲突都与文化差异和教派争论有密切关系。此外，目标国政局的不稳定预示着欲进入该国市场的企业将面临一定的政治风险。一般来讲，作为主权国家的东道国往往有着绝对的权力来影响和制约外国企业在该国的营销活动，国际医药营销企业必须对其可能遇到的政治风险作出分析和判断。

(3) 双边关系　国与国之间的贸易联系不只是两国经济关系的反映，同时也体现着包含政治因素在内的非经济因素。某一国家和其他任何国家或地区都有一种独特的关系，这种体现政治、经济、文化、法律、军事等内容的双边关系，既可能给该国企业的国际市场营销创造有利的外部条件，也可能形成阻力。而且，这种双边关系是不断变化的，会随着时间的推移而改变，有利与不利的局面经常交替。由此看来，贸易关系是以两国政治上的和平共处为前提的，国与国关系的紧张，无论是冷战还是公开冲突，都会有损于国际市场营销活动的开展。医药企业如果不了解国家间的这些非经济因素，就很难取得跨国营销活动的成功。

(4) 多边关系　在日益开放的国际环境下，世界上任何一个国家都难以奉行闭关锁国的政策或完全按照本国意愿开展对外交往，而国家间的协调行动是必要的。战时的军事联盟就是国家间的一体化组织。和平时期，不少国家出于利益上的考虑，也结成不同形式的国家集团。尽管集团内的成员国可能不完全同意集团的目标和任务，但只要在行动上被看作是一个集体，就以国家集团的形象出现在国际政治或经济舞台上。例如，欧佩克——石油输出国组织，它对集团内成员国企业的国际营销会产生重要影响。国际上的多边关系总体上可以分为意识形态上的东西方关系和经济发展水平上的南北关系。

(5) 国际贸易政策　区域经济组织尽管对成员国的对外贸易有统一协调的职能，但各国政府毕竟有权制定本国的贸易政策，所以企业进行国际市场营销还必须了解有关国家的外贸政策。主要的国际贸易政策有关税、非关税壁垒及外汇管制等。

① 关税。征收关税的目的在于增加政府收入和保护国内经济。经常性关税有：进口税，即进口国海关对本国进口商征收的正常关税，又可分为最惠国税和普通税；出口税，即出口国海关向本国出口商征收的关税；过境税，也称转口税，是本国海关对由他国出口通过本国运往另一国的货物所征收的关税。除上述3种关税外，还有临时性关税、差价税和进口附加税3种非经常性关税。关税将直接影响企业的国际市场营销活动，特别是在价格决策方面。出口商品被课征关税后，价格的大幅度升高会降低企业产品在国际医药市场上的竞争能力；对进口商品的高额关税政策，也会招致别国的报复行为，导致企业的国际医药市场营销活动受阻。

② 非关税壁垒。除关税之外的限制进出口交易的各种贸易保护措施均可称作非关税壁垒。非关税壁垒主要有以下几种。a. 进口配额。这是进口国政府限制一定时期内某特定商品进口数量或进口金额的政策举措，可分为绝对配额和关税配额两种。b. 出口限额。这是出口国政府在一定时期内对特定商品所规定的出口额度。超过该额度，则禁止出口。c. 进口许可证制。这是由进口国外贸主管机构发给本国进口商的对特定商品的进口许可凭证。d. 外汇管制。是指一国政府以法令形式对国际结算和外汇交易所实行的限制性措施。国家通过外汇管理局对外汇买卖的控制可有效地控制商品进出口的数量、种类和进出口国别。

除上述内容外，非关税壁垒还包括其他间接的限制性措施，如政府采购政策、各种技术或卫生标准等。非关税壁垒对企业的国际营销活动影响很大，有时甚至比关税限制更严厉。例如，进口配额可使企业的降低生产成本、开辟新市场等营销决策失去效用。

2. 国际医药市场的经济环境

(1) 区域经济组织　它是影响国际医药市场发展变化的主要因素之一。各国都希望结成某种形式的经济合作关系（如"欧盟经济联合体"、"亚太经济联合体"等），以便有效地利用各自的资源为成员国市场提供产品或服务。经济活动的一体化导致了各种区域经济组织的产生。区域经济组织根据经济结合程度及相互依存关系可分为优惠贸易安排、自由贸易区、关税同盟、共同市场、经济联盟、完全一体化。

就国际医药市场营销来讲，区域经济组织的出现为经营者提供了许多机会，但也会存在一些潜在问题。区域经济一体化的基本特征就是为区域内生产和贸易提供优惠和便利。区域市场越大，它所提供的市场机会就越多。区域经济组织会对处于区域外的贸易对象产生一定的条件限制。这显然会对企业的国际医药市场营销产生消极影响。

（2）国际经济发展水平　由于物质资源在全世界分布的差异以及进入工业化、现代化的时间不同，世界各国大体可以分成3个不同层次的经济发展水平。

① 发达国家。发达国家一般是指比较富有、工业基础雄厚、国民生产总值较高的工业化国家。发达国家应该具备以下特征。其一，现代科学技术成果得到广泛应用，生产自动化和劳动生产率均达到先进水平，工业内部结构有一定比例要求。其二，拥有现代化大农业。其三，具有与现代科学技术相适应的国民经济结构。其四，生产国际化达到较高的发展水平。世界银行和国际货币基金组织根据以上特征，在其年度报告中列出了英国、美国、德国、法国、意大利、日本等20余个发达国家的名称。

② 最不发达国家。联合国发展计划委员会，对最不发达国家也作出了规定。这一规定把最不发达国家定义为那些长期遭受发展障碍的低收入国家，特别是人力资源开发水平低和有严重结构性缺陷的国家。其衡量标准为：第一，人均国内生产总值在600美元以下；第二，人口不超过7500万；第三，扩大的实际生活质量指数（包括预期寿命、人均摄取热量、入学率、识字率等）不超过47点；第四，经济多种经营指数（包括制造业、工业就业比重等）不超过22点。目前世界上约有50个左右的最不发达国家，主要集中在非洲、亚洲和大洋洲。

③ 发展中国家。发展中国家是指经济水平在发达与最不发达之间的国家。大多数的亚洲国家都在这个行列之中，中国也在其中。

（3）国际经济发展阶段　一个国家的经济发展阶段，对这个国家以外的外国企业来说具有重要意义，它决定着企业的产品档次、价格定位、促销策略等。

① 传统社会阶段。处在这一阶段的国家，是以自给自足为主的自然经济社会，生产能力有限的农业居于首位，产品用于商品交换的比例较低，加工制造业、交通运输业、能源供应及其他基础设施状况也较差。在对外经济交往中，多以资源型的初级产品出口为主。

② 起飞前的准备阶段。处在这一阶段的国家，资金短缺局面有所缓解；投资和储蓄开始增加；现代科技开始应用于农业和工业生产；农业人口的城市化流动开始起步。因此，产品的商品化水平不断提高，商品市场逐步扩大。

③ 起飞阶段。处在这一阶段的国家，就是突破经济的传统停滞状态，它是一国工业化的初期。尽管时间较短（20～30年），但基本经济结构和生产方式的转变是巨大的，因而是一个具有决定性意义的转变时期。在这一阶段，需要大量的投资以满足工业的不断扩张，整个经济呈现持续、稳定的增长。

④ 成熟阶段。成熟阶段是指起飞之后，经过较长时期的经济持续成长而达到的一个阶段，此时的经济已经吸收了技术的先进成果，并有能力生产自己想要生产的产品。在这一时期，整个国家的经济结构已经比较健全，国内产品具备了一定的国际竞争力，企业国际化进程迅速加快，出口产品在国际市场上占有了越来越大的份额。

⑤ 高额群众消费阶段。这是一个高度发达的工业社会阶段。它在技术上的成熟使得社会的主要注意力从供给转移到需求、从生产转移到消费。在这一阶段，由于大量需求和高额

消费,越来越多的资源被用于生产耐用品,耐用消费品已普及到一般居民家庭。居民家庭对耐用消费品的购买,保证了以大量生产耐用消费品为基础的经济的繁荣。

⑥ 追求生活质量阶段。其主导部门是以公共服务业和私人服务业为代表的提高居民生活质量的有关部门。这些部门包括公共投资的教育、卫生保健、住宅建筑、城市和郊区的现代化建设、社会福利等部门。此类部门和前述各阶段的主导部门有一个显著的区别:前述各成长阶段的主导部门都是生产有形产品的,产品可以出口,而追求生活质量阶段的主导部门是服务业,提供的是劳务,以提供服务为特征的第三产业成为社会经济的主导部门。

对国际医药市场营销来说,在这6个阶段中,每一阶段内的产业结构、需求模式、消费心态等方面均有所不同,企业面临的市场机会和进入国际医药市场的策略也不尽相同。因此,医药企业必须依据各个目标市场国家所处经济发展阶段的市场特点,有针对性地制定市场营销策略。

3. 国际医药市场的竞争环境

医药行业是公认的国际化产业,我国的医药生产经营活动正朝着超出国界的方向运行。因此,医药行业的国际竞争比其他行业更为激烈。

(1) 国际医药竞争对手的情况

① 美国。美国占有世界医药市场的最大份额。美国除生产常规用药外,还大力发展生物制药。据不完全统计,美国至少有265家生物制药技术公司,以研究开发新药为主要业务。在这265家生物制药技术公司中,至少有16家在市场上进行产品销售。在这16家公司中,有的公司年销售额可达36亿美元以上,最少的年销售额也在15亿美元以上。另外,有一半的公司其产品已处在临床试验阶段。可见,美国制药的规模化发展有力地增强了美国医药业在国际医药市场上的竞争力。

② 德国。德国是世界上最大的药品出口国之一,有1100多家制药厂,有36000余种药品在市场上销售,出口量占总产量的40%左右。在激烈的国际医药市场竞争中,德国利用比利时在欧洲的有利位置,建立了20多个跨国制药集团公司,通过它向其他欧洲国家出口各种药品。

③ 日本。日本的药品销售额位于世界第三位,除生产化学合成药外,还在药用植物栽培及生物药生产、销售方面取得了极大的发展。现在,日本不仅具备了高超的制药技术,而且其新药研究开发能力也逐渐赶上了欧美国家,并拥有多种畅销全球的新药。

④ 法国。法国是药品开发、生产及消费大国,药品市场占有率在世界上名列前茅,医药工业在国民经济中占有重要地位。医药工业是法国第四大工业,也是法国的一个重要产业。药品向欧共体、非洲、发展中国家出口,按营业额计算,仅次于美国、德国和日本,处于世界第四位。

⑤ 英国。英国药品研究与生产一直走在世界最前沿,它不仅拥有世界一流的研究基础设施,而且从事生物技术的人数在世界上排第二位,仅次于美国。英国既是世界新药品的认证中心,又是世界四大药品出口基地之一。产品主要出口美、法、德三国,占出口总额的50%,制药业是英国第二大出口产业。整个欧洲生物技术公司有1/3驻在英国。现在,英国制药企业与研究机构的合作越来越多,仅美国就有40家生物技术公司设在英国,为药品研制与开发奠定了良好的基础。

(2) 国际医药竞争的走向

① 跨国集团迅猛发展。在国际医药市场激烈竞争的形势下,世界制药企业为提高生产

效率，保持市场优势，获取高额利润，国际间的企业联合迅速发展。这种集团化、一体化的结果，一方面使企业数目减少、规模加大，原来的竞争对手联合后，合二为一，更有利于某些大型企业在激烈竞争中立于不败之地；另一方面，通过联合，企业的产品有了新的延伸，市场得到了扩展，形成跨行业的多种经营活动，从而有利于减少风险，提高了企业的竞争实力。这种强强联合、优势互补的跨国集团，在世界范围内正得到进一步的发展。

② 高技术获得新的竞争力。全球医药高技术的发展，尤其是生物技术、计算机技术、信息技术、卫星通讯技术等的发展以及它们在医药产品研究开发与医药产业中的应用，使医药行业在其发展过程中出现了一系列值得人们关注的新动向并取得了一些新的进展。用计算机技术从事药物分子设计、药物筛选模型分析，提高了药物开发效率、降低了成本。因此，我国医药企业只有通过发展高科技和扩大经济规模，降低单位产品成本，扩大出口数量，才能赢得优势。

4. 国际医药市场的法律环境

目前，世界上还没有一部统一的、通用的国际商法用来调节各国企业间的交易活动，因此跨国交易必然面临着不同于本国市场的、陌生的法律环境。熟悉国际市场法律环境，就成为医药企业跨国营销活动顺利开展的必备条件之一。国际市场的法律环境，一般包括各国的法律制度、营销的法律规定以及具有法律效力的公约等。

(1) 法律制度 世界各国的法律制度，可分为两大体系，即英美法系和大陆法系。英美法系是以传统、惯例以及法院的判例为基础，而不是依赖成文法规与法典。属于英美法系的国家有英国、美国、加拿大、澳大利亚、新西兰及亚洲一些国家；大陆法系是以法律条文为依据，以成文法规为基础，也就是说，有专门调整商业活动的法律法规。属于大陆系的国家包括西欧的一些国家、整个拉丁美洲的国家和非洲的部分国家。

由于两大法系的依据不同，因此两大法系必然存在着一些明显的差异。例如，对工业产权的保护，在不同国家有不同的条例。在英美法系的国家中，像商标等企业无形资产的保护是按照"使用在先"的原则来判断产权的所有者的，即谁先使用，谁就拥有产权。在大陆法系的国家中，工业产权保护是按照"注册在先"的原则来确定所有权的，即谁先注册登记这个商标，谁就是该产权的合法所有人，就受到有关产权法律的保护。由此可见，企业必须熟悉各个国家的法律规定及其具体的法律解释。

(2) 国际营销的法律规定 国际营销的法律规定主要围绕市场营销的4个基本要素，即产品、价格、渠道和促销进行，以保持和控制竞争、保护消费者利益。

① 对产品的法律规定。在产品的包装、标签、品牌、商标、保证和服务等方面，企业必须了解目标国的特殊要求。企业在哪个国家从事营销活动，就必须遵循哪一个国家政府的法律规定。

② 对价格的法律规定。对价格的控制因不同国家而异，一般而言，生活必需品最容易受到政府价格政策的干预。在干预方式上，既可以直接控制价格本身，也可采用诸如控制利润水平等间接控制手段。

③ 对渠道的法律规定。各国法律对渠道的影响，一般情况下，企业可比较自由地选择国际渠道模式。但有些国家对本国不同类型的中间商的经销范围可能会作出规定，企业在选择渠道对象时应考虑这一因素。

④ 对促销的法律规定。在各种促销手段中，受到政府限制较多的是药品广告促销。大多数国家都有对广告进行管理的法律法规。因此，凡从事国际营销的医药企业，在进行市场

环境分析时，必须顾及目标市场国的法律规范，并据此制定出符合目标市场特点的营销组合策略。

(3) 国际公约、协定及仲裁　医药企业进行国际营销时除遵守本国政府颁布的法规和目标国的法律规定外，还要了解国际通行的条约及协定。既然国家间的贸易往来没有一部统一的国际商法来调节，那么国与国所签订的条约、公约和协定对缔约国的双方或多方就具有法律约束力，运用哪一国的法律来解决国际商务争端，需在合同中予以明确，一旦纠纷无法通过协商解决，就只有求助于国际仲裁。尽管世界上没有一个凌驾于各国家之上的立法机构，但却建立了一些为各国所承认的国际仲裁组织。比较著名的国际仲裁机构有加拿大-美国商事仲裁委员会、伦敦仲裁院、美国仲裁协会等。在大多数国家，仲裁条款具有在境内强制执行的法律效果，而且国际上也有在联合国主持下缔结的《承认和执行外国仲裁裁决的公约》，用来维护国际仲裁的法律效力。

5. 国际医药市场社会文化环境

国际医药市场社会文化环境代表了国际医药营销中的人文因素。人类虽具有生物学意义上的共同的自然特征，但人与人之间却有着极大的社会和文化方面的社会性差异。由于人处在不同的阶层或群体，具有不同的价值观念，风俗习惯和审美观也各有不同，生活在不同国度里的人们在语言文字、宗教观念与道德信仰上也有极大的区别，这些因素都直接影响着医药企业的国际医药市场营销活动。

二、国际医药产品目标选择

根据有关分析，国际医药产品目标选择呈现以下趋势。

(1) 开发领域药品　在药品开发方面，胆固醇控制、充血性心力衰竭、精神分裂症、老年记忆衰退、老年性痴呆症、糖尿病、艾滋病以及各种癌症等治疗领域，药品研究开发速度加快，市场前景广阔。另外，从发展趋势来看，生物工程制药业已成为近年来美国和欧洲投资者的新一轮投资热点。此外，天然药品潜力巨大。据统计，目前全球植物药品的年销售额约为150亿美元。美国人过去对植物药的态度冷淡，可是近年来对植物药越来越重视。美国已成为世界最重要的植物药市场之一。世界许多国家也在新药开发方面寄希望于天然药品。

(2) 通用名药品　近些年，通用名药品以大众化的价格来满足消费者的需求，其前景广阔。另外，为了减少住院人数，以缓解医院住院病人过多的负担，同时节约病人费用开支，将住院治疗改为门诊治疗的新药有潜在的市场需求。近年来，门诊治疗新药、非处方药品增长速度也不断加快，平均年增长幅度为14％，超过整个制药工业的年平均增长幅度。

(3) 老年、妇女、儿童疾病用药品　随着老年人口的增加，其患病率不断上升。因此，一方面要开发治疗老年性疾病的新药；另一方面则急需开发出延缓衰老的新药。此外，各国对妇女儿童的保健越来越重视，妇女儿童用药市场也会得到迅速发展。

(4) 预防性、保健、营养滋补性药品　近年来，预防性药品、保健药品、营养滋补性药品不断发展，市场持续升温。

第三节　进入国际医药市场的营销策略与方法

虽然市场不分国度，营销也没有国界，但是有许多营销策略与方法值得我们去研究。只有认真总结，注意寻找企业进入国际医药市场的机会，才能在国际营销市场上获得更大的市场占有率，获得更多的利润。

一、进入国际医药市场的营销策略

进入国际医药市场的营销策略，其内容与国内市场的营销组合策略大体相同，包括产品策略、定价策略、销售渠道策略和促销策略以及这些策略之间的相互协调等。但是，由于国际医药市场的环境要比国内市场复杂得多，因此在这些策略中还有一些新内容和新问题需要研究。

1. 国际医药市场产品策略

产品是影响出口的主要因素。产品策略正确与否，是国际医药市场营销成败的关键。因此，对于进入国际医药市场的产品，应研究下列问题。

（1）进入国际医药市场的产品条件　进入国际医药市场的产品需要具备3个条件：一是具有目标市场的适销性；二是具有差别优势的竞争性；三是具有进入目标市场的合法性。

（2）产品的整体性　指一个产品不仅包括其实体部分，而且还包括厂牌、商标、标签、保证书、包装和服务等外部特征。进入国际医药市场的产品，应该在产品的各个方面都能满足当地消费者的需求。否则，就不是完善的产品。

（3）产品的适应性更改　进入国际医药市场的产品，如果能够毫不更改便可满足当地需要，这是最理想的。但对大多数产品来说，在进入国际医药市场时，随着市场环境的变化，在产品的某些方面必须作相应的更改，以便适应国际医药市场的需求，增强竞争力。产品的更改主要包括以下几个方面。

① 外观的更改。指色彩和造型方面的更改。在国际医药市场上，不同的国家由于长期形成的生活习惯和审美观点不同，对产品颜色和造型的要求也不同。例如，白色，在欧洲象征纯洁，而在亚洲则与丧事有关。再如蓝色，在荷兰象征温暖柔和，但在瑞典则代表冷酷和刚性。又如，在远东某些地区，禁忌绿色包装，因为它代表危险和疾病；在拉丁美洲金色包装很受欢迎，因为它代表威望和高质量。

② 包装、装潢的更改。包装是为了保护商品，装潢是为了美化商品。出口产品与内销商品包装装潢应有所区别。在国际医药市场交易中，有些商品往往由于包装、装潢上的考虑不周而无人问津或优等品卖次等价，产品销到国外后被外商改头换面重新包装，则身价倍增。至于因包装有问题而遭到退货、索赔的现象更是屡见不鲜。因此，产品包装一方面要考虑保护产品的作用，另一方面必须符合当地的消费要求。例如，同一种药物，有些国家和地区喜欢用金属包装，而有些国家和地区则喜爱用塑料包装。另外，包装规格也很重要，企业如不注意这一问题，可能也会导致营销失败。例如，有一家药厂看到某种胃药在日本畅销，决定进入日本市场。它的包装规格是一盒4板，结果失败了。后经调查，方知日本人习惯3、6、12等数的包装，而4这个数字在日本忌用。

③ 标签的更改。指附着或系挂在商品或商品包装上的文字、图形、雕刻及印制的说明。它是标志产品有关资料的工具。在不同国家的市场上，有不同的要求。例如，有些国家（加拿大、比利时、瑞士等）因使用多种语言，则要求在同一标签上至少要用两种文字说明，并要求同时使用公制和英制两种计量单位。总之，标签的更改，不仅有语言方面的原因，而且还要符合各国政府对标签的规定和要求。

④ 商标的更改。商标是商品的标记。一个好的商标对商品推销可以起有利的作用。相反，一个不好的商标往往会起相反的作用。这在出口商品中尤为明显。有的商标中文名称很

好,译成外文却并不好,从而影响产品在国际市场上的销路。因此,有些商品在出口时,需要对商标进行更改。例如,与"羊"有关的商标,在中国无可挑剔,广州是羊城,羊有表示温顺的说法,但译成英文则表示"色鬼"、"牺牲品"的意思。又如,与"金鸡"有关的商标,中文有"金鸡报晓"之意,但译成英文则是非常不好的词,特别是在北美一些国家。总之,在出口商品时,商标的色泽、文字和图案等要适应对方国家、民族的风俗习惯,要投其所好,避其禁忌。否则,商品质量再好,也不会有销售市场。

2. 国际医药市场定价策略

价格的制定也是国际医药市场营销组合中的一个重要的策略问题。出口交易的成败往往与定价是否合理有密切关系。如果价格过高,在国际医药市场上卖不掉,价值就不能实现。相反,如果价格过低,不仅换汇减少,而且有时还会影响产品形象,造成恶性循环。所以,在制定出口商品价格时,切不可掉以轻心,一定要密切注意国际医药市场的动向,及时掌握价格变化信息,找出带有规律性的东西,以适应国际医药市场营销的需要。出口商品的定价,既要在企业发展总目标和营销目标的指导下进行,又要考虑影响商品定价的一些因素。①生产成本。要确保价格能补偿成本,并有盈利。②供求情况。供不应求的商品,定价可偏高,反之则偏低。③竞争情况。竞争激烈的商品,应与竞争者比较后制定出有利于商品销售的价格。④产品特色。如产品独具一格并有一定的垄断性,则定价可高一些,否则应低一些。⑤市场环境。这里主要是考虑国际环境对价格的影响。

在对出口商品价格影响因素进行考虑之后,一般采取如下定价策略。

(1) 随行就市定价策略 指在加强国际医药市场调查研究的基础上,根据国际医药市场的价格水平和供求情况,结合国家政策、销售意图、成交条件、商品质量、包装装潢、货源条件、金融货币市场动态、原材料市场和运价、保险费的变化以及竞争对手的同类产品在当地市场上的价格水平等各种因素,随行就市定出合理的价格。

(2) 采取灵活的定价策略 指针对不同的商品、不同市场的特点,实行价格浮动,该涨就涨,该跌就跌,该稳就稳。既要卖出相对高的价格,又要卖出相对多的数量。

(3) 新产品高价策略 也称新产品撇油策略。指在新产品打开市场销路的初期定以高价,撇取具有较高购买力用户的"油",赚取高利润。

(4) 新产品渗透策略 指以较低价格让新产品以最快的速度渗透到多层次市场的每一个角落,以多取胜,求得规模效益。

(5) 折扣价格策略 指以数量折扣、营业折扣、现金折扣、季节性折扣、促销津贴等方式吸引客户,扩大销售、开拓市场。

(6) 低价遏制策略 指用降价优惠的方式排斥竞争者并吸引用户。回扣率随最低利息率变动的低价遏制策略是较为成功的定价策略。

3. 国际医药市场营销渠道策略

国际医药市场营销渠道策略是产品进入国际医药市场的重要策略。有了好的产品、合理的价格,还必须要有科学的营销渠道。选择国际医药市场的营销渠道,必须以最终消费者或用户为根本出发点,即以目标市场为依据,选择当地最适宜的零售商、批发商或进口商,以便形成一条迅速到达最终消费者或用户的、富有竞争力的、高效率的营销渠道。各类企业可根据不同情况,择优选用以下国际医药市场营销渠道策略。

(1) 独家经营策略 指给予国外客户或代理商独家经销权。具体又分为包销和独家代理两种形式。

(2) 选择分销策略 指在同一市场内选择若干家适当的客户经销本企业的产品。

(3) 广泛渠道策略 指当出口商品在国外市场打开局面之后，在同一市场内由众多客户进行经销以拓宽渠道。

(4) 短渠道策略 指减少中间商的环节，尽量缩短销售渠道的长度，由出口企业直接与最终用户或零售商进行交易。

4. 国际医药市场促销策略

促销策略在国际医药市场销售中具有重要作用。然而，由于各国对广告和促销手段持不同态度，因而企业要重视对促销策略的选择与应用。可供选择的促销策略有以下几种。

(1) 广告促销策略 广告促销策略是国际医药市场促销策略的重要组成部分。广告促销策略主要包括以下几种。①广告媒体策略。即从报纸、期刊、广播、电视等媒体中选取最优媒体。②广告传播渠道策略。即从报纸与期刊等印刷品的传播渠道、视听传播渠道、直接邮寄渠道、户外招贴渠道、大型社会活动传播渠道、公共关系传播渠道、文体活动与专业表演渠道中选取最优传播渠道。③广告内容策略。即从以消费者为对象、以贸易商为对象、以生产商为对象的广告中选取以何种对象为重点。④广告代理商策略。即从国内广告代理商在国外作广告、与各国广告商有来往的联络代理商在国外作广告、国外当地广告代理商作广告、以国际性广告公司的当地分支机构为广告代理商在其所在国作广告中选取何种为最优。不同国家与地区对广告有各种不同的限制，并且广告受各国不同经济、社会文化等因素的约束，因此，要适应不同国家与地区的实际情况选用适宜的广告策略。只有这样，才能提高广告的效果，达到促销的目的。

(2) 人员推销策略 指派专人到国外医药市场推销。人员推销策略主要包括以下几种。①联系策略。即在直接接触、通过中介人接触、公共场合接触、家内接触等方式中选择最佳的接触方式。②洽谈策略。即在意向性洽谈、探索性洽谈、实质性洽谈、引诱性洽谈、说服性洽谈中选择最佳方式。③说服策略。即在样品展示、文字说明、语言解释、态度暗示、亲手表演、奖状实证中选择最佳方式。

(3) 国际博览会或交易会 参加国际博览会或交易会也是一种很好的促销方式。事实上，许多公司把整个促销力量全花在博览会和展览会上。在贸易博览会和展览会上展出商品，对一个公司来说，可能是在外国市场上取得最大陈列效果和最方便、最便宜的方法。利用这种方法，企业可直接接触到外国经销商、零售商以及消费者，向他们宣传介绍自己的产品并及时掌握反馈信息。

除了上述几种促销策略之外，还有营业推广、易货贸易、酬金等方式。总之，企业必须针对国际目标市场环境，采取相应的市场营销策略才能成功地进入国际医药市场。

二、进入国际医药市场的方式

进入国际医药市场的方式很多，最常见的主要有国内生产、国外销售；国外生产、国外销售；补偿贸易3种形式。如图11-1所示。

1. 国内生产、国外销售

国内生产、国外销售，是最常见的进入国际医药市场的营销方式。这种进入国际医药市场的营销方式，我们通常称之为"出口"。出口又分为间接出口和直接出口两种形式。

(1) 间接出口 指企业将自己生产的产品，通过国内的中间商向国际医药市场销售产品。具体做法有以下几种。

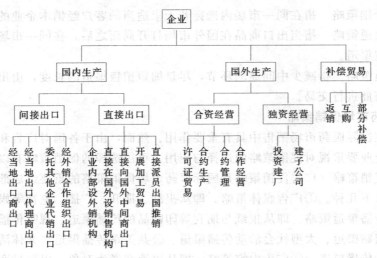

图 11-1 进入国际医药市场的方式

① 经当地出口商出口。即企业将自己产品出售给国内专营进出口业务的外贸公司,再由外贸公司负责把产品销售到国际医药市场上去。

② 经当地出口代理商出口。即企业将自己生产的产品交给当地出口代理商,由代理商代为寻找国外购买者,企业付给代理商佣金或代理费用。根据出口代理商是否直接经办出口业务又分为两种基本类型。一种是经纪人。这种代理商只负责向国外寻找销路,联系适宜的购买者,不负责经办商品的具体购进与运销业务,从中只收取一定的中介酬金或佣金。例如,有外贸出口权的对外贸易中心、出口商品交易所等。另一种是厂商的出口代理商。这种代理商是受企业委托,除向国外寻找适宜的买主外,还具体经办商品的出口、运输业务。除收取中介佣金外,还收取委托者一定的出口、运输商品的代理费用。例如,有商品出口权的国营外贸公司等。

③ 委托其他企业代销出口。即委托某一家在国外有销售机构的公司进行代销。这种代销机构负责将委托厂商的商品组织出口并在国外市场进行推销。商品所有权归委托的厂商,代销机构按销售的商品数量收取一定的代销费用。这些代销机构有的是国内的公司在国外所设的销售机构,有的是中外合资企业国外一方所设的销售机构,等等。

④ 经外销合作组织出口。它是由若干生产同类产品的生产单位组成外销合作机构或外销联合公司,由这类公司负责出口推销业务,向国外市场推销。

间接出口方式的优点如下。①节省投资和费用支出。由于这种出口方式不需单设外国销售机构、不需重新组建国外销售队伍,所以节省投资和费用支出。②降低出口的风险。由于中间商具有外销知识与经验,一般与外商有较广泛的联系,所以易于推销并较少失误,从而能降低企业出口的风险。缺点是:由于企业不直接同外商接触,不能直接掌握国外市场的信息,因而难以有效地将自己的产品推向目标市场。

(2) 直接出口 指企业直接承担全部出口业务,而不需经过其他中间环节。具体做法有以下几种。

① 企业内部设外销机构。即企业内部设立直接出口部门,负责对外销售业务,其他部门在储运、信用等方面给予配合,或成立独立的出口部门,负责全部出口营销业务。

② 直接在国外设销售机构。企业在国外设立销售机构可以是多国的,也可以是一国的。

这些机构可以配合企业国内出口部门加强外销工作，也可以完全取代企业国内出口部门的业务而直接组织外销业务，在国外直接推销。

③ 直接向国外中间商出口。即通过有关方式与国外中间商建立业务联系，由其经销本企业产品，直接向其推销，也可选择适宜的国外中间商作为本企业的合作人，采用其商标，或在本国产品商标上加注其商品名称，或加注其他涉及该商品的有关标记。

④ 开展加工贸易。即通过国外厂商来料加工、来件装配或与其协作生产等多种加工贸易形式，为国外厂商提供适销、价廉的货源，从而为国内企业掌握国外先进技术、扩大劳动就业、扩大出口创汇开辟途径，并能加强本国商品的适应性和竞争能力、扩大外销额与国外市场。

⑤ 直接派员出国直接推销。企业可在一定时间内派出与国外厂商有联系或较熟悉国外市场的销售人员出国直接联系业务，进行贸易洽谈、签订协议、组织与扩大推销。

直接出口方式的优点如下。①市场信息反馈好。企业与国际市场有直接的联系，可以亲自进行市场研究，参加当地的产品博览会，从而及时获得市场信息反馈。②灵活性强。直接出口不像间接出口那样受到承接出口业务部门的限制，所以企业对市场的选择面大大增加，可以根据实际情况自由选择市场。另外，采取直接出口的方式，企业与外国市场的经销商所签订的合同期限较短，企业改换其他进入国际医药市场的方式具有一定的灵活性。③对国际医药市场有较大的控制权。采取直接出口的方式，企业可以独立完成各种出口业务，如市场选择、市场调查、产品定价、出口文件的准备以及产品运输和保险工作等。所以，企业对国际医药市场经营的控制权更大一些。直接出口的缺点如下。①营销费用较高。采用直接出口方式，一般来说，企业都是单独与外商签订合同，费用无法分摊，所以营销费用比间接出口高。②专业性很强。采取直接出口的方式，企业的原班人员是无法应付出口业务的，必须配备具有国际医药市场营销专长的人员，否则无法适应出口业务的专业性。③工作量大，责任较重。采取直接出口方式，企业必须亲自处理出口业务，工作量大，责任较重。另外，还要亲自处理一些国际经济往来问题，如外国政府对进口产品的要求、货币汇兑率的变化等。

总之，无论是直接出口方式，还是间接出口方式，都各有优点和缺点，但它们有一个共同的特点，就是企业一般不必对生产设备作过多的改变，可在使用较少投资并保持企业原有经营方向的情况下进入国际医药市场，因而是一种简单易行并可挖掘企业潜力、多创外汇的好方式。

2. 国外生产、国外销售

国内生产、国外销售，有时会受到一些国家保护关税或进口配额的限制。因此，为了克服这些障碍，可采用国外生产、国外销售的方式进入国际市场。国外生产、国外销售，是指以资本和技术输出来带动商品输出。它包括合资经营和独资经营两种形式。

(1) 合资经营 指两个或两个以上国家的投资者在其中一方的所在地共同投资兴办企业。根据合作各方的不同情况，合资经营又有如下几种具体形式。

① 许可证贸易。这是国际技术贸易中常用的一种贸易形式。指合资的各方经过协商后签订许可协议，卖方在一定条件下允许买方使用其发明专利、商标或技术秘密，并从生产出来的产品中提取一部分利润作为技术输出的回报。对卖方来说，这是一种技术输出；对买方来说，可以利用这种形式引进先进技术，并利用原有的商标把产品投放到国际市场。

国际许可证协议有4种类型。一是独占性许可证。是指在一定地区内，买方对所购买的技术具有独占的使用权，卖方或第三者不能在该地区内使用该项技术。二是排他性许可证。是指在一定地区内，除买方使用所购买的技术外，卖方只保留使用该项技术进行制造的权利，而任何第三者都没有这种权利。三是普遍许可证。是指许可的技术除买方在一定范围内拥有使用权外，卖方同时保留在该地区的使用权，并且可转让给第三者在该地区使用。四是可转售许可证，是指买方在指定地区内，可将该项技术的使用权再转售给第三者使用。

许可证协议的条款很多，主要有以下几个方面：关于产品出口和销售市场的条款；关于限制性采购的条款；关于计价支付的条款；关于提成的条款；关于技术服务和培训的条款；关于"不可抗力"的条款；关于仲裁和法律适用的条款。此外，许可证协议中还应有保证、索赔、保密、税收、运输和包装等条款。

② 合约生产。也称合作生产。它是两个或两个以上国家的企业按照合同签约进行某种产品的生产，不是合资或共同经营，因而不共负盈亏。通常的作法是：一方提供技术和有关设备，保证技术和设备的正常投产与试制产品的质量，另一方负责生产和制造。提供技术和设备的一方通过合约生产以扩大技术和设备的出口；负责生产和制造的一方通过合约生产引进先进的设备和技术以提高产品质量和扩大商品出口。

③ 合约管理。它是指本国公司以提供管理知识和专门技术的方式参与外国公司的管理。包括本国管理人员到外国企业进行合约管理和本国管理人员到外国企业的国外机构进行合约管理。通过合约管理交流管理方法和经验，打通与国外企业联系的通道，为商品出口创造条件。

④ 合作经营。它是指某一国的企业、经济组织或个人与国外的企业、经济组织或个人以合作经营为目的，双方通过签订并履行明确双方权利与义务的合同而产生的经济组织。合作经营的最大特点就是合作方式较为灵活，投资者可以无形资产等要素作为合作条件。

合资经营的优点是：①可以充分克服国内生产、组织出口方式的局限性以及国外关税壁垒和非关税壁垒的限制；②可以充分利用国外企业的销售渠道扩大商品出口。其缺点是：在投资、经营方针、人事等问题上可能产生分歧，在履约中也会产生一些争议，从而给企业的业务活动带来消极影响。

（2）独资经营 指投资者自筹资金与设备，在国外单独设立公司或直接建厂，利用所在国的原料与劳动力，按照所在国的法律规定从事生产经营并向所在国市场推销产品、自负盈亏的生产经营方式。这是一种直接进入国际医药市场的方式。

独营的优点：①一般可利用当地的廉价劳动力和原材料；②可减少运费；③可享受当地政府奖励外国人投资的优惠条件；④可以和当地市场密切联系，使产品更适合当地需要；⑤可避开当地国的关税壁垒和商品配额。独营的缺点：①使用外汇投资代价高；②灵活性小；③经营的风险大；④会遇到许多的当地问题。

3. 补偿贸易

补偿贸易是一种与信贷相结合的贸易形式。买方以信贷的方式从国外卖方购进设备和技术，然后用产品或劳务予以偿还。通过这种贸易方式，买方可以利用外资和技术去发展本国经济；卖方则可突破进口国外汇支付能力的限制，扩大商品和技术出口。因此，无论作为卖方或买方，补偿贸易都是进入国际医药市场的一种方式，补偿贸易的形式如下。

（1）返销 指买方用从卖方进口的设备或技术制造出来的产品来抵付进口货款。这是最典型且发展最快的补偿贸易方式。

（2）互购 即出口设备技术的一方必须在一定时期内从对方购买一定数量的其他产品来补偿其出口货款。由于这些偿还的产品不是由进口的设备、技术直接生产的，所以这种互购产品的方式被称为间接产品补偿方式。

(3) 部分补偿 即对引进的技术装备，部分用产品偿还，部分用货币偿还。偿还的产品可以是直接产品，也可以是间接产品。偿还的货币可以是现汇，也可以用货款后期偿还。

补偿贸易的优点是：①可以解决因外汇不足而造成的收缩；②可以扩大产品的出口量；③可以进入贸易保护主义国家或地区的市场。其缺点是：①由于补偿贸易带有信贷性质，因而交换往往不是对等、互利的；②其成交的技术与设备往往不是最先进的。

思 考 题

1. 国际医药市场营销的概念是什么？
2. 国际医药市场营销的特点有哪些？
3. 学习国际医药市场营销的意义是什么？
4. 国际医药市场营销调研的内容有哪些？
5. 进入国际医药市场的策略有哪些？
6. 进入国际医药市场的方法有哪些？
7. 案例分析

W制药有限公司是一家中外合资兴建的现代化制药企业，生产和销售20余种专利药品，涉及真菌学、胃肠病学、精神病学、神经病学、麻醉镇痛学等领域，是医药工业规模较大、品种较多、剂型较全的技术型合资医药企业。其销售网络遍及国内十几个省市和地区，在W制药公司生产的药品中，有许多已成为国际医药市场的知名品牌。目前，W公司为保持本公司的市场领先地位，对国际医药市场的有序开发是公司进行市场开拓的重要策略。但是，W制药公司对国际医药市场缺乏准确的了解。

请你为W制药公司设计一个国际医药市场营销调研方案（包括：调研的目的、内容、方法、结论等）或设计一个进入国际医药市场的营销方案（包括：进入国际医药市场的策略、方法等）。

附 录

附录一

中华人民共和国药品管理法

(1984年9月20日第五届全国人民代表大会常务委员会第七次会议通过;2001年2月28日第九届全国人民代表大会常务委员会第二十次会议修订;2001年2月28日中华人民共和国主席令第四十五号公布;自2001年12月1日起施行)

第一章 总 则

第一条 为加强药品监督管理,保证药品质量,保障人体用药安全,维护人民身体健康和用药的合法权益,特制定本法。

第二条 在中华人民共和国境内从事药品的研制、生产、经营、使用和监督管理的单位或者个人,必须遵守本法。

第三条 国家发展现代药和传统药,充分发挥其在预防、医疗和保健中的作用。

国家保护野生药材资源,鼓励培育中药材。

第四条 国家鼓励研究和创制新药,保护公民、法人和其他组织研究、开发新药的合法权益。

第五条 国务院药品监督管理部门主管全国药品监督管理工作。国务院有关部门在各自的职责范围内负责与药品有关的监督管理工作。

省、自治区、直辖市人民政府药品监督管理部门负责本行政区域内的药品监督管理工作。省、自治区、直辖市人民政府有关部门在各自的职责范围内负责与药品有关的监督管理工作。

国务院药品监督管理部门应当配合国务院经济综合主管部门,执行国家制定的药品行业发展规划和产业政策。

第六条 药品监督管理部门设置或者确定的药品检验机构,承担依法实施药品审批和药品质量监督检查所需的药品检验工作。

第二章 药品生产企业管理

第七条 开办药品生产企业,须经企业所在地省、自治区、直辖市人民政府药品监督管理部门批准并发给《药品生产许可证》,凭《药品生产许可证》到工商行政管理部门办理登记注册。无《药品生产许可证》的,不得生产药品。

《药品生产许可证》应当标明有效期和生产范围,到期重新审查发证。

药品监督管理部门批准开办药品生产企业,除依据本法第八条规定的条件外,还应当符合国家制定的药品行业发展规划和产业政策,防止重复建设。

第八条 开办药品生产企业,必须具备以下条件:

(一)具有依法经过资格认定的药学技术人员、工程技术人员及相应的技术工人;

（二）具有与其药品生产相适应的厂房、设施和卫生环境；

（三）具有能对所生产药品进行质量管理和质量检验的机构、人员以及必要的仪器设备；

（四）具有保证药品质量的规章制度。

第九条 药品生产企业必须按照国务院药品监督管理部门依据本法制定的《药品生产质量管理规范》组织生产。药品监督管理部门按照规定对药品生产企业是否符合《药品生产质量管理规范》的要求进行认证；对认证合格的，发给认证证书。

《药品生产质量管理规范》的具体实施办法、实施步骤由国务院药品监督管理部门规定。

第十条 除中药饮片的炮制外，药品必须按照国家药品标准和国务院药品监督管理部门批准的生产工艺进行生产，生产记录必须完整准确。药品生产企业改变影响药品质量的生产工艺的，必须报原批准部门审核批准。

中药饮片必须按照国家药品标准炮制；国家药品标准没有规定的，必须按照省、自治区、直辖市人民政府药品监督管理部门制定的炮制规范炮制。省、自治区、直辖市人民政府药品监督管理部门制定的炮制规范应当报国务院药品监督管理部门备案。

第十一条 生产药品所需的原料、辅料，必须符合药用要求。

第十二条 药品生产企业必须对其生产的药品进行质量检验；不符合国家药品标准或者不按照省、自治区、直辖市人民政府药品监督管理部门制定的中药饮片炮制规范炮制的，不得出厂。

第十三条 经国务院药品监督管理部门或者国务院药品监督管理部门授权的省、自治区、直辖市人民政府药品监督管理部门批准，药品生产企业可以接受委托生产药品。

第三章 药品经营企业管理

第十四条 开办药品批发企业，须经企业所在地省、自治区、直辖市人民政府药品监督管理部门批准并发给《药品经营许可证》；开办药品零售企业，须经企业所在地县级以上地方药品监督管理部门批准并发给《药品经营许可证》，凭《药品经营许可证》到工商行政管理部门办理登记注册。无《药品经营许可证》的，不得经营药品。

《药品经营许可证》应当标明有效期和经营范围，到期重新审查发证。

药品监督管理部门批准开办药品经营企业，除依据本法第十五条规定的条件外，还应当遵循合理布局和方便群众购药的原则。

第十五条 开办药品经营企业必须具备以下条件：

（一）具有依法经过资格认定的药学技术人员；

（二）具有与所经营药品相适应的营业场所、设备、仓储设施、卫生环境；

（三）具有与所经营药品相适应的质量管理机构或者人员；

（四）具有保证所经营药品质量的规章制度。

第十六条 药品经营企业必须按照国务院药品监督管理部门依据本法制定的《药品经营质量管理规范》经营药品。药品监督管理部门按照规定对药品经营企业是否符合《药品经营质量管理规范》的要求进行认证；对认证合格的，发给认证证书。

《药品经营质量管理规范》的具体实施办法、实施步骤由国务院药品监督管理部门规定。

第十七条 药品经营企业购进药品，必须建立并执行进货检查验收制度，验明药品合格证明和其他标识；不符合规定要求的，不得购进。

第十八条 药品经营企业购销药品，必须有真实完整的购销记录。购销记录必须注明药品的通用名称、剂型、规格、批号、有效期、生产厂商、购（销）货单位、购（销）货数量、购销价格、购（销）货日期及国务院药品监督管理部门规定的其他内容。

第十九条 药品经营企业销售药品必须准确无误，并正确说明用法、用量和注意事项；调配处方必须经过核对，对处方所列药品不得擅自更改或者代用。对有配伍禁忌或者超剂量的处方，应当拒绝调配；必要时，经处方医师更正或者重新签字，方可调配。

药品经营企业销售中药材，必须标明产地。

第二十条 药品经营企业必须制定和执行药品保管制度，采取必要的冷藏、防冻、防潮、防虫、防鼠等措施，保证药品质量。

药品入库和出库必须执行检查制度。

第二十一条 城乡集市贸易市场可以出售中药材，国务院另有规定的除外。

城乡集市贸易市场不得出售中药材以外的药品，但持有《药品经营许可证》的药品零售企业在规定的范围内可以在城乡集市贸易市点出售中药材以外的药品。具体办法由国务院规定。

第四章 医疗机构的药剂管理

第二十二条 医疗机构必须配备依法经过资格认定的药学技术人员。非药学技术人员不得直接从事药剂技术工作。

第二十三条 医疗机构配制制剂，须经所在地省、自治区、直辖市人民政府卫生行政部门审核同意，由省、自治区、直辖市人民政府药品监督管理部门批准，发给《医疗机构制剂许可证》。无《医疗机构制剂许可证》的，不得配制制剂。

《医疗机构制剂许可证》应当标明有效期，到期重新审查发证。

第二十四条 医疗机构配制制剂，必须具有能够保证制剂质量的设施、管理制度、检验仪器和卫生条件。

第二十五条 医疗机构配制的制剂，应当是本单位临床需要而市场上没有供应的品种，并须经所在地省、自治区、直辖市人民政府药品监督管理部门批准后方可配制。配制的制剂必须按照规定进行质量检验；合格的，凭医师处方在本医疗机构使用。特殊情况下，经国务院或者省、自治区、直辖市人民政府的药品监督管理部门批准，医疗机构配制的制剂可以在指定的医疗机构之间调剂使用。

医疗机构配制的制剂，不得在市场销售。

第二十六条 医疗机构购进药品，必须建立并执行进货检查验收制度，验明药品合格证明和其他标识；不符合规定要求的，不得购进和使用。

第二十七条 医疗机构的药剂人员调配处方，必须经过核对，对处方所列药品不得擅自更改或者代用。对有配伍禁忌或者超剂量的处方，应当拒绝调配；必要时，经处方医师更正或者重新签字，方可调配。

第二十八条 医疗机构必须制定和执行药品保管制度，采取必要的冷藏、防冻、防潮、防虫、防鼠等措施，保证药品质量。

第五章 药品管理

第二十九条 研制新药，必须按照国务院药品监督管理部门的规定如实报送研制方法、质量指标、药理及毒理试验结果等有关资料和样品，经国务院药品监督管理部门批准后，方可进行临床试验。药物临床试验机构资格的认定办法，由国务院药品监督管理部门、国务院卫生行政部门共同制定。

完成临床试验并通过审批的新药,由国务院药品监督管理部门批准,发给新药证书。

第三十条 药物的非临床安全性评价研究机构和临床试验机构必须分别执行药物非临床研究质量管理规范、药物临床试验质量管理规范。

药物非临床研究质量管理规范、药物临床试验质量管理规范由国务院确定的部门制定。

第三十一条 生产新药或者已有国家标准的药品的,须经国务院药品监督管理部门批准,并发给药品批准文号;但是,生产没有实施批准文号管理的中药材和中药饮片除外。实施批准文号管理的中药材、中药饮片品种目录由国务院药品监督管理部门会同国务院中医药管理部门制定。

药品生产企业在取得药品批准文号后,方可生产该药品。

第三十二条 药品必须符合国家药品标准。中药饮片依照本法第十条第二款的规定执行。

国务院药品监督管理部门颁布的《中华人民共和国药典》和药品标准为国家药品标准。

国务院药品监督管理部门组织药典委员会,负责国家药品标准的制定和修订。

国务院药品监督管理部门的药品检验机构负责标定国家药品标准品、对照品。

第三十三条 国务院药品监督管理部门组织药学、医学和其他技术人员,对新药进行审评,对已经批准生产的药品进行再评价。

第三十四条 药品生产企业、药品经营企业、医疗机构必须从具有药品生产、经营资格的企业购进药品;但是,购进没有实施批准文号管理的中药材除外。

第三十五条 国家对麻醉药品、精神药品、医疗用毒性药品、放射性药品,实行特殊管理。管理办法由国务院制定。

第三十六条 国家实行中药品种保护制度。具体办法由国务院制定。

第三十七条 国家对药品实行处方药与非处方药分类管理制度。具体办法由国务院制定。

第三十八条 禁止进口疗效不确、不良反应大或者其他原因危害人体健康的药品。

第三十九条 药品进口,须经国务院药品监督管理部门组织审查,经审查确认符合质量标准、安全有效的,方可批准进口,并发给进口药品注册证书。

医疗单位临床急需或者个人自用进口的少量药品,按照国家有关规定办理进口手续。

第四十条 药品必须从允许药品进口的口岸进口,并由进口药品的企业向口岸所在地药品监督管理部门登记备案。海关凭药品监督管理部门出具的《进口药品通关单》放行。无《进口药品通关单》的,海关不得放行。

口岸所在地药品监督管理部门应当通知药品检验机构按照国务院药品监督管理部门的规定对进口药品进行抽查检验,并依照本法第四十一条第二款的规定收取检验费。

允许药品进口的口岸由国务院药品监督管理部门会同海关总署提出,报国务院批准。

第四十一条 国务院药品监督管理部门对下列药品在销售前或者进口时,指定药品检验机构进行检验;检验不合格的,不得销售或者进口:

(一) 国务院药品监督管理部门规定的生物制品;

(二) 首次在中国销售的药品;

(三) 国务院规定的其他药品。

前款所列药品的检验费项目和收费标准由国务院财政部门会同国务院价格主管部门核定并公告。检验费收缴办法由国务院财政部门会同国务院药品监督管理部门制定。

第四十二条 国务院药品监督管理部门对已经批准生产或者进口的药品，应当组织调查；对疗效不确、不良反应大或者其他原因危害人体健康的药品，应当撤销批准文号或者进口药品注册证书。

已被撤销批准文号或者进口药品注册证书的药品，不得生产或者进口、销售和使用；已经生产或者进口的，由当地药品监督管理部门监督销毁或者处理。

第四十三条 国家实行药品储备制度。

国内发生重大灾情、疫情及其他突发事件时，国务院规定的部门可以紧急调用企业药品。

第四十四条 对国内供应不足的药品，国务院有权限制或者禁止出口。

第四十五条 进口、出口麻醉药品和国家规定范围内的精神药品，必须持有国务院药品监督管理部门发给的《进口准许证》、《出口准许证》。

第四十六条 新发现和从国外引种的药材，经国务院药品监督管理部门审核批准后，方可销售。

第四十七条 地区性民间习用药材的管理办法，由国务院药品监督管理部门会同国务院中医药管理部门制定。

第四十八条 禁止生产（包括配制，下同）、销售假药。

有下列情形之一的，为假药：

（一）药品所含成分与国家药品标准规定的成分不符的；

（二）以非药品冒充药品或者以他种药品冒充此种药品的。

有下列情形之一的药品，按假药论处：

（一）国务院药品监督管理部门规定禁止使用的；

（二）依照本法必须批准而未经批准生产、进口，或者依照本法必须检验而未经检验即销售的；

（三）变质的；

（四）被污染的；

（五）使用依照本法必须取得批准文号而未取得批准文号的原料药生产的；

（六）所标明的适应证或者功能主治超出规定范围的。

第四十九条 禁止生产、销售劣药。

药品成分的含量不符合国家药品标准的，为劣药。

有下列情形之一的药品，按劣药论处：

（一）未标明有效期或者更改有效期的；

（二）不注明或者更改生产批号的；

（三）超过有效期的；

（四）直接接触药品的包装材料和容器未经批准的；

（五）擅自添加着色剂、防腐剂、香料、矫味剂及辅料的；

（六）其他不符合药品标准规定的。

第五十条 列入国家药品标准的药品名称为药品通用名称。已经作为药品通用名称的，该名称不得作为药品商标使用。

第五十一条 药品生产企业、药品经营企业和医疗机构直接接触药品的工作人员，必须每年进行健康检查。患有传染病或者其他可能污染药品的疾病的，不得从事直接接触药品的工作。

第六章　药品包装的管理

第五十二条　直接接触药品的包装材料和容器，必须符合药用要求，符合保障人体健康、安全的标准，并由药品监督管理部门在审批药品时一并审批。

药品生产企业不得使用未经批准的直接接触药品的包装材料和容器。

对不合格的直接接触药品的包装材料和容器，由药品监督管理部门责令停止使用。

第五十三条　药品包装必须适合药品质量的要求，方便储存、运输和医疗使用。

发运中药材必须有包装。在每件包装上，必须注明品名、产地、日期、调出单位，并附有质量合格的标志。

第五十四条　药品包装必须按照规定印有或者贴有标签并附有说明书。

标签或者说明书上必须注明药品的通用名称、成分、规格、生产企业、批准文号、产品批号、生产日期、有效期、适应证或者功能主治、用法、用量、禁忌、不良反应和注意事项。

麻醉药品、精神药品、医疗用毒性药品、放射性药品、外用药品和非处方药的标签，必须印有规定的标志。

第七章　药品价格和广告的管理

第五十五条　依法实行政府定价、政府指导价的药品，政府价格主管部门应当依照《中华人民共和国价格法》规定的定价原则，依据社会平均成本、市场供求状况和社会承受能力合理制定和调整价格，做到质价相符，消除虚高价格，保护用药者的正当利益。

药品的生产企业、经营企业和医疗机构必须执行政府定价、政府指导价，不得以任何形式擅自提高价格。

药品生产企业应当依法向政府价格主管部门如实提供药品的生产经营成本，不得拒报、虚报、瞒报。

第五十六条　依法实行市场调节价的药品，药品的生产企业、经营企业和医疗机构应当按照公平、合理和诚实信用、质价相符的原则制定价格，为用药者提供价格合理的药品。

药品的生产企业、经营企业和医疗机构应当遵守国务院价格主管部门关于药价管理的规定，制定和标明药品零售价格，禁止暴利和损害用药者利益的价格欺诈行为。

第五十七条　药品的生产企业、经营企业、医疗机构应当依法向政府价格主管部门提供其药品的实际购销价格和购销数量等资料。

第五十八条　医疗机构应当向患者提供所用药品的价格清单；医疗保险定点医疗机构还应当按照规定的办法如实公布其常用药品的价格，加强合理用药的管理。具体办法由国务院卫生行政部门规定。

第五十九条　禁止药品的生产企业、经营企业和医疗机构在药品购销中账外暗中给予、收受回扣或者其他利益。

禁止药品的生产企业、经营企业或者其代理人以任何名义给予使用其药品的医疗机构的负责人、药品采购人员、医师等有关人员以财物或者其他利益。禁止医疗机构的负责人、药品采购人员、医师等有关人员以任何名义收受药品的生产企业、经营企业或者其代理人给予的财物或者其他利益。

第六十条　药品广告须经企业所在地省、自治区、直辖市人民政府药品监督管理部门批准，并发给药品广告批准文号；未取得药品广告批准文号的，不得发布。

处方药可以在国务院卫生行政部门和国务院药品监督管理部门共同指定的医学、药学专业刊物上介绍，但不得在大众传播媒介发布广告或者以其他方式进行以公众为对象的广告宣传。

第六十一条 药品广告的内容必须真实、合法，以国务院药品监督管理部门批准的说明书为准，不得含有虚假的内容。

药品广告不得含有不科学的表示功效的断言或者保证；不得利用国家机关、医药科研单位、学术机构或者专家、学者、医师、患者的名义和形象作证明。

非药品广告不得有涉及药品的宣传。

第六十二条 省、自治区、直辖市人民政府药品监督管理部门应当对其批准的药品广告进行检查，对于违反本法和《中华人民共和国广告法》的广告，应当向广告监督管理机关通报并提出处理建议，广告监督管理机关应当依法作出处理。

第六十三条 药品价格和广告，本法未规定的，适用《中华人民共和国价格法》、《中华人民共和国广告法》的规定。

第八章 药品监督

第六十四条 药品监督管理部门有权按照法律、行政法规的规定对报经其审批的药品研制和药品的生产、经营以及医疗机构使用药品的事项进行监督检查，有关单位和个人不得拒绝和隐瞒。

药品监督管理部门进行监督检查时，必须出示证明文件，对监督检查中知悉的被检查人的技术秘密和业务秘密应当保密。

第六十五条 药品监督管理部门根据监督检查的需要，可以对药品质量进行抽查检验。抽查检验应当按照规定抽样，并不得收取任何费用。所需费用按照国务院规定列支。

药品监督管理部门对有证据证明可能危害人体健康的药品及其有关材料可以采取查封、扣押的行政强制措施，并在七日内作出行政处理决定；药品需要检验的，必须自检验报告书发出之日起十五日内作出行政处理决定。

第六十六条 国务院和省、自治区、直辖市人民政府的药品监督管理部门应当定期公告药品质量抽查检验的结果；公告不当的，必须在原公告范围内予以更正。

第六十七条 当事人对药品检验机构的检验结果有异议的，可以自收到药品检验结果之日起七日内向原药品检验机构或者上一级药品监督管理部门设置或者确定的药品检验机构申请复验，也可以直接向国务院药品监督管理部门设置或者确定的药品检验机构申请复验。受理复验的药品检验机构必须在国务院药品监督管理部门规定的时间内作出复验结论。

第六十八条 药品监督管理部门应当按照规定，依据《药品生产质量管理规范》、《药品经营质量管理规范》，对经其认证合格的药品生产企业、药品经营企业进行认证后的跟踪检查。

第六十九条 地方人民政府和药品监督管理部门不得以要求实施药品检验、审批等手段限制或者排斥非本地区药品生产企业依照本法规定生产的药品进入本地区。

第七十条 药品监督管理部门及其设置的药品检验机构和确定的专业从事药品检验的机构不得参与药品生产经营活动，不得以其名义推荐或者监制、监销药品。

药品监督管理部门及其设置的药品检验机构和确定的专业从事药品检验的机构的工作人

员不得参与药品生产经营活动。

第七十一条 国家实行药品不良反应报告制度。药品生产企业、药品经营企业和医疗机构必须经常考察本单位所生产、经营、使用的药品质量、疗效和反应。发现可能与用药有关的严重不良反应，必须及时向当地省、自治区、直辖市人民政府药品监督管理部门和卫生行政部门报告。具体办法由国务院药品监督管理部门会同国务院卫生行政部门制定。

对已确认发生严重不良反应的药品，国务院或者省、自治区、直辖市人民政府的药品监督管理部门可以采取停止生产、销售、使用的紧急控制措施，并应当在五日内组织鉴定，自鉴定结论作出之日起十五日内依法作出行政处理决定。

第七十二条 药品生产企业、药品经营企业和医疗机构的药品检验机构或者人员，应当接受当地药品监督管理部门设置的药品检验机构的业务指导。

第九章 法律责任

第七十三条 未取得《药品生产许可证》、《药品经营许可证》或者《医疗机构制剂许可证》生产药品、经营药品的，依法予以取缔，没收违法生产、销售的药品和违法所得，并处违法生产、销售的药品（包括已售出的和未售出的药品，下同）货值金额二倍以上五倍以下的罚款；构成犯罪的，依法追究刑事责任。

第七十四条 生产、销售假药的，没收违法生产、销售的药品和违法所得，并处违法生产、销售药品货值金额二倍以上五倍以下的罚款；有药品批准证明文件的予以撤销，并责令停产、停业整顿；情节严重的，吊销《药品生产许可证》、《药品经营许可证》或者《医疗机构制剂许可证》；构成犯罪的，依法追究刑事责任。

第七十五条 生产、销售劣药的，没收违法生产、销售的药品和违法所得，并处违法生产、销售药品货值金额一倍以上三倍以下的罚款；情节严重的，责令停产、停业整顿或者撤销药品批准证明文件、吊销《药品生产许可证》、《药品经营许可证》或者《医疗机构制剂许可证》；构成犯罪的，依法追究刑事责任。

第七十六条 从事生产、销售假药及生产、销售劣药情节严重的企业或者其他单位，其直接负责的主管人员和其他直接责任人员十年内不得从事药品生产、经营活动。

对生产者专门用于生产假药、劣药的原辅材料、包装材料、生产设备，予以没收。

第七十七条 知道或者应当知道属于假劣药品而为其提供运输、保管、仓储等便利条件的，没收全部运输、保管、仓储的收入，并处违法收入百分之五十以上三倍以下的罚款；构成犯罪的，依法追究刑事责任。

第七十八条 对假药、劣药的处罚通知，必须载明药品检验机构的质量检验结果；但是，本法第四十八条第三款第（一）、（二）、（五）、（六）项和第四十九条第三款规定的情形除外。

第七十九条 药品的生产企业、经营企业、药物非临床安全性评价研究机构、药物临床试验机构未按照规定实施《药品生产质量管理规范》、《药品经营质量管理规范》、《药物非临床研究质量管理规范》、《药物临床试验质量管理规范》的，给予警告，责令限期改正；逾期不改正的，责令停产、停业整顿，并处五千元以上二万元以下的罚款；情节严重的，吊销《药品生产许可证》、《药品经营许可证》和药物临床试验机构的资格。

第八十条 药品的生产企业、经营企业或者医疗机构违反本法第三十四条的规定，从无《药品生产许可证》、《药品经营许可证》的企业购进药品的，责令改正，没收违法购进的药品，并处违法购进药品货值金额二倍以上五倍以下的罚款；有违法所得的，没收违法所得；

情节严重的，吊销《药品生产许可证》、《药品经营许可证》或者医疗机构执业许可证书。

第八十一条 进口已获得药品进口注册证书的药品，未按照本法规定向允许药品进口的口岸所在地的药品监督管理部门登记备案的，给予警告，责令限期改正；逾期不改正的，撤销进口药品注册证书。

第八十二条 伪造、变造、买卖、出租、出借许可证或者药品批准证明文件的，没收违法所得，并处违法所得一倍以上三倍以下的罚款；没有违法所得的，处二万元以上十万元以下的罚款；情节严重的，并吊销卖方、出租方、出借方的《药品生产许可证》、《药品经营许可证》、《医疗机构制剂许可证》或者撤销药品批准证明文件；构成犯罪的，依法追究刑事责任。

第八十三条 违反本法规定，提供虚假的证明、文件资料样品或者采取其他欺骗手段取得《药品生产许可证》、《药品经营许可证》、《医疗机构制剂许可证》或者药品批准证明文件的，吊销《药品生产许可证》、《药品经营许可证》、《医疗机构制剂许可证》或者撤销药品批准证明文件，五年内不受理其申请，并处一万元以上三万元以下的罚款。

第八十四条 医疗机构将其配制的制剂在市场销售的，责令改正，没收违法销售的制剂，并处违法销售制剂货值金额一倍以上三倍以下的罚款；有违法所得的，没收违法所得。

第八十五条 药品经营企业违反本法第十八条、第十九条规定的，责令改正，给予警告；情节严重的，吊销《药品经营许可证》。

第八十六条 药品标识不符合本法第五十四条规定的，除依法应当按照假药、劣药论处的外，责令改正，给予警告；情节严重的，撤销该药品的批准证明文件。

第八十七条 药品检验机构出具虚假检验报告，构成犯罪的，依法追究刑事责任；不构成犯罪的，责令改正，给予警告，对单位并处三万元以上五万元以下的罚款；对直接负责的主管人员和其他直接责任人员依法给予降级、撤职、开除的处分，并处三万元以下的罚款；有违法所得的，没收违法所得；情节严重的，撤销其检验资格。药品检验机构出具的检验结果不实，造成损失的，应当承担相应的赔偿责任。

第八十八条 本法第七十三条至第八十七条规定的行政处罚，由县级以上药品监督管理部门按照国务院药品监督管理部门规定的职责分工决定；吊销《药品生产许可证》、《药品经营许可证》、《医疗机构制剂许可证》、医疗机构执业许可证书或者撤销药品批准证明文件的，由原发证、批准的部门决定。

第八十九条 违反本法第五十五条、第五十六条、第五十七条关于药品价格管理的规定的，依照《中华人民共和国价格法》的规定处罚。

第九十条 药品的生产企业、经营企业、医疗机构在药品购销中暗中给予、收受回扣或者其他利益的，药品的生产企业、经营企业或者其代理人给予使用其药品的医疗机构的负责人、药品采购人员、医师等有关人员以财物或者其他利益的，由工商行政管理部门处一万元以上二十万元以下的罚款，有违法所得的，予以没收；情节严重的，由工商行政管理部门吊销药品生产企业、药品经营企业的营业执照，并通知药品监督管理部门，由药品监督管理部门吊销其《药品生产许可证》、《药品经营许可证》；构成犯罪的，依法追究刑事责任。

第九十一条 药品的生产企业、经营企业的负责人、采购人员等有关人员在药品购销中收受其他生产企业、经营企业或者其代理人给予的财物或者其他利益的，依法给予处分，没收违法所得；构成犯罪的，依法追究刑事责任。

医疗机构的负责人、药品采购人员、医师等有关人员收受药品生产企业、药品经营企业或者其代理人给予的财物或者其他利益的，由卫生行政部门或者本单位给予处分，没收违法所得；对违法行为情节严重的执业医师，由卫生行政部门吊销其执业证书；构成犯罪的，依法追究刑事责任。

第九十二条　违反本法有关药品广告的管理规定的，依照《中华人民共和国广告法》的规定处罚，并由发给广告批准文号的药品监督管理部门撤销广告批准文号，一年内不受理该品种的广告审批申请；构成犯罪的，依法追究刑事责任。

药品监督管理部门对药品广告不依法履行审查职责，批准发布的广告有虚假或者其他违反法律、行政法规的内容的，对直接负责的主管人员和其他直接责任人员依法给予行政处分；构成犯罪的，依法追究刑事责任。

第九十三条　药品的生产企业、经营企业、医疗机构违反本法规定，给药品使用者造成损害的，依法承担赔偿责任。

第九十四条　药品监督管理部门违反本法规定，有下列行为之一的，由其上级主管机关或者监察机关责令收回违法发给的证书、撤销药品批准证明文件，对直接负责的主管人员和其他直接责任人员依法给予行政处分；构成犯罪的，依法追究刑事责任：

（一）对不符合《药品生产质量管理规范》、《药品经营质量管理规范》的企业发给符合有关规范的认证证书的，或者对取得认证证书的企业未按照规定履行跟踪检查的职责，对不符合认证条件的企业未依法责令其改正或者撤销其认证证书的；

（二）对不符合法定条件的单位发给《药品生产许可证》、《药品经营许可证》或者《医疗机构制剂许可证》的；

（三）对不符合进口条件的药品发给进口药品注册证书的；

（四）对不具备临床试验条件或者生产条件而批准进行临床试验、发给新药证书、发给药品批准文号的。

第九十五条　药品监督管理部门或者其设置的药品检验机构或者其确定的专业从事药品检验的机构参与药品生产经营活动的，由其上级机关或者监察机关责令改正，有违法收入的予以没收；情节严重的，对直接负责的主管人员和其他直接责任人员依法给予行政处分。

药品监督管理部门或者其设置的药品检验机构或者其确定的专业从事药品检验的机构的工作人员参与药品生产经营活动的，依法给予行政处分。

第九十六条　药品监督管理部门或者其设置、确定的药品检验机构在药品监督检验中违法收取检验费用的，由政府有关部门责令退还，对直接负责的主管人员和其他直接责任人员依法给予行政处分。对违法收取检验费用情节严重的药品检验机构，撤销其检验资格。

第九十七条　药品监督管理部门应当依法履行监督检查职责，监督已取得《药品生产许可证》、《药品经营许可证》的企业依照本法规定从事药品生产、经营活动。

已取得《药品生产许可证》、《药品经营许可证》的企业生产、销售假药、劣药的，除依法追究该企业的法律责任外，对有失职、渎职行为的药品监督管理部门直接负责的主管人员和其他直接责任人员依法给予行政处分；构成犯罪的，依法追究刑事责任。

第九十八条　药品监督管理部门对下级药品监督管理部门违反本法的行政行为，责令限期改正；逾期不改正的，有权予以改变或者撤销。

第九十九条　药品监督管理人员滥用职权、徇私舞弊、玩忽职守，构成犯罪的，依法追究刑事责任；尚不构成犯罪的，依法给予行政处分。

第一百条　依照本法被吊销《药品生产许可证》、《药品经营许可证》的，由药品监督管理部门通知工商行政管理部门办理变更或者注销登记。

第一百零一条 本章规定的货值金额以违法生产、销售药品的标价计算；没有标价的，按照同类药品的市场价格计算。

第十章 附 则

第一百零二条 本法下列用语的含义是：

药品，是指用于预防、治疗、诊断人的疾病，有目的地调节人的生理机能并规定有适应证或者功能主治、用法和用量的物质，包括中药材、中药饮片、中成药、化学原料药及其制剂、抗生素、生化药品、放射性药品、血清、疫苗、血液制品和诊断药品等。

辅料，是指生产药品和调配处方时所用的赋形剂和附加剂。

药品生产企业，是指生产药品的专营企业或者兼营企业。

药品经营企业，是指经营药品的专营企业或者兼营企业。

第一百零三条 中药材的种植、采集和饲养的管理办法，由国务院另行制定。

第一百零四条 国家对预防性生物制品的流通实行特殊管理。具体办法由国务院制定。

第一百零五条 中国人民解放军执行本法的具体办法，由国务院、中央军事委员会依据本法制定。

第一百零六条 本法自2001年12月1日起施行。

附录二

药品经营质量管理规范（GSP）

（2000年3月17日经国家药品监督管理局局务会审议通过，国家药品监督管理局令第20号公布，自2000年7月1日起施行）

第一章 总 则

第一条 为加强药品经营质量管理，保证人民用药安全有效，依据《中华人民共和国药品管理法》等有关法律、法规，制定本规范。

第二条 药品经营企业应在药品的购进、储运和销售等环节实行质量管理，建立包括组织结构、职责制度、过程管理和设施设备等方面的质量体系，并使之有效运行。

第三条 本规范是药品经营质量管理的基本准则，适用于中华人民共和国境内经营药品的专营或兼营企业。

第二章 药品批发的质量管理

第一节 管理职责

第四条 企业主要负责人应保证企业执行国家有关法律、法规及本规范，对企业经营药品的质量负领导责任。

第五条 企业应建立以企业主要负责人为首的质量领导组织。其主要职责是：建立企业的质量体系，实施企业质量方针，并保证企业质量管理工作人员行使职权。

第六条 企业应设置专门的质量管理机构，行使质量管理职能，在企业内部对药品质量具有裁决权。

第七条 企业应设置与经营规模相适应的药品检验部门和验收、养护等组织。药品检验部门和验收组织应隶属于质量管理机构。

第八条 企业应依据有关法律、法规及本规范，结合企业实际制定质量管理制度，并定期检查和考核制度执行情况。

第九条 企业应定期对本规范实施情况进行内部评审，确保规范的实施。

第二节 人员与培训

第十条 企业主要负责人应具有专业技术职称，熟悉国家有关药品管理的法律、法规、规章和所经营药品的知识。

第十一条 企业负责人中应有具有药学专业技术职称的人员，负责质量管理工作。

第十二条 企业质量管理机构的负责人，应是执业药师或具有相应的药学专业技术职称，并能坚持原则、有实践经验，可独立解决经营过程中的质量问题。

第十三条 药品检验部门的负责人，应具有相应的药学专业技术职称。

第十四条 企业从事质量管理和检验工作的人员，应具有药学或相关专业的学历，或者具有药学专业技术职称，经专业培训并考核合格后持证上岗。

第十五条 从事验收、养护、计量、保管等工作的人员，应具有相应的学历或一定的文化程度，经有关培训并考核合格后持证上岗。

在国家有就业准入规定岗位工作的人员，需通过职业技能鉴定并取得职业资格证书后方可上岗。

第十六条 企业每年应组织直接接触药品的人员进行健康检查，并建立健康档案。发现患有精神病、传染病或者其他可能污染药品疾病的患者，应调离直接接触药品的岗位。

第十七条 企业应定期对各类人员进行药品法律、法规、规章和专业技术、药品知识、职业道德等教育或培训，并建立档案。

第三节 设施与设备

第十八条 企业应有与经营规模相适应的营业场所及辅助、办公用房。营业场所应明亮、整洁。

第十九条 有与经营规模相适应的仓库。库区地面平整，无积水和杂草，无污染源，并做到：

（一）药品储存作业区、辅助作业区、办公生活区分开一定距离或有隔离措施，装卸作业场所有顶棚。

（二）有适宜药品分类保管和符合药品储存要求的库房。库房内墙壁、顶棚和地面光洁、平整，门窗结构严密。

（三）库区有符合规定要求的消防、安全设施。

第二十条 仓库应划分待验库（区）、合格品库（区）、发货库（区）、不合格品库（区）、退货库（区）等专用场所，经营中药饮片还应划分零货称取专库（区）。以上各库（区）均应设有明显标志。

第二十一条 仓库应有以下设施和设备：

（一）保持药品与地面之间有一定距离的设备。

（二）避光、通风和排水的设备。

（三）检测和调节温、湿度的设备。

（四）防尘、防潮、防霉、防污染以及防虫、防鼠、防鸟等设备。

（五）符合安全用电要求的照明设备。

（六）适宜拆零及拼箱发货的工作场所和包装物料等的储存场所和设备。

第二十二条 储存麻醉药品、一类精神药品、医疗用毒性药品、放射性药品的专用仓库应具有相应的安全保卫措施。

第二十三条 有与经营规模、范围相适应的药品检验部门，配置相应的检验仪器和设备。经营中药材及中药饮片的应设置中药标本室（柜）。

第二十四条 有与企业规模相适应、符合卫生要求的验收养护室，配备必要的验收和养护用工具及仪器设备。

第二十五条 对所用设施和设备应定期进行检查、维修、保养并建立档案。

第二十六条 分装中药饮片应有符合规定的专门场所，其面积和设备应与分装要求相适应。

第四节 进 货

第二十七条 企业应把质量放在选择药品和供货单位条件的首位，制定能够确保购进的药品符合质量要求的进货程序。

第二十八条 购进的药品应符合以下基本条件：

（一）合法企业所生产或经营的药品。

（二）具有法定的质量标准。

（三）除国家未规定的以外，应有法定的批准文号和生产批号。进口药品应有符合规定的、加盖了供货单位质量检验机构原印章的《进口药品注册证》和《进口药品检验报告书》复印件。

（四）包装和标识符合有关规定和储运要求。

（五）中药材应标明产地。

第二十九条 企业对首营企业应进行包括资格和质量保证能力的审核。审核由业务部门会同质量管理机构共同进行。除审核有关资料外，必要时应实地考察。经审核批准后，方可从首营企业进货。

第三十条 企业对首营品种（含新规格、新剂型、新包装等）应进行合法性和质量基本情况的审核，审核合格后方可经营。

第三十一条 企业编制购货计划时应以药品质量作为重要依据，并有质量管理机构人员参加。

第三十二条 签订进货合同应明确质量条款。

第三十三条 购进药品应有合法票据，并按规定建立购进记录，做到票、账、货相符。购货记录按规定保存。

第三十四条 企业每年应对进货情况进行质量评审。

第五节 验收与检验

第三十五条 药品质量验收的要求是：

（一）严格按照法定标准和合同规定的质量条款对购进药品、销后退回药品的质量进行逐批验收。

（二）验收时应同时对药品的包装、标签、说明书以及有关要求的证明或文件进行逐一检查。

（三）验收抽取的样品应具有代表性。

（四）验收应按有关规定做好验收记录。验收记录应保存至超过药品有效期一年，但不得少于三年。

（五）验收首营品种，还应进行药品内在质量的检验。

（六）验收应在符合规定的场所进行，在规定时限内完成。

第三十六条 仓库保管员凭验收员签字或盖章收货。对货与单不符、质量异常、包装不牢或破损、标志模糊等情况，有权拒收并报告企业有关部门处理。

第三十七条 企业的药品检验部门承担本企业药品质量的检验任务，提供准确、可靠的检验数据。

第三十八条 药品检验部门抽样检验批数应达到总进货批数的规定比例。

第三十九条 药品质量验收和检验管理的主要内容是：

（一）药品质量标准及有关规定的收集、分发和保管。

（二）抽样的原则和程序、验收和检验的操作规程。

（三）发现有问题药品的处理方法。

（四）仪器设备、计量工具的定期校准和检定，仪器的使用、保养和登记等。

（五）原始记录和药品质量档案的建立、收集、归档和保管。

（六）中药标本的收集和保管。

第四十条 企业应对质量不合格药品进行控制性管理，其管理重点为：

（一）发现不合格药品应按规定的要求和程序上报。

（二）不合格药品的标识、存放。

（三）查明质量不合格的原因，分清质量责任，及时处理并制定预防措施。

（四）不合格药品报废、销毁的记录。

（五）不合格药品处理情况的汇总和分析。

第六节　储存与养护

第四十一条 药品应按规定的储存要求专库、分类存放。储存中应遵守以下几点：

（一）药品按温、湿度要求储存于相应的库中。

（二）在库药品均应实行色标管理。

（三）搬运和堆垛应严格遵守药品外包装图式标志的要求，规范操作。怕压药品应控制堆放高度，定期翻垛。

（四）药品与仓间地面、墙、顶、散热器之间应有相应的间距或隔离措施。

（五）药品应按批号集中堆放。有效期的药品应分类相对集中存放，按批号及效期远近依次或分开堆码并有明显标志。

（六）药品与非药品、内用药与外用药、处方药与非处方药之间应分开存放；易串味的药品、中药材、中药饮片以及危险品等应与其他药品分开存放。

（七）麻醉药品、一类精神药品、医疗用毒性药品、放射性药品应当专库或专柜存放，双人双锁保管，专账记录。

第四十二条 药品养护工作的主要职责是：

（一）指导保管人员对药品进行合理储存。

（二）检查在库药品的储存条件，配合保管人员进行仓间温、湿度等管理。

（三）对库存药品进行定期质量检查，并做好检查记录。

（四）对中药材和中药饮片按其特性，采取干燥、降氧、熏蒸等方法养护。

（五）对由于异常原因可能出现质量问题的药品和在库时间较长的中药材，应抽样送检。

（六）对检查中发现的问题及时通知质量管理机构复查处理。

（七）定期汇总、分析和上报养护检查、近效期或长时间储存的药品等质量信息。

（八）负责养护用仪器设备、温湿度检测和监控仪器、仓库在用计量仪器及器具等的管理工作。

（九）建立药品养护档案。

第七节　出库与运输

第四十三条　药品出库应遵循"先产先出"、"近期先出"和按批号发货的原则。

第四十四条　药品出库应进行复核和质量检查。麻醉药品、一类精神药品、医疗用毒性药品应建立双人核对制度。

第四十五条　药品出库应做好药品质量跟踪记录，以保证能快速、准确地进行质量跟踪。记录应保存至超过药品有效期一年，但不得少于三年。

第四十六条　对有温度要求的药品的运输，应根据季节温度变化和运程采取必要的保温或冷藏措施。

第四十七条　麻醉药品、一类精神药品、医疗用毒性药品和危险品的运输应按有关规定办理。

第四十八条　由生产企业直调药品时，须经经营单位质量验收合格后方可发运。

第四十九条　搬运、装卸药品应轻拿轻放，严格按照外包装图示标志要求堆放和采取防护措施。

第八节　销售与售后服务

第五十条　企业应依据有关法律、法规和规章，将药品销售给具有合法资格的单位。

第五十一条　销售特殊管理的药品应严格按照国家有关规定执行。

第五十二条　销售人员应正确介绍药品，不得虚假夸大和误导用户。

第五十三条　销售应开具合法票据，并按规定建立销售记录，做到票、账、货相符。销售票据和记录应按规定保存。

第五十四条　因特殊需要从其他商业企业直调的药品，本企业应保证药品质量，并及时做好有关记录。

第五十五条　药品营销宣传应严格执行国家有关广告管理的法律、法规，宣传的内容必须以国家药品监督管理部门批准的药品使用说明书为准。

第五十六条　对质量查询、投诉、抽查和销售过程中发现的质量问题要查明原因，分清责任，采取有效的处理措施，并做好记录。

第五十七条　企业已售出的药品如发现质量问题，应向有关管理部门报告，并及时追回药品和做好记录。

第三章　药品零售的质量管理

第一节　管理职责

第五十八条　药品零售和零售连锁企业应遵照依法批准的经营方式和经营范围从事经营活动，应在营业店堂的显著位置悬挂药品经营企业许可证、营业执照以及与执业人员要求相符的执业证明。

第五十九条　企业主要负责人对企业经营药品的质量负领导责任。

第六十条　企业应设置质量管理机构或专职质量管理人员，具体负责企业质量管理工作。

第六十一条　企业应根据国家有关法律、法规和本规范，并结合企业实际，制定各项质量管理制度。管理制度应定期检查和考核，并建立记录。

第二节 人员与培训

第六十二条 企业的质量负责人应具有药学专业的技术职称。

第六十三条 药品零售中处方审核人员应是执业药师或有药师以上（含药师和中药师）的专业技术职称。

第六十四条 企业的质量管理和药品检验人员应具有药学或相关专业的学历，或者具有药学专业的技术职称。

第六十五条 企业从事质量管理、检验、验收、保管、养护、营业等工作的人员应经过专业培训，考核合格后持证上岗。国家有就业准入规定的岗位，工作人员需通过职业技能鉴定并取得职业资格证书后方可上岗。

第六十六条 企业每年应组织直接接触药品的人员进行健康检查，并建立健康档案。发现患有精神病、传染病和其他可能污染药品疾病的人员，应及时调离其工作岗位。

第三节 设施和设备

第六十七条 药品零售企业应有与经营规模相适应的营业场所和药品仓库，并且环境整洁、无污染物。企业的营业场所、仓库、办公生活等区域应分开。

第六十八条 药品零售企业营业场所和药品仓库应配置以下设备：

（一）便于药品陈列展示的设备。

（二）特殊管理药品的保管设备。

（三）符合药品特性要求的常温、阴凉和冷藏保管的设备。

（四）必要的药品检验、验收、养护的设备。

（五）检验和调节温、湿度的设备。

（六）保持药品与地面之间有一定距离的设备。

（七）药品防尘、防潮、防污染和防虫、防鼠、防霉变等设备。

（八）经营中药饮片所需的调配处方和临方炮制的设备。

第六十九条 药品零售连锁企业应设立与经营规模相适应的配送中心，其仓储、验收、检验、养护等设施要求与同规模的批发企业相同。零售连锁门店的药品陈列、保管等设备要求应与零售企业相同。

第四节 进货与验收

第七十条 企业购进药品应以质量为前提，从合法的企业进货。对首营企业应确认其合法资格，并做好记录。

第七十一条 购进药品应有合法票据，并按规定建立购进记录，做到票、账、货相符。购进票据和记录应保存至超过药品有效期一年，但不得少于两年。

第七十二条 购进药品的合同应明确质量条款。

第七十三条 购进首营品种，应进行药品质量审核，审核合格后方可经营。

第七十四条 验收人员对购进的药品，应根据原始凭证，严格按照有关规定逐批验收并记录。必要时应抽样送检验机构检验。

第七十五条 验收药品质量时，应按规定同时检查包装、标签、说明书等项内容。

第五节　陈列与储存

第七十六条　在零售店堂内陈列药品的质量和包装应符合规定。

第七十七条　药品应按剂型或用途以及储存要求分类陈列和储存：

（一）药品与非药品、内服药与外用药应分开存放，易串味的药品与一般药品应分开存放。

（二）药品应根据其温湿度要求，按照规定的储存条件存放。

（三）处方药与非处方药应分柜摆放。

（四）特殊管理的药品应按照国家的有关规定存放。

（五）危险品不应陈列。如因需要必须陈列时，只能陈列代用品或空包装。危险品的储存应按国家有关规定管理和存放。

（六）拆零药品应集中存放于拆零专柜，并保留原包装的标签。

（七）中药饮片装斗前应做质量复核，不得错斗、串斗，防止混药。饮片斗前应写正名正字。

第七十八条　陈列和储存药品的养护工作包括：

（一）定期检查陈列与储存药品的质量并记录。近效期的药品、易霉变、易潮解的药品视情况缩短检查周期，对质量有疑问及储存日久的药品应及时抽样送检。

（二）检查药品陈列环境和储存条件是否符合规定要求。

（三）对各种养护设备进行检查。

（四）检查中发现的问题应及时向质量负责人汇报并尽快处理。

第七十九条　库存药品应实行色标管理。

第六节　销售与服务

第八十条　销售药品要严格遵守有关法律、法规和制度，正确介绍药品的性能、用途、禁忌及注意事项。

第八十一条　销售药品时，处方要经执业药师或具有药师以上（含药师和中药师）职称的人员审核后方可调配和销售。对处方所列药品不得擅自更改或代用。对有配伍禁忌或超剂量的处方，应当拒绝调配、销售，必要时，需经原处方医生更正或重新签字方可调配和销售。审核、调配或销售人员均应在处方上签字或盖章，处方按有关规定保存备查。

第八十二条　药品拆零销售使用的工具、包装袋应清洁和卫生，出售时应在药袋上写明药品名称、规格、服法、用量、有效期等内容。

第八十三条　销售特殊管理的药品，应严格按照国家有关规定，凭盖有医疗单位公章的医生处方限量供应，销售及复核人员均应在处方上签字或盖章，处方保存两年。

第八十四条　企业应在零售场所内提供咨询服务，指导顾客安全、合理用药。企业还应设置意见簿和公布监督电话，对顾客的批评或投诉要及时加以解决。

第四章　附　　则

第八十五条　本规范下列用语的含义是：

企业主要负责人：具有法人资格的企业指其法定代表人；不具有法人资格的企业指其最

高管理者。

  首营企业：购进药品时，与本企业首次发生供需关系的药品生产或经营企业。

  首营品种：本企业向某一药品生产企业首次购进的药品。

  药品直调：将已购进但未入库的药品，从供货方直接发送到向本企业购买同一药品的需求方。

  处方调配：销售药品时，营业人员根据医生处方调剂、配合药品的过程。

第八十六条 国家药品监督管理局根据本规范制定实施细则。

第八十七条 本规范由国家药品监督管理局负责解释。

第八十八条 本规范自 2000 年 7 月 1 日起施行。

附录三

药品生产质量管理规范（GMP）

(本规范于1998年修订，1999年3月18日经国家药品监督管理局局务会审议通过，国家药品监督管理局令第9号公布，自1999年8月1日起施行)

第一章 总 则

第一条 根据《中华人民共和国药品管理法》规定，制定本规范。

第二条 本规范是药品生产和质量管理的基本准则。适用于药品制剂生产的全过程、原料药生产中影响成品质量的关键工序。

第二章 机构与人员

第三条 药品生产企业应建立生产和质量管理机构。各级机构和人员职责应明确，并配备一定数量的与药品生产相适应的具有专业知识、生产经验及组织能力的管理人员和技术人员。

第四条 企业主管药品生产管理和质量管理的负责人应具有医药或相关专业大专以上学历，有药品生产和质量管理经验，对本规范的实施和产品质量负责。

第五条 药品生产管理部门和质量管理部门的负责人应具有医药或相关专业大专以上学历，有药品生产和质量管理的实践经验，有能力对药品生产和质量管理中的实际问题作出正确的判断和处理。

药品生产管理部门和质量管理部门负责人不得互相兼任。

第六条 从事药品生产操作及质量检验的人员应经专业技术培训，具有基础理论知识和实际操作技能。

对从事高生物活性、高毒性、强污染性、高致敏性及有特殊要求的药品生产操作和质量检验人员应经相应专业的技术培训。

第七条 对从事药品生产的各级人员应按本规范要求进行培训和考核。

第三章 厂房与设施

第八条 药品生产企业必须有整洁的生产环境；厂区的地面、路面及运输等不应对药品的生产造成污染；生产、行政、生活和辅助区的总体布局应合理，不得互相妨碍。

第九条 厂房应按生产工艺流程及所要求的空气洁净级别进行合理布局。同一厂房内以及相邻厂房之间的生产操作不得相互妨碍。

第十条 厂房应有防止昆虫和其他动物进入的设施。

第十一条 在设计和建设厂房时，应考虑使用时便于进行清洁工作。洁净室（区）的内表面应平整光滑、无裂缝、接口严密、无颗粒物脱落，并能耐受清洗和消毒，墙壁与地面的交界处宜成弧形或采取其他措施，以减少灰尘积聚和便于清洁。

第十二条 生产区和储存区应有与生产规模相应的面积和空间用以安置设备、物料，便于生产操作，存放物料、中间产品、待验品和成品，应最大限度地减少差错和交叉污染。

第十三条 洁净室（区）内各种管道、灯具、风口以及其他公用设施，在设计和安装时应考虑使用中避免出现不易清洁的部位。

第十四条 洁净室（区）应根据生产要求提供足够的照明。主要工作室的照度宜为300勒克斯；对照度有特殊要求的生产部位可设置局部照明。厂房应有应急照明设施。

第十五条 进入洁净室（区）的空气必须净化，并根据生产工艺要求划分空气洁净级别。洁净室（区）内空气的微生物数和尘粒数应定期监测，监测结果应记录存档。

第十六条 洁净室（区）的窗户、天棚及进入室内的管道、风口、灯具与墙壁或天棚的连接部位均应密封。空气洁净级别不同的相邻房间之间的静压差应大于5帕，洁净室（区）与室外大气的静压差应大于10帕，并应有指示压差的装置。

第十七条 洁净室（区）的温度和相对湿度应与药品生产工艺要求相适应。无特殊要求时，温度应控制在18～26℃，相对湿度控制在45%～65%。

第十八条 洁净室（区）内安装的水池、地漏不得对药品产生污染。

第十九条 不同空气洁净度等级的洁净室（区）之间的人员及物料出入，应有防止交叉污染的措施。

第二十条 生产青霉素类等高致敏性药品必须使用独立的厂房与设施，分装室应保持相对负压，排至室外的废气应经净化处理并符合要求，排风口应远离其他空气净化系统的进风口；生产β-内酰胺结构类药品必须使用专用设备和独立的空气净化系统，并与其他药品生产区域严格分开。

第二十一条 避孕药品的生产厂房应与其他药品生产厂房分开，并装有独立的专用的空气净化系统。生产激素类、抗肿瘤类化学药品应避免与其他药品使用同一设备和空气净化系统；不可避免时，应采用有效的防护措施和必要的验证。

放射性药品的生产、包装和储存应使用专用的、安全的设备，生产区排出的空气不应循环使用，排气中应避免含有放射性微粒，符合国家关于辐射防护的要求与规定。

第二十二条 生产用菌毒种与非生产用菌毒种、生产用细胞与非生产用细胞、强毒与弱毒、死毒与活毒、脱毒前与脱毒后的制品和活疫苗与灭活疫苗、人血液制品、预防制品等的加工或灌装不得同时在同一生产厂房内进行，其储存要严格分开。不同种类的活疫苗的处理及灌装应彼此分开。强毒微生物及芽孢菌制品的区域与相邻区域应保持相对负压，并有独立的空气净化系统。

第二十三条 中药材的前处理、提取、浓缩以及动物脏器、组织的洗涤或处理等生产操作，必须与其制剂生产严格分开。

中药材的蒸、炒、炙、煅等炮制操作应有良好的通风、除烟、除尘、降温设施。筛选、切片、粉碎等操作应有有效的除尘、排风设施。

第二十四条 厂房必要时应有防尘及捕尘设施。

第二十五条 与药品直接接触的干燥用空气、压缩空气和惰性气体应经净化处理，符合生产要求。

第二十六条 仓储区要保持清洁和干燥。照明、通风等设施及温度、湿度的控制应符合储存要求并定期监测。

仓储区可设原料取样室，取样环境的空气洁净度等级应与生产要求一致。如不在取样室取样，取样时应有防止污染和交叉污染的措施。

第二十七条 根据药品生产工艺要求，洁净室（区）内设置的称量室和备料室，空气洁净度等级应与生产要求一致，并有捕尘和防止交叉污染的设施。

第二十八条 质量管理部门根据需要设置的检验、中药标本、留样观察以及其他各类实验室应与药品生产区分开。生物检定、微生物限度检定和放射性同位素检定要分室进行。

第二十九条 对有特殊要求的仪器、仪表，应安放在专门的仪器室内，并有防止静电、震动、潮湿或其他外界因素影响的设施。

第三十条 实验动物房应与其他区域严格分开，其设计建造应符合国家有关规定。

第四章 设　备

第三十一条 设备的设计、选型、安装应符合生产要求，易于清洗、消毒或灭菌，便于生产操作和维修、保养，并能防止差错和减少污染。

第三十二条 与药品直接接触的设备表面应光洁、平整、易清洗或消毒、耐腐蚀，不与药品发生化学变化或吸附药品。设备所用的润滑剂、冷却剂等不得对药品或容器造成污染。

第三十三条 与设备连接的主要固定管道应标明管内物料名称、流向。

第三十四条 纯化水、注射用水的制备、储存和分配应能防止微生物的滋生和污染。储罐和输送管道所用材料应无毒、耐腐蚀。管道的设计和安装应避免死角、盲管。储罐和管道要规定清洗、灭菌周期。注射用水储罐的通气口应安装不脱落纤维的疏水性除菌滤器。注射用水的储存可采用80℃以上保温、65℃以上保温循环或4℃以下存放。

第三十五条 用于生产和检验的仪器、仪表、量具、衡器等，其适用范围和精密度应符合生产和检验要求，有明显的合格标志，并定期校验。

第三十六条 生产设备应有明显的状态标志，并定期维修、保养和验证。设备安装、维修、保养的操作不得影响产品的质量。不合格的设备如有可能应搬出生产区，未搬出前应有明显标志。

第三十七条 生产、检验设备均应有使用、维修、保养记录，并由专人管理。

第五章 物　料

第三十八条 药品生产所用物料的购入、储存、发放、使用等应制定管理制度。

第三十九条 药品生产所用的物料，应符合药品标准、包装材料标准、生物制品规程或其他有关标准，不得对药品的质量产生不良影响。进口原料药应有口岸药品检验所的药品检验报告。

第四十条 药品生产所用的中药材，应按质量标准购入，其产地应保持相对稳定。

第四十一条 药品生产所用物料应从符合规定的单位购进，并按规定入库。

第四十二条 待验、合格、不合格物料要严格管理。不合格的物料要专区存放，有易于识别的明显标志，并按有关规定及时处理。

第四十三条 对温度、湿度或其他条件有特殊要求的物料、中间产品和成品，应按规定条件储存。固体、液体原料应分开储存；挥发性物料应注意避免污染其他物料；炮制、整理加工后的净药材应使用清洁容器或包装，并与未加工、炮制的药材严格分开。

第四十四条 麻醉药品、精神药品、毒性药品（包括药材）、放射性药品及易燃、易爆和其他危险品的验收、储存、保管要严格执行国家有关的规定。菌毒种的验收、储存、保管、使用、销毁应执行国家有关医学微生物菌种保管的规定。

第四十五条 物料应按规定的使用期限储存，无规定使用期限的，其储存一般不超过三年，期满后应复验。储存期内如有特殊情况应及时复验。

第四十六条 药品的标签、使用说明书必须与药品监督管理部门批准的内容、式样、文字相一致。标签、使用说明书须经企业质量管理部门校对无误后印制、发放、使用。

第四十七条 药品的标签、使用说明书应由专人保管、领用，其要求如下：

1. 标签和使用说明书均应按品种、规格有专柜或专库存放，凭批包装指令发放，按实际需要量领取。

2. 标签要计数发放、领用人核对、签名，使用数、残损数及剩余数之和应与领用数相符，印有批号的残损或剩余标签应由专人负责计数销毁。

3. 标签发放、使用、销毁应有记录。

第六章　卫　生

第四十八条 药品生产企业应有防止污染的卫生措施，制定各项卫生管理制度，并由专人负责。

第四十九条 药品生产车间、工序、岗位均应按生产和空气洁净度等级的要求制定厂房、设备、容器等清洁规程，内容应包括：清洁方法、程序、间隔时间、使用的清洁剂或消毒剂，清洁工具的清洁方法和存放地点。

第五十条 生产区不得存放非生产物品和个人杂物。生产中的废弃物应及时处理。

第五十一条 更衣室、浴室及厕所的设备不得对洁净室（区）产生不良影响。

第五十二条 工作用的选材、式样及穿戴方式应与生产操作和空气洁净度等级要求相适应，并不得混用。

洁净工作服的质地应光滑、不产生静电、不脱落纤维和颗粒性物质。无菌工作服必须包盖全部头发、胡须及脚部，并能阻留人体脱落物。

不同空气洁净度等级使用的工作服应分别清洗、整理，必要时消毒或灭菌。工作服洗涤、灭菌时不应带入附加的颗粒物质。工作服应制定清洗周期。

第五十三条 洁净室（区）仅限于该区域生产操作人员和经批准的人员进入。

第五十四条 进入洁净室（区）的人员不得化妆和佩戴饰物，不得裸手直接接触药品。

第五十五条 洁净室（区）应定期消毒。使用的消毒剂不得对设备、物料和成品产生污染。消毒剂品种应定期更换，防止产生耐药菌株。

第五十六条 药品生产人员应有健康档案。直接接触药品的生产人员每年至少体检一次。传染病、皮肤病患者和体表有伤口者不得从事直接接触药品的生产。

第七章　验　证

第五十七条 药品生产验证应包括厂房、设施及设备安装确认、运行确认、性能确认和产品验证。

第五十八条 产品的生产工艺及关键设施、设备应按验证方案进行验证。当影响产品质量的主要因素，如工艺、质量控制方法、主要原辅料、主要生产设备等发生改变时，以及生产一定周期后，应进行再验证。

第五十九条 应根据验证对象提出验证项目、制定验证方案，并组织实施。验证工作完成后应写出验证报告，由验证工作负责人审核、批准。

第六十条 验证过程中的数据和分析内容应以文件形式归档保存。验证文件应包括验证方案、验证报告、评价和建议、批准人等。

第八章 文 件

第六十一条 药品生产企业应有生产管理、质量管理的各项制度和记录：
1. 厂房、设施和设备的使用、维护、保养、检修等制度和记录；
2. 物料验收、生产操作、检验、发放、成品销售和用户投诉等制度和记录；
3. 不合格品管理、物料退库和报废、紧急情况处理等制度和记录；
4. 环境、厂房、设备、人员等卫生管理制度和记录；
5. 本规范和专业技术培训等制度和记录。

第六十二条 产品生产管理文件主要有：
1. 生产工艺规程、岗位操作法或标准操作规程

生产工艺规程的内容包括：品名，剂型，处方，生产工艺的操作要求，物料、中间产品、成品的质量标准和技术参数及储存注意事项，物料平衡的计算方法，成品容器、包装材料的要求等。

岗位操作法的内容包括：生产操作方法和要点，重点操作的复核、复查，中间产品质量标准及控制，安全和劳动保护，设备维修、清洗，异常情况处理和报告，工艺卫生和环境卫生等。

标准操作规程的内容包括：题目、编号、制定人及制定日期、审核人及审核日期、批准人及批准日期、颁发部门、生效日期、分发部门，标题及正文。

2. 批生产记录

批生产记录内容包括：产品名称、生产批号、生产日期、操作者、复核者的签名、有关操作与设备、相关生产阶段的产品数量、物料平衡的计算、生产过程的控制记录及特殊问题记录。

第六十三条 产品质量管理文件主要有：
1. 产品的申请和审批文件；
2. 物料、中间产量和成品质量标准及其检验操作规程；
3. 产品质量稳定性考察；
4. 批检验记录。

第六十四条 药品生产企业应建立文件的起草、修订、审查、批准、撤销、印制及保管的管理制度。分发、使用的文件应为批准的现行文本。已撤销和过时的文件除留档备查外，不得在工作现场出现。

第六十五条 制定生产管理文件和质量管理文件的要求：
1. 文件的标题应能清楚地说明文件的性质；
2. 各类文件应有便于识别其文本、类别的系统编码和日期；
3. 文件使用的语言应确切、易懂；
4. 填写数据时应有足够的空格；
5. 文件制定、审查和批准的责任应明确，并有责任人签名。

第九章 生 产 管 理

第六十六条 生产工艺规程、岗位操作法和标准操作规程不得任意更改。如需更改时，

应按制定时的程序办理修订、审批手续。

第六十七条 每批产品应接产量和数量的物料平衡进行检查。如有显著差异,必须查明原因,在得出合理解释,确认无潜在质量事故后,方可按正常产品处理。

第六十八条 批生产记录应字迹清晰、内容真实、数据完整,并由操作人及复核人签名。记录应保持整洁,不得撕毁和任意涂改;更改时,在更改处签名,并使原数据仍可辨认。

批生产记录应按批号归档,保存至药品有效期后一年。未规定有效期的药品,其批生产记录至少保存三年。

第六十九条 在规定限度内具有同一性质和质量,并在同一连续生产周期中生产出来的一定数量的药品为一批。每批药品均应编制生产批号。

第七十条 为防止药品被污染和混淆,生产操作应采用以下措施:

1. 生产前应确认无上次生产遗留物;
2. 应防止尘埃的产生和扩散;
3. 不同产品品种、规格的生产操作不得在同一生产操作间同时进行,有数条包装线同时进行包装时,应采取隔离或其他有效防止污染或混淆的设施;
4. 生产过程中应防止物料及产品所产生的气体、蒸汽、喷雾物或生物体等引起的交叉污染;
5. 每一生产操作间或生产用设备、容器应有所生产的产品或物料名称、批号、数量等状态标志;
6. 拣选后药材的洗涤应使用流动水,用过的水不得用于洗涤其他药材。不同药性的药材不得在一起洗涤。洗涤后的药材及切制和炮制品不宜露天干燥。

药材及其中间产品的灭菌方法应以不改变药材的药效、质量为原则。直接入药的药材粉末,配料前应做微生物检查。

第七十一条 根据产品工艺规程选用工艺用水。工艺用水应符合质量标准,并定期检验,检验有记录。应根据验证结果,规定检验周期。

第七十二条 产品应有批包装记录。批包装记录的内容应包括:

1. 待包装产品的名称、批号、规格;
2. 印有批号的标签和使用说明书以及产品合格证;
3. 待包装产品和包装材料的领取数量及发放人、领用人、核对人签名;
4. 已包装产品的数量;
5. 前次包装操作的清场记录(副本)及本次包装清场记录(正本);
6. 本次包装操作完成后的检验核对结果、核对人签名;
7. 生产操作负责人签名。

第七十三条 每批药品的每一生产阶段完成后必须由生产操作人员清场,填写清场记录。清场记录内容包括:工序、品名、生产批号、清场日期、检查项目及结果、清场负责人及复查人签名。清场记录应纳入批生产记录。

第十章 质量管理

第七十四条 药品生产企业的质量管理部门应负责药品生产全过程的质量管理和检验,受企业负责人直接领导。质量管理部门应配备一定数量的质量管理和检验人员,并有与药品生产规模、品种、检验要求相适应的场所、仪器、设备。

第七十五条 质量管理部门的主要职责：

1. 制定和修订物料、中间产品和成品的内控标准和检验操作规程，制定取样和留样制度；

2. 制定检验用设备、仪器、试剂、试液、标准品（或对照品）、滴定液、培养基、实验动物等管理办法；

3. 决定物料和中间产品的使用；

4. 审核成品发放前批生产记录，决定成品发放；

5. 审核不合格品处理程序；

6. 对物料、中间产品和成品进行取样、检验、留样，并出具检验报告；

7. 监测洁净室（区）的尘粒数和微生物数；

8. 评价原料、中间产品及成品的质量稳定性，为确定物料储存期、药品有效期提供数据；

9. 制定质量管理和检验人员的职责。

第七十六条 质量管理部门应会同有关部门对主要物料供应商质量体系进行评估。

第十一章 产品销售与收回

第七十七条 每批成品均应有销售记录。根据销售记录能追查每批药品的售出情况，必要时应能及时全部追回。销售记录内容应包括：品名、剂型、批号、规格、数量、收货单位和地址、发货日期。

第七十八条 销售记录应保存至药品有效期后一年。未规定有效期的药品，其销售记录应保存三年。

第七十九条 药品生产企业应建立药品退货和收回的书面程序，并有记录。药品退货和收回记录内容应包括：品名、批号、规格、数量、退货和收回单位及地址、退货和收回原因及日期、处理意见。

因质量原因退货和收回的药品制剂，应在质量管理部门监督下销毁，涉及其他批号时，应同时处理。

第十二章 投诉与不良反应报告

第八十条 企业应建立药品不良反应监察报告制度，指定专门机构或人员负责管理。

第八十一条 对用户的药品质量投诉和药品不良反应应详细记录和调查处理。对药品不良反应应及时向当地药品监督管理部门报告。

第八十二条 药品生产出现重大质量问题时，应及时向当地药品监督管理部门报告。

第十三章 自　　检

第八十三条 药品生产企业应定期组织自检。自检应按预定的程序，对人员、厂房、设备、文件、生产、质量控制、药品销售、用户投诉和产品收回的处理等项目定期进行检查，以证实与本规范的一致性。

第八十四条 自检应有记录。自检完成后应形成自检报告，内容包括自检的结果、评价的结论以及改进措施和建议。

第十四章 附 则

第八十五条 本规范下列用词的含义是：

物料：原料、辅料、包装材料等。

批号：用于识别"批"的一组数字或字母加数字。用以追溯和审查该批药品的生产历史。

待验：物料在允许投料或出厂前所处的搁置、等待检验结果的状态。

批生产记录：一个批次的待包装品或成品的所有生产记录。批生产记录能提供该批产品的生产历史以及与质量有关的情况。

物料平衡：产品或物料的理论产量或理论用量与实际产量或用量之间的比较，并适当考虑可允许的正常偏差。

标准操作规程：经批准用以指示操作的通用性文件或管理办法。

生产工艺规程：规定为生产一定数量成品所需起始原料和包装材料的数量，以及工艺、加工说明、注意事项，包括生产过程中控制的一个或一套文件。

工艺用水：药品生产工艺中使用的水，包括饮用水、纯化水、注射用水。

纯化水：为蒸馏法、离子交换法、反渗透法或其他适宜的方法制得供药用的水，不含任何附加剂。

洁净室（区）：需要对尘粒及微生物含量进行控制的房间（区域）。其建筑结构、装备及其使用均具有减少该区域内污染源的介入、产生和滞留的功能。

验证：证明任何程度、生产过程、设备、物料、活动或系统确实能达到预期结果的有文件证明的一系列活动。

第八十六条 不同类别药品的生产质量管理特殊要求列入本规范附录。

第八十七条 本规范由国家药品监督管理局负责解释。

第八十八条 本规范自一九九九年八月一日起施行。

参 考 文 献

1. 杨文章. 医药市场营销学. 北京：中国医药科技出版社，2000
2. 杨文章. 医药商业企业管理学. 北京：中国医药科技出版社，2000
3. 杨文章. 药品营销与管理. 北京：中国医药科技出版社，2003
4. 张敏敏. 小故事大营销. 北京：中国商业出版社，2005
5. 张卫东. 网络营销. 北京：电子工业出版社，2002
6. 杨玉福，万俊东. 药品营销策略. 北京：北京科学技术出版社，2001
7. 贾俊平，何晓群，金勇进. 统计学. 北京：中国人民大学出版社，2004
8. 冯国忠. 医药市场营销学. 北京：中国医药科技出版社，2002
9. 毕思勇. 市场营销学. 北京：化学工业出版社，2005

全国医药中等职业技术学校教材可供书目

书名	书号	主编	主审	定价
1 中医学基础	7876	石磊	刘笑非	16.00
2 中药与方剂	7893	张晓瑞	范颖	23.00
3 药用植物基础	7910	秦泽平	初敏	25.00
4 中药化学基础	7997	张梅	杜芳麓	18.00
5 中药炮制技术	7861	李松涛	孙秀梅	26.00
6 中药鉴定技术	7986	吕薇	潘力佳	28.00
7 中药调剂技术	7894	阎萍	李广庆	16.00
8 中药制剂技术	8001	张杰	陈祥	21.00
9 中药制剂分析技术	8040	陶定阐	朱品业	23.00
10 无机化学基础	7332	陈艳	黄如	22.00
11 有机化学基础	7999	梁绮思	党丽娟	24.00
12 药物化学基础	8043	叶云华	张春桃	23.00
13 生物化学	7333	王建新	苏怀德	20.00
14 仪器分析	7334	齐宗韶	胡家炽	26.00
15 药用化学基础（一）（第二版）	04538	常光萍	侯秀峰	22.00
16 药用化学基础（二）	7993	陈蓉	宋丹青	24.00
17 药物分析技术	7336	霍燕兰	何铭新	30.00
18 药品生物测定技术	7338	汪穗福	张新妹	29.00
19 化学制药工艺	7978	金学平	张珩	18.00
20 现代生物制药技术	7337	劳文艳	李津	28.00
21 药品储存与养护技术	7860	夏鸿林	徐荣周	22.00
22 职业生涯规划（第二版）	04539	陆祖庆	陆国民	20.00
23 药事法规与管理（第二版）	04879	左淑芬	苏怀德	28.00
24 医药会计实务（第二版）	06017	董桂真	胡仁昱	15.00
25 药学信息检索技术	8066	周淑琴	苏怀德	20.00
26 药学基础	8865	潘雪	苏怀德	21.00
27 药用医学基础（第二版）	05530	赵统臣	苏怀德	39.00
28 公关礼仪	9019	陈世伟	李松涛	23.00
29 药用微生物基础	8917	林勇	黄武军	22.00
30 医药市场营销	9134	杨文章	杨悦	20.00
31 生物学基础	9016	赵军	苏怀德	25.00
32 药物制剂技术	8908	刘娇娥	罗杰英	36.00
33 药品购销实务	8387	张蕾	吴阆云	23.00
34 医药职业道德	00054	谢淑俊	苏怀德	15.00
35 药品 GMP 实务	03810	范松华	文彬	24.00
36 固体制剂技术	03760	熊野娟	孙忠达	27.00
37 液体制剂技术	03746	孙彤伟	张玉莲	25.00
38 半固体及其他制剂技术	03781	温博栋	王建平	20.00
39 医药商品采购	05231	陆国民	徐东	25.00
40 药店零售技术	05161	苏兰宜	陈云鹏	26.00
41 医药商品销售	05602	王冬丽	陈军力	29.00
42 药品检验技术	05879	顾平	董政	29.00
43 药品服务英语	06297	侯居左	苏怀德	20.00
44 全国医药中等职业技术教育专业技能标准	6282	全国医药职业技术教育研究会		8.00

欲订购上述教材，请联系我社发行部：010-64519684，010-64518888

如果您需要了解详细的信息，欢迎登录我社网站：www.cip.com.cn